JOURNAL

ÉCRIT A BORD

DE LA FRÉGATE LA BELLE-POULE.

IMPRIMERIE DE FÉLIX LOCQUIN,
Rue N.-D.-des-Victoires, 16.

JOURNAL

ÉCRIT A BORD

DE LA FRÉGATE LA BELLE-POULE

PAR

EMM^{el} B^{on} DE LAS CASES,

MEMBRE DE LA MISSION DE SAINTE-HÉLÈNE,

MEMBRE DE LA CHAMBRE DES DÉPUTÉS, CONSEILLER-D'ÉTAT, COMMANDEUR
DE LA LÉGION D'HONNEUR.

Vérité.

PARIS

H. L. DELLOYE, ÉDITEUR

13, PLACE DE LA BOURSE

—

1841

AVERTISSEMENT DE L'ÉDITEUR.

La relation qu'on va lire est un recueil de souvenirs ou d'impressions qui datent, les uns de la première jeunesse de l'auteur, les autres d'une époque toute récente. A ces deux époques de sa vie, M. Emmanuel de Las Cases a été témoin de la plupart des faits qu'il rappelle; souvent aussi il a joué un rôle dans les évènements qu'il retrace. A ce double titre, il a pu avec un légitime orgueil parler lui-même et se mettre en scène. Si grand que soit l'intérêt qui s'attache à la mémoire de Napoléon, et en raison même de cet intérêt, le lecteur ne saurait être indifférent aux souvenirs tout personnels du jeune secrétaire de l'Empereur à Sainte-Hélène.

On peut le dire sans flatterie, le nom que porte l'auteur de ce livre est un nom historique.

Un biographe contemporain (1) dont les appréciations sont à l'abri du soupçon, surtout en cette circonstance, n'a pas craint de mitiger sa sévérité ordinaire à l'égard de certains hommes politiques en disant : « Ce nom aura un long reten-
» tissement dans la postérité, car il est lié à celui
» d'un grand capitaine dont les succès et les re-
» vers ont également étonné le monde. M. de Las
» Cases père n'avait point été l'adulateur de
» Napoléon aux jours de sa toute-puissance, il
» fut le courtisan de sa haute infortune; son fils
» *Emmanuel* fut associé à ce religieux sacer-
» doce...... son nom est devenu impérissable.....»

S'il en est ainsi, non seulement on lira avec intérêt les simples récits, les curieuses observations que renferme ce journal; mais encore on s'associera volontiers aux sentiments, aux émotions du narrateur; on aimera à le suivre sur ce rocher où, captif, il y a vingt-cinq ans, il est revenu naguère, représentant de son pays, de la France ! Sans doute aussi on voudra savoir

---

(1) *Biographie des hommes du jour*, par MM. Germain Sarrut et B. Saint-Edme, t. IV, première partie.

ce qu'il était avant son pieux exil, ce qu'il est devenu depuis, ce qu'il est aujourd'hui.

Dans cette pensée, nous croyons être agréable à ceux de nos lecteurs qui ignorent la vie de M. Emmanuel de Las Cases, en en rassemblant ici les principales circonstances. Cette esquisse biographique sera au moins un guide utile pour la lecture de ce livre.

M. *Emmanuel-Pons-Dieudonné* DE LAS CASES est né le 8 juin 1800, à Vieux-Chatel, auprès de Brest (Finistère). Elève du Lycée impérial (collège Louis-le-Grand), lors de l'invasion des étrangers en France, il fut au nombre des jeunes volontaires de ce Lycée, qui formèrent une compagnie d'artillerie.

Nommé page de l'Empereur à la fin des cent jours, M. de Las Cases, alors âgé de seize ans, suivit à Sainte-Hélène l'illustre exilé. Les circonstances de ce départ et celles du voyage ont été racontées par M. le comte de Las Cases, dans son *Mémorial;* celles du séjour, qui dura dix-huit mois, l'ont été également; mais dans ces récits, les faits qui se rapportent à M. Emmanuel de Las Cases ne sont que des faits matériels, pour ainsi dire. Nul ne pouvait dire que lui-même, ce qu'il sentit, ce qu'il éprouva à cette époque. Et pour réveiller, pour ranimer tous ses souvenirs, pour leur donner une nouvelle vie et un intérêt nouveau, rien ne pouvait être plus favorable que la noble mission qu'il vient d'accomplir. On lira dans ce livre le récit de cette époque importante de sa vie : lui seul pouvait être son biographe sur ce point. Bornons-nous à dire que, pendant son séjour à Sainte-Hélène, M. Emmanuel de Las Cases écrivit, sous la dictée de Napoléon, presque toute l'histoire des campagnes d'Italie, en 1796 et en 1797, et plusieurs autres morceaux historiques.

Napoléon était sur le point de dicter à son jeune secrétaire l'histoire civile de son consulat, lorsque, accusé d'entretenir une correspondance illicite, dans le but de favoriser l'évasion de l'Empereur, M. le comte de Las Cases fut, ainsi que son fils, arraché à cette prison qui lui était si chère. Arrêtés tous deux par ordre du gouverneur, sir Hudson Lowe, le père et le fils furent tenus au secret pendant un mois, avant d'être séparés plus complètement encore de l'objet de leur culte. C'est alors, après une discussion avec sir Hudson Lowe, que M. Emmanuel de Las Cases, exaspéré par les indignes traitements que ce gouverneur faisait subir à Napoléon, jura d'en tirer vengeance, si jamais il retrouvait en pays libre l'impitoyable geolier. Envoyé avec son père au cap de Bonne-Espérance, et de là en Europe, il eut à souffrir, de la part des gouvernements anglais, belge et prussien, une série révoltante de vexations et d'injustices. Nous avons entendu dire à M. E. de Las Cases qu'il doit à son séjour chez l'étranger son ardent amour de la liberté légale et de son pays.

Au milieu de ces rudes épreuves, M. E. de Las Cases regrettait vivement sa captivité passée. Sainte-Hélène était devenue pour lui comme une seconde patrie. Il osa espérer ou plutôt désirer de la revoir. Mais ce fut en vain qu'à plusieurs reprises il sollicita cette faveur du gouvernement anglais. Voici comment fut accueillie sa demande.

Downing-street, 19 novembre 1819.

A. M. EM. DE LAS CASES.

Monsieur,

J'ai reçu l'injonction de lord Bathurst de vous accuser réception de votre lettre du 15 septembre, par laquelle vous demandez la permission de retourner à Sainte-Hélène. Je suis chargé de vous répondre que S. S. ne peut point vous permettre de retourner en cette île. Je saisis cette occasion pour vous faire connaître que la lettre que vous avez adressée au général Bertrand lui sera envoyée à Sainte-Hélène.

J'ai l'honneur, etc.   HENRI GOLBURN.

Ne pouvant obtenir la permission de retourner à Sainte-Hélène, M. E. de Las Cases demanda et obtint, vers la fin de 1819, celle de rentrer en France sous un nom supposé. Il fit d'abord son droit à Strasbourg, mais se sentant peu de goût pour le barreau, il vint à Paris, où il se livra à l'étude des sciences. La chimie, la physique, même la médecine, furent tour à tour l'objet de ses travaux ; mais l'histoire et la politique étaient ses études de prédilection.

Cependant la mort de Napoléon avait ramené

sir Hudson Lowe en Angleterre. Cet odieux exécuteur, après avoir arraché le comte de Las Cases à l'amitié et à l'affection de l'Empereur, avait cherché, par un raffinement de cruauté, à le perdre dans l'opinion de son captif. Ce nouveau grief n'était pas nécessaire pour rappeler à M. E. de Las Cases la promesse qu'il s'était faite à lui-même. Il prétexte un voyage d'instruction, prend congé de sa famille et part pour Londres. Il y cherche son adversaire, le rencontre et lui inflige le plus sanglant des outrages, un coup de cravache. La réponse était dictée d'avance ; mais l'ex-gouverneur eut recours à la justice ; il obtint un mandat d'arrêt contre son ancien prisonnier, et stimula, dit-on, par l'appât de 2,000 livres sterling de récompense le zèle des agents de police chargés d'exécuter ce mandat. La peine infligée par les tribunaux eût pu être fort sévère ; M. de Las Cases crut pouvoir s'y soustraire, et grace à l'intervention généreuse de plusieurs Anglais, dont quelques uns lui étaient inconnus, il parvint à s'embarquer et à rentrer en France. Trois ans plus tard, le 11 novembre 1825, à huit heures et demie du soir, M. E. de Las Cases fut assailli à Passy, à deux cents pas de la maison de son père. Il fut frappé de plusieurs coups d'une arme à double tranchant, l'un à la poitrine, un autre à la cuisse droite ; mais le premier se trouva amorti par son portefeuille. M. de Las Cases blessa lui-même un de ses deux assassins, qui prirent la fuite. Par un hasard, au moins singulier, sir Hudson Lowe, l'ex-gouverneur de Sainte-Hélène était à Paris, précisément à cette époque, et il avait habité incognito le village de Passy. Après le fait, il avait d'abord déclaré qu'il ne quitterait pas Paris, avant que les coupables fussent saisis par la justice ; mais il partit précipitamment. Au reste, sir Hudson Lowe est réprouvé de ses compatriotes eux-mêmes, il était expulsé honteusement de la société, du club militaire, de la garde royale où il servait, et de son régiment par le corps des officiers.

En 1828, M. E. de Las Cases mit à profit ses études politiques ; il adressa à la Chambre des Députés une pétition pour demander que l'âge des électeurs fût fixé à vingt-cinq ans et celui

des éligibles à trente, réforme qui, comme on le sait, fut adoptée en 1830. Cette demande était appuyée d'une brochure intitulée : *de l'Eligibilité et de l'âge des Eligibles*, « travail qui annon-
» çait, dit le biographe que nous avons déjà cité,
» des études sérieuses et des vues généreuses
» d'amélioration sociale. »

« Les ordonnances de juillet, dit-il encore, trouvèrent M. E.
» de Las Cases disposé à l'insurrection. Dès le mercredi, il prit
» les armes, combattit sur divers points (à la porte Saint-De-
» nis, rue du Petit-Carreau), et, le jeudi, entra à l'Hôtel-de-
» Ville. Il fut un des premiers, avec M. Baude, et le co-
» lonel Zimmer, à donner sa signature pour divers actes
» d'urgence; signatures qui eussent été un arrêt de mort pour
» leurs auteurs, en cas de défaite du parti national.

» Apprenant qu'il se tenait une réunion de députés chez
» M. Laffitte, M. E. de Las Cases y courut, et se prononça vi-
» vement pour la formation d'une commission provisoire de
» gouvernement. De là il se rendit de nouveau à l'Hôtel-de-
» Ville, où il passa le reste du jour et la nuit auprès des géné-
» raux Lafayette et Gérard. Ce dernier n'ayant point d'aide
» de camp, accepta les services de M. de Las Cases. En cette
» qualité, le vendredi il accompagna le général à la première
» séance que les députés tinrent au Palais-Bourbon. Le pavil-
» lon blanc flottait encore sur les Invalides; il reçut mission
» de s'y rendre et d'y faire arborer le drapeau national.

» En récompense de ces services, le maréchal Gérard, par
» une lettre du 3 septembre, demanda pour M. E. de Las Cases
» la décoration de la Légion-d'Honneur, et de plus, la com-
» mission des récompenses nationales lui décerna la croix de
» Juillet. »

Peu de jours après la révolution de Juillet, M. E. de Las Cases fut appelé au ministère de l'intérieur par M. Guizot, qui lui proposa une préfecture. M. de Las Cases répondit *qu'il était à la disposition du Gouvernement, et prêt à se rendre utile, en quelque qualité que ce fût.* Dans un pareil moment c'était un devoir que d'accepter des fonctions publiques, et un devoir qui n'était pas sans danger. Néanmoins cette proposition n'eut pas de suite.

La réforme sollicitée, en 1828, par M. E. de Las Cases, fut adoptée. Dès lors, il pouvait prétendre à la députation, et préféra le mandat du député à la dépendance du fonctionnaire public : il sollicita les suffrages des électeurs de son département, et fut élu, en octobre 1830, au premier tour de scrutin, par le grand collège du Finistère.

M. E. de Las Cases vint soutenir à la chambre les grands principes de liberté reconnus en 1789. Il présida en plusieurs circonstances la réunion

Lointier, et ce fut sous sa présidence, que la société, au nombre de plus de cent soixante membres, discuta le projet de la loi électorale présentée aux chambres, et fixa le cens à 200 fr., chiffre qui fut adopté par la chambre. M. de Las Cases termina ses travaux législatifs par un compte-rendu de sa conduite parlementaire, et donna, l'un des premiers en France, ce salutaire exemple d'un député soumettant à ses électeurs la ligne politique suivie par lui, et les motifs qui la dirigent.

M. E. de Las Cases sollicita de nouveau les suffrages des électeurs de l'arrondissement de Brest (extra-muros), et fut élu sous l'empire de la nouvelle loi électorale, à l'adoption de laquelle il avait pris une part active (6 juillet 1831). De retour à Paris, il s'associa à la politique du 13 mars, à cette glorieuse politique, tant calomniée alors, tant admirée depuis, même par ses adversaires. La session de 1831, on se le rappelle, fut féconde en orages et en utiles travaux. M. de Las Cases, l'un des appuis de l'illustre Casimir Périer, fixa alors et arrêta son système et sa conduite politique. Il est resté fidèle depuis aux grands principes qu'il adopta à cette époque. Dans un compte-rendu de ses travaux parlementaires pendant cette session de 1831, M. de Las Cases disait, après un exposé lucide et complet de la situation :

« Avec cet ensemble de circonstances intérieures et extérieures, fallait-il faire une opposition systématique? Non. Vous m'avez approuvé lorsque questionné par vous sur ce point j'ai eu l'honneur de vous répondre que jamais une opposition systématique n'entrerait dans ma manière de voir. En 1814, c'est l'opposition systématique du corps législatif et du sénat qui a amené la première restauration; en 1815, c'est l'opposition systématique de la chambre des cent jours qui a amené une seconde restauration, quoique d'abord on l'eût proclamée impossible, à cause de l'unanimité que venait de montrer la France. Chacun disait alors : Napoléon peut être renversé, mais, à coup sûr, Louis XVIII ne le remplacera pas!...

» Notre gouvernement a-t-il fait des fautes? Il n'y a pas de doute. Quel est le gouvernement qui n'en a point fait? Les trois ministères qui se sont succédé en ont tous commis de nombreuses : celles de la présente administration se trouvent surtout dans le détail et dans la forme, beaucoup plus que dans le fond. Nécessitaient-elles une opposition systématique, je ne le crois pas. En politique, les grandes bases et le but bien arrêtés, la marche d'un individu doit constamment dépendre des circonstances variables qui l'entourent et se modifier sans cesse sur elles.

» J'ai toujours eu devant les yeux le mandat impératif (car je reconnais celui-là) que vous m'avez unanimement donné, la volonté que vous m'avez unanimement manifestée de maintenir et de conserver le gouvernement fondé en juillet, qui en définitive est notre ouvrage, dont l'existence constate notre principe de la souveraineté nationale, dont l'élection faite par nous clot et termine quarante ans de révolution. Dans cette vue, je ne me suis enrôlé sous la bannière d'aucun parti. J'ai voulu demeurer libre et indépendant autant de l'opposition que du ministère; rester maître et arbitre de mes actes. Si vous m'avez assez estimé pour m'honorer du titre de votre mandataire, c'est que sans doute vous m'avez regardé comme capable de vous représenter par moi-même. J'aurais cru trahir votre confiance, me mettre au dessous du poste que vous m'aviez donné, vous manquer à vous-mêmes, si je m'étais rangé d'avance dans telle ou telle fraction politique, si j'avais annulé mon intelligence au profit de telles ou telles personnes, même de celles que j'estime et respecte le plus. J'ai agi. Je vous rends compte, messieurs les électeurs, vous êtes maintenant mes juges. Je recevrai avec reconnaissance tout ce qui me viendra de vous, mais je n'écouterai que vous et récuserai tout le reste. »

Ce n'était pas sans raison que M. de Las Cases s'était montré conservateur, et l'un des plus zélés partisans de la politique ferme et résistante de Casimir Périer. Quelques jours après l'envoi de son compte-rendu aux électeurs de son arrondissement, éclataient les sanglantes journées des 5 et 6 juin. M. de Las Cases ne se contenta pas de donner au gouvernement le concours politique qui lui était nécessaire pour triompher des factions; il prit les armes, bien que ses fonctions de député l'affranchissent du service de la garde nationale, et se rendit au cloître St-Méry, en qualité de *combattant-amateur*, suivant l'expression singulière d'un biographe. On lit dans un journal du 6 juin 1832 :

« Dès le matin, M. Emmanuel de Las Cases, député, s'est
» joint à la compagnie des voltigeurs du 4ᵉ bataillon de la 1ʳᵉ lé-
» gion, et a marché avec elle toute la journée sans sortir un in-
» stant des rangs. »

Le 1ᵉʳ juin 1834, M. de Las Cases adressait à ses commettants un nouveau compte-rendu. C'était à la suite des évènements d'avril. Il y disait :

« En résumé, messieurs, ma conduite politique, depuis que vous m'avez honoré de votre mandat, a été constante et toujours la même. J'ai mis toute mon étude à rechercher les faits, à reconnaître la vérité, que tant de passions diverses défigurent sans cesse, et je me suis efforcé de marcher dans le sens de l'intérêt général. Depuis quarante ans la France a manifesté plusieurs fois, autant que peuple l'a jamais fait, la volonté d'être nation libre ; mais aussi elle a également manifesté sa ferme et énergique volonté et contre le despotisme et contre l'anarchie. Ainsi, lorsqu'en 1795 elle mettait un million d'hommes sous les armes et ruinait ses finances présentes et à venir, c'était pour se préserver du joug de l'étranger : lorsqu'au 18 brumaire elle se jetait en masse dans les bras du général Bonaparte, lorsqu'elle lui livrait successivement plusieurs de ses libertés, c'était pour qu'il la préservât de l'anarchie qui la dévorait. Je pourrais vous citer les autres époques remarquables. La France ne veut se plier à aucun joug, soit qu'il vienne d'en haut, soit qu'il vienne d'en bas. Elle veut jouir de sages libertés. Ces sages libertés, la révolution de 1830 les lui a données. Tout privilège est détruit. Il n'est pas une carrière qui ne soit ouverte à tout homme d'un mérite réel, dans quelque classe, dans quelque rang que la nature l'ait placé. Désormais on a le droit de tout dire, de tout discuter ; on en use au point de discuter même le principe du gouvernement, ce qui, jusqu'ici, n'avait été permis, à ma connaissance, chez aucune nation, et ce qui me paraît même inadmissible. Si quelques réformes sont jugées nécessaires, vos mandataires ont le droit d'initiative, la tribune et la discussion légale leur sont ouvertes. Voilà l'ordre de choses à la conservation duquel ont tendu et mes votes et ma conduite politique. J'ai continué, ainsi que j'avais commencé, à être également indépendant et de l'opposition et du ministère. Député de la France, j'ai cherché à satisfaire les intérêts de la France. Vous jugerez, messieurs, si j'ai rempli le mandat que vous m'avez confié. »

Au mois de septembre 1837, M. de Las Cases fut nommé officier de la Légion-d'Honneur. En novembre 1837, il recevait encore du suffrage de ses commettants son mandat de député, dont on ne saurait lui reprocher d'avoir abusé, ni même usé dans son intérêt personnel. Il n'est guère d'administration, en effet, qui ne lui ait fait l'offre d'une belle position dans les affaires. M. de Las Cases a toujours refusé, pour demeurer indépendant. Voici ce qu'il disait encore lui-même à ses électeurs :

« Oui, je suis vraiment un homme indépendant; et pour le rester, ainsi que je vous le disais, messieurs, je n'ai jamais voulu être fonctionnaire public. Lors de son premier ministère, M. de Montalivet m'a plusieurs fois offert une préfecture; je l'ai toujours remercié. M. Baude, lorsqu'il était sous-secrétaire d'état au département de l'intérieur, a plusieurs fois insisté vivement pour me faire accepter une préfecture, je l'ai pareillement remercié. Je passe sous silence plusieurs offres, par respect pour la personne auguste au nom de qui elles m'étaient faites. Lorsque M. Martin (du Nord) est entré au ministère des travaux publics et du commerce, il m'a appelé aux fonctions de secrétaire général, et une auguste personne daigna me faire dire qu'elle verrait avec plaisir mon acceptation; j'ai remercié, pour rester indépendant.

Le 29 novembre 1837, M. de Las Cases partait pour Haïti sur la frégate la Néréide, en qualité de plénipotentiaire, pour régler d'un commun accord avec les autorités de la république les difficultés qui s'étaient élevées au sujet du paiement des sommes que cette république devait à la France sur l'indemnité stipulée par l'ordonnance royale du 17 avril 1825. Il ne nous appartient pas d'apprécier la manière dont M. de Las Cases a rempli cette mission diplomatique. Tout ce que nous pouvons dire, c'est que la Chambre écouta avec la plus grande faveur le discours étendu et plein de faits nouveaux, dans lequel M. de Las Cases rendit compte de cette affaire, et justifia le traité à la conclusion duquel il avait coopéré. On lira à la fin du volume cet important document, qui témoigne du soin scrupuleux avec lequel M. de Las Cases s'est acquitté de cette tâche épineuse.

Comme récompense de cette mission, M. le comte Molé lui offrit les fonctions de Conseiller d'état en service ordinaire, fonctions auxquelles est attaché, comme on sait, un traitement de 15,000 francs. M. de Las Cases refusa cette offre comme toutes les autres, et cela, comme il l'a dit lui-même, parce qu'il voulait et veut rester indépendant. Voici la lettre qu'il reçut à cette occasion de M. le comte Molé :

« Monsieur le baron,

» Votre rare désintéressement vous ayant fait préférer les fonctions gratuites de conseiller d'état en service extraordinaire aux fonctions rétribuées du service ordinaire, le roi vient de vous nommer, selon votre désir, conseiller d'état en service extraordinaire. Je laisse à M. le garde des sceaux le soin de vous annoncer d'une manière plus officielle ce témoignage de la satisfaction de sa majesté pour le nouveau service que vous venez de rendre à son gouvernement et à la France.

» Agréez, etc.   Signé Molé.

» Paris, 20 mai 1838. »

Au mois de mars 1839, M. E. de Las Cases a été réélu député pour la cinquième fois, malgré les vives attaques dont sa candidature a été l'objet.

Telle a été jusqu'à ce jour la vie de l'auteur de ce livre, de ce jeune homme dont *le moral s'était trouvé en serre chaude à Sainte-Hélène*, suivant l'expression de Napoléon, qui, captif et exilé à seize ans, est devenue à trente l'un des représentants de son pays. Certes, c'est là une destinée digne d'envie sous plus d'un rapport, digne d'intérêt dans tous les cas, et capable au moins de piquer la curiosité des plus indifférents.

TRANSLATION

DES

RESTES MORTELS

DE

L'EMPEREUR NAPOLÉON.

Depuis 1830, tous les ans plusieurs personnes déposaient à la Chambre des pétitions pour le retour en France des restes mortels de l'empereur Napoléon, et toujours ces pétitions étaient renvoyées, à l'unanimité, au président du conseil. Cette année (1840), après la formation du cabinet du 1ᵉʳ mars, je prévins M. Thiers, président de ce cabinet, que je lui adresserais une interpellation pour savoir quelle suite on avait donnée à ces pétitions. Chaque samedi suivant, M. Thiers me demanda d'ajourner mon interpellation, et je pus juger qu'une négociation était ouverte à Londres au sujet des restes mortels de l'Empereur.

En effet j'appris bientôt que la correspondance suivante avait eu lieu :

M. Guizot au vicomte Palmerston.

Londres, 10 mai 1840.

Le soussigné, ambassadeur extraordinaire et plénipotentiaire de S. M. le Roi des Français, conformément aux instructions qu'il a reçues de son gouvernement, a l'honneur d'informer S. E. le ministre des affaires étrangères de S. M. la Reine des royaumes unis de la Grande-Bretagne et d'Irlande que le Roi a fortement à cœur le désir que les restes de Napoléon puissent reposer en France, dans cette terre qu'il a défendue et illustrée, et qui garde avec respect les dépouilles mortelles de tant de milliers de ses compagnons d'armes, chefs et soldats, dévoués avec lui au service de leur patrie.

Le soussigné est convaincu que le gouvernement de S. M. Britannique ne verra dans ce désir de S. M. le Roi des Français qu'un sentiment juste et pieux, et s'empressera de donner les ordres nécessaires pour que les restes de Napoléon soient transportés de Sainte-Hélène en France. Le soussigné a l'honneur d'offrir à Son Excellence l'assurance de sa plus haute considération.

Signé GUIZOT.

LE VICOMTE PALMERSTON A M. GUIZOT.

Foreign-Office, 3 mai 1840.

Le soussigné, principal secrétaire d'état de Sa Majesté pour les affaires étrangères, à l'honneur d'accuser réception de la note, en date de ce jour, qu'il a reçue de M. Guizot, ambassadeur extraordinaire et plénipotentiaire de S. M. le Roi des Français, et qui exprime le désir du gouvernement français que les restes mortels de Napoléon puissent être rapportés en France. Le soussigné ne peut mieux répondre à la note de M. Guizot qu'en transmettant à Son Excellence copie d'une dépêche que le soussigné a adressée hier à l'ambassadeur de sa Souveraine à Paris, répondant à une communication verbale qui avait été faite à lord Granville par le président du conseil (M. Thiers) sur le sujet dont traite la note de M. Guizot. Le soussigné a l'honneur de renouveler à M. Guizot l'assurance de sa plus haute considération.

Signé PALMERSTON.

LE VICOMTE PALMERSTON AU COMTE GRANVILLE.

Foreign-Office, 9 mai 1840.

Mylord, le gouvernement de sa majesté ayant pris en considération la demande faite par le gouvernement français, à l'effet de rapporter de Sainte-Hélène en France les restes mortels de Napoléon Bonaparte, vous pouvez assurer M. Thiers que le gouvernement de sa majesté accédera avec grand plaisir à cette demande. Le gouvernement de sa majesté désire que la France regarde la promptitude avec laquelle nous donnons cette réponse comme un témoignage du désir du gouvernement de sa majesté britannique d'éteindre jusqu'aux derniers restes de ces animosités nationales qui, pendant la vie de l'Empereur, maintinrent en armes les deux nations ; et le gouvernement de S. M. Britannique a la conviction que si quelques traces de ces sentiments hostiles existaient encore, ils seraient enfermés dans la tombe qui va recevoir les restes mortels de Napoléon. Le gouvernement de S. M. et le gouvernement français prendront ensemble les mesures nécessaires pour la translation de ses cendres.

Je suis, etc.

Signé PALMERSTON.

Le comte Granville au vicomte Palmerston.

Paris, 4 mai 1840.

Mylord, plusieurs pétitions ont été présentées dernièrement aux Chambres à l'effet de demander que le gouvernement français prît des mesures pour obtenir du gouvernement anglais la permission de transporter les restes mortels de feu l'empereur Napoléon, de Sainte-Hélène en France. Ces pétitions furent favorablement accueillies par les Chambres qui les renvoyèrent au président du conseil et aux autres ministres. Le conseil ayant délibéré sur la question, et le Roi ayant donné son approbation à la délibération prise au sujet de ces pétitions, hier M. Thiers m'adressa officiellement la requête du gouvernement français, demandant que le gouvernement de S. M. la Reine permît de transporter le corps du feu Empereur à Paris, faisant observer que rien ne pouvait mieux cimenter l'union des deux nations, et faire naître des sentiments plus amis de la part de la France vis-à-vis de l'Angleterre, que l'acquiescement du gouvernement Britannique à cette demande.

J'ai l'honneur, etc.

Signé GRANVILLE.

Le comte Granville au vicomte Palmerston.

(Extrait.)   Paris, 11 mai 1840.

A votre dépêche du 9 courant, qui m'informait que le gouvernement de S. M. Britannique avait accédé à la demande du gouvernement français, et donné la permission de rapporter en France les restes de Napoléon Bonaparte, j'ai l'honneur de répondre que je n'ai pas perdu un moment pour adresser une note à ce sujet à M. Thiers, et que depuis j'ai reçu une visite de Son Excellence, qui m'a chargé d'exprimer de la part du gouvernement français au gouvernement anglais, combien il avait été sensible à la promptitude que l'on avait mise à accéder à ses désirs.

Le comte Granville au vicomte Palmerston.

(Extrait).   Paris, 12 mai 1840.

M. Thiers vient de passer chez moi, en se rendant à la Chambre des Députés, et m'a informé qu'aujourd'hui même le gouvernement du Roi allait demander aux Chambres un crédit, pour le transport des restes mortels de Napoléon Bonaparte, de Sainte-Hélène en

France. C'est le prince de Joinville qui commandera le bâtiment de guerre sur lequel les commissaires se rendront à Sainte-Hélène, et par lequel seront rapportées en France les cendres de l'Empereur.

Le 12 mai 1840, M. de Rémusat, ministre de l'intérieur, présenta en effet aux Chambres le projet de loi suivant :

Voici comment un des principaux journaux rend compte de cette séance remarquable.

CHAMBRE DES DÉPUTÉS.

Séance du 12 mai.

M. LE PRÉSIDENT : La parole est à M. le ministre de l'intérieur pour une communication du gouvernement.

M. LE MINISTRE DE L'INTÉRIEUR : Messieurs, le roi a ordonné à son altesse royale monseigneur le prince de Joinville (mouvement d'attention et de curiosité) de se rendre, avec sa frégate, à l'île de Ste-Hélène (nouveau mouvement), pour y recueillir les restes mortels de l'Empereur Napoléon. (Explosion d'applaudissements dans toutes les parties de l'assemblée.

Nous venons vous demander les moyens de les recevoir dignement sur la terre de France, et d'élever à Napoléon son dernier tombeau. (Bruyantes acclamations.) Le gouvernement, jaloux d'accomplir un devoir national (*voix nombreuses* : Oui ! oui !) s'est adressé à l'Angleterre. Il lui a redemandé le précieux dépôt que la fortune avait remis dans ses mains. A peine exprimée, la pensée de la France a été accueillie. Voici les paroles de notre magnanime alliée :

« Le gouvernement de S. M. Britannique espère que
» la promptitude de la réponse sera considérée en
» France comme une preuve de son désir d'effacer jus-
» qu'à la dernière trace de ces animosités nationales
» qui, pendant la vie de l'Empereur, armèrent l'une
» contre l'autre la France et l'Angleterre. Le gouver-
» nement de S. M. Britannique aime à croire que si de
» pareils sentiments existent encore quelque part,
» ils seront ensevelis dans la tombe où les restes de
» Napoléon vont être déposés. » (Profonde sensation. Bravo ! Bravo !)

L'Angleterre a raison, Messieurs ; cette noble restitution resserrera encore les liens qui nous unissent ; elle achève de faire disparaître les traces douloureuses du passé. Le temps est venu où les deux nations ne doivent plus se souvenir que de leur gloire.

La frégate chargée des restes mortels de Napoléon se présentera au retour à l'embouchure de la Seine; un autre bâtiment les rapportera jusqu'à Paris; ils seront déposés aux Invalides. Une cérémonie solennelle, une grande pompe religieuse et militaire inaugurera le tombeau qui doit les garder à jamais.

Il importe en effet, Messieurs, à la majesté d'un tel souvenir, que cette sépulture auguste ne demeure pas exposée sur une place publique, au milieu d'une foule bruyante et distraite. Il convient qu'elle soit placée dans un lieu silencieux et sacré, où puissent la visiter avec recueillement tous ceux qui respectent la gloire et le génie, la grandeur et l'infortune. (Vive et religieuse émotion.)

Il fut Empereur et Roi; il fut le souverain légitime de notre pays. (Marques éclatantes d'assentiment.) A ce titre il pourrait être inhumé à Saint-Denis; mais il ne faut pas à Napoléon la sépulture ordinaire des rois; il faut qu'il règne et commande encore dans l'enceinte où vont se reposer les soldats de la patrie et où iront toujours s'inspirer ceux qui seront appelés à la défendre. Son épée sera déposée sur sa tombe.

L'art élèvera sous le dôme, au milieu du temple consacré par la religion au Dieu des armées, un tombeau digne, s'il se peut, du nom qui doit y être gravé. Ce monument doit avoir une beauté simple, des formes grandes, et cet aspect de solidité inébranlable qui semble braver l'action du temps. Il faudrait à Napoléon un monument durable comme sa mémoire. (Très-bien, très-bien.)

Le crédit que nous venons demander aux chambres a pour objet la translation aux Invalides, la cérémonie funéraire, la construction du tombeau.

Nous ne doutons pas, Messieurs, que la chambre ne s'associe avec une émotion patriotique à la pensée royale que nous venons d'exprimer devant elle. (Oui! oui! bravo.)

Désormais la France, et la France seule, possèdera tout ce qui reste de Napoléon. Son tombeau comme sa renommée n'appartiendra à personne qu'à son pays. La monarchie de 1830 est en effet l'unique et légitime héritière de tous les souvenirs dont la France s'enorgueillit.

Il lui appartenait sans doute, à cette monarchie qui, la première, a rallié toutes les forces et concilié tous les vœux de la révolution française, d'élever et d'honorer la statue et la tombe d'un héros populaire ; car il y a une chose, une seule, qui ne redoute pas la comparaison avec la gloire, c'est la liberté ! (Bravo ! bravo ! — Manifestation prolongée d'enthousiasme.)

De bruyants témoignages d'approbation succèdent à la lecture de cet exposé de motifs. Une vive émotion se manifeste sur les traits de plusieurs députés. M. Emmanuel de Las Cases a les yeux mouillés de larmes.

PROJET DE LOI.

LOUIS-PHILIPPE, ROI DES FRANÇAIS,

A tous présents et à venir, salut :

Nous avons ordonné et ordonnons que le projet de loi dont la teneur suit, sera présenté à la chambre des députés par notre ministre secrétaire-d'état de l'intérieur, que nous chargeons d'en exposer les motifs et d'en soutenir la discussion.

« ART. 1er Il est ouvert au ministre de l'intérieur, sur l'exercice de 1840, un crédit spécial de 1 million pour la translation des restes mortels de l'empereur Napoléon à l'église des Invalides et pour la construction de son tombeau.

» 2. Il sera pourvu à la dépense autorisée par la présente loi au moyen des ressources accordées par la loi des finances du 10 août 1839, pour les besoins de l'exercice 1840. »

Au palais des Tuileries, le 12 mai 1840.

LOUIS-PHILIPPE.

Par le roi,

Le ministre secrétaire d'état du département de l'intérieur,

Ch. Rémusat.

M. le président. Le projet et l'exposé des motifs seront imprimés et distribués. Le projet sera renvoyé à l'examen des bureaux.

Plusieurs voix : Aux voix le projet! Votons tout de suite!

M. le président : Ce serait violer le règlement.

M. Hernoux monte à la tribune. Messieurs, dit-il, je demande que, dérogeant à ses habitudes, la chambre, contrairement aux dispositions de son règlement, vote immédiatement sur la proposition du gouvernement.

Voix diverses: Oui! oui! Non! non!

M. LE PRÉSIDENT. La chambre, quels que soient les sentiments qui l'animent, place toujours au dessus de tout le respect des lois l'observation de son règlement, qui est la première garantie des lois. (Marques générales d'assentiment.)

Une voix de la droite : Aux voix la proposition !

M. LE PRÉSIDENT. Je ne mettrai pas aux voix une proposition qui est contraire au règlement. (Approbation.)

L'impression produite par la communication du gouvernement amène une suspension de la séance. Les députés quittent leur place et forment différents groupes dans l'hémicycle ; les conversations y paraissent très animées. MM. les ministres de l'intérieur et le président du conseil reçoivent les félicitations empressées et sympathiques des membres de la chambre. Après plus d'un quart d'heure d'interruption, le silence se rétablit.

Le président du conseil désirait vivement que les personnes qui formaient la mission de Ste-Hélène pussent partir de Paris le samedi 16 mai, et de Toulon vers le milieu de la semaine suivante. Mais le prince de Joinville, commandant en chef de l'expédition tomba malade ; il fallut attendre son rétablissement. Le rendez-vous fut enfin donné à Toulon pour la journée du lundi, 6 juillet.

C'est Toulon qui nous voyait partir pour chercher la dépouille mortelle de Napoléon, Toulon qui avait été témoin de l'aurore de sa gloire. (1)

6 *lundi*. — Chacun se trouva successivement au lieu du rendez-vous. Le prince commandant arriva dans la matinée : il dîna, ainsi que les officiers et les compagnons d'exil de l'Empereur, chez M. le vice-amiral baron Jurien de la Gravière, préfet maritime.

L'ordre fut donné d'être à bord de la *Belle-Poule* le lendemain à midi.

7 *mardi*. — Dès midi tout le monde était embarqué : on n'attendait plus que M. de Chabot, commissaire du roi ; il arriva, et à quatre heures, le prince commanda lui-même l'appareillage. J'ai remarqué dans le cours de la campagne qu'il avait l'usage de prendre le commandement pour les appareillages, les mouillages, et dès que les circonstances devenaient un peu imposantes. La corvette la *Favorite*, commandée par

---

(1) On se rappelle qu'au siège de Toulon, Napoléon commandait l'artillerie, en qualité de chef de bataillon. C'est à ses habiles conceptions que fut due la prise de cette place, il faillit y perdre la vie, ayant eu la cuisse presque traversée par une baïonnette anglaise.

M. Guyet, flottait auprès de nous. La brise était bonne, nous ne tardâmes pas à perdre la terre de vue : le but du voyage nous la faisait quitter sans regret. Il semblait que nous ne nous séparions pas de la patrie; son pavillon nous ombrageait, et nous allions recueillir les cendres de celui qui l'avait faite si grande !

M. de Chabot, commissaire du roi, le général Bertrand, le général Gourgaud, M. l'abbé Coquereau et moi, étions passagers à bord de la frégate la *Belle-Poule* : le défaut d'espace avait obligé d'embarquer M. Marchand à bord de la *Favorite*.

Du 8 mercredi au 14 mardi. — Notre navigation était fort douce : les bâtiments étaient poussés par de faibles brises.

Nous fîmes promptement connaissance avec messieurs les officiers de la frégate, qui nous entourèrent de toute espèce de prévoyances et d'attentions.

La frégate la *Belle-Poule*, portant soixante bouches à feu, était commandée par S. A. R. le prince de Joinville; il avait auprès de lui M. Hernoux, capitaine de vaisseau, son aide de camp, et M. Touchard, lieutenant de vaisseau, son officier d'ordonnance.

Le prince commandant a été reçu élève de deuxième classe à Brest, en 1834. Son examen, selon la forme établie, a eu lieu publiquement. Les examinateurs et les nombreux assistants se plurent alors à convenir qu'ils n'avaient point vu d'examen plus brillant ; c'était chose notoire dans toute la ville. Depuis, le prince a fait six campagnes ; celle-ci est sa septième. On connaît sa belle conduite au Mexique ; les officiers qui s'y trouvaient avec lui, disent unanimement qu'il s'y est montré brave et froid comme un ancien militaire, et qu'il serait difficile de mieux gagner des épaulettes.

M. Hernoux, son aide de camp, est membre de la Chambre des Députés ; il sort de l'École navale impériale. Quoique jeune encore, il compte aujourd'hui trente ans de service. Il commandait un bâtiment en Orient, quand M. de Rigny le distingua et le chargea plusieurs fois de missions diplomatiques. Lorsqu'après 1830 on nomma des officiers d'ordonnance auprès du Roi, M. de Rigny, alors ministre de la marine, l'appela à ces fonctions. Comme officier d'ordonnance, M. Hernoux fut employé au siège de la citadelle d'Anvers ; il se distingua sur l'Escaut. C'est à la suite de ce siège que le Roi le chargea de l'éducation nautique du prince de Joinville. Nommé député par l'arrondissement de Mantes, M. Hernoux a plusieurs fois fait partie de la commission du budget, et a été deux fois rapporteur du budget de la marine. La clarté et la force avec laquelle il a exposé ses vues, tant dans les commissions qu'à la tribune, a déterminé la Chambre à les adopter et à reporter sur le personnel une forte somme, qui jusque là avait été affectée au matériel.

M. Touchard, chevalier de la Légion-d'Honneur, a eu de nombreuses couronnes au concours général. Il a fait plusieurs campagnes, entre autres le tour du monde sur la corvette *la Bonite*, où il était chargé des observations astronomiques. Le prince ne le connaissait pas personnellement : son mérite l'a fait appeler au poste qu'il occupe.

M. Charner, capitaine de corvette, était le commandant en second de la frégate. On sait que le commandant en second est chargé de tout le détail intérieur du bâtiment. M. Charner est, comme M. Hernoux, élève de l'École navale impériale; il était à la prise d'Ancône et d'Alger; il jouit d'une réputation très distinguée parmi ses collègues comme praticien et comme homme de savoir.

Les autres officiers composant l'état-major de la frégate étaient :

M. Le Guillou-Penanros, lieutenant de vaisseau, qui

compte vingt-huit ans de service, dont vingt-trois d'embarquement.

M. Penhoat, lieutenant de vaisseau, qui compte six campagnes et plus de huit ans de mer effectifs.

M. Fabre Lamaurelle, lieutenant de vaisseau. M. Fabre a fait avec M. Baral, sur les côtes du Brésil, une campagne hydrographique qui a produit d'utiles travaux. Sur le *Palinure* il a eu une affaire contre Tunis. Il a accompagné le prince de Joinville à Constantine. Sa conduite brillante au Mexique lui a mérité la décoration.

M. Bazin, enseigne de vaisseau, a fait plusieurs campagnes en Orient, dans les Antilles, sur les côtes d'Afrique et d'Angleterre, à bord de l'*Iphigénie*, de la *Didon* et de la *Malouine*.

M. Bonie, enseigne de vaisseau. Il est ainsi que le prince de Joinville, élève du professeur Guérard qui a formé tant de sujets distingués. Il a fait plusieurs campagnes, entre autres le tour du monde sur la frégate la *Vénus*.

M. Chedeville, commissaire d'administration, secrétaire du conseil d'administration. Il a dix-neuf ans de service dont huit de mer.

M. le docteur Guillard, chevalier de la Légion

d'Honneur. L'importante mission de l'exhumation de Napoléon ne pouvait être mieux confiée qu'au docteur Guillard, que son instruction et ses services distingués avaient déjà appelé à l'honneur d'embarquer en qualité de chirurgien major sur la frégate la *Belle-Poule*.

MM. de Roujoux et de Bovis, élèves de première classe, ont fait, toujours ensemble plusieurs campagnes, entre autres celle du Mexique. Ils promettent à la marine deux officiers distingués.

M. Godleap, élève de première classe, a fait plusieurs campagnes.

M. Gervais, élève de deuxième classe, décoré de la Légion-d'Honneur. Il a eu la cuisse traversée d'une balle en cuivre dans une rue de la Véra-Cruz, est tombé sans connaissance sur son commandant (le prince de Joinville) qui l'a tenu et porté dans ses bras, jusqu'à ce que des matelots soient venus pour l'enlever.

M. Jouan, *id.*

M. d'Espagne de Venevelles, *id.*, fils du général.

M. Jauge, *id.*, décoré de la Légion-d'Honneur. Il a eu aussi la jambe traversée d'une balle à la Véra-Cruz.

M. de Suremain, *id.*

M. Perthuis, *id.*

M. Bourdel, chirurgien de troisième classe.

M. Thibaut, *id.*

Nous voguions de conserve avec la *Favorite*, corvette de vingt-quatre bouches à feu. Commandant M. Guyet, capitaine de corvette.

M. Guyet, élève de l'École navale impériale, était naguère chef d'état-major de l'amiral Lalande dans le Levant. Il compte trente ans de service et de nombreuses campagnes.

Les autres officiers composant l'état-major étaient : MM. Lalia, lieutenant de vaisseau, chargé du détail ;

M. Béral de Sédaiges, enseigne de vaisseau ;

M. Narbonne, *id.* ;

M. de Trogoff-Coattalio, *id.* ;

M. Jacques *dit* Lapierre, *id.* ;

M. Gilbert-Pierre, commis d'administration ;

M. Arland, chirurgien major ;

M. Guillabert, chirurgien de troisième classe ;

M. Meynard, élève de deuxième classe ;

M. Fabre, volontaire ;

M. Fages, *id.* ;

15. *Mercredi.*—A huit heures du matin, nous apercevons Gibraltar et nous rencontrons un assez grand nombre de bâtiments allant dans toutes les directions.

A midi, nous sommes par le méridien de Gibraltar ;
nous apercevons bientôt la baie, des bâtiments à l'ancre et une petite partie de la ville ; puis de l'autre côté
de la baie, Algésiras. Le détroit de Gibraltar a trente-
six milles dans sa plus grande longueur et sept dans
sa moindre largeur. Nous laissons à notre gauche
Ceuta, où le gouvernement Espagnol retient aux galères les condamnés politiques ; nous serrons de près la
côte d'Europe ; on y distingue de distance en distance des tours bâties par les Espagnols, comme défense contre les Maures.

Gibraltar est une énorme montagne oblongue, s'étendant du sud au nord, jointe au continent par une
plaine sablonneuse très basse. La ville se trouve sur le
penchant nord-est, en sorte que nous ne pouvons en
apercevoir qu'une très petite portion. L'eau de la mer
perd ici sa teinte transparente et prend une couleur
bourbeuse.

La montagne de Gibraltar est le seul lieu de l'Europe
où il y ait des singes. Les habitants disent que lorsque
la mer forma le détroit en séparant l'Afrique de l'Europe, les singes qui se trouvaient à la maraude sur
cette montagne, ne purent regagner l'Afrique ; que depuis ce temps ils sont restés là. Les Anglais défendent

rigoureusement qu'on les tue. Cependant lorsqu'autrefois on a travaillé aux fortifications de Gibraltar, ces animaux ont beaucoup incommodé les travailleurs en leur lançant des pierres.

La vue d'Algésiras nous rappelait un des glorieux combats de notre marine.

En 1801, l'amiral *Linois* se trouvait mouillé devant Algésiras avec les vaisseaux le *Formidable*, qu'il montait, le *Desaix*, l'*Indomptable* et la frégate la *Muiron*. Le 6 juillet il y fut attaqué par l'amiral anglais *Saumarez*, commandant une escadre de six vaisseaux et d'une frégate; le feu commença à huit heures et demie et dura six heures sans interruption. L'escadre Anglaise désemparée malgré l'inégalité des forces, fut réduite à se réfugier à Gibraltar, abandonnant au pouvoir de la division française l'*Annibal*, qui s'était échoué près du *Formidable*.

Dans cette glorieuse action la perte des Anglais s'éleva à 1500 hommes environ tués et blessés; l'escadre française comptait 200 hommes tués et 300 blessés, et au nombre des premiers étaient les intrépides capitaines du *Formidable* et de l'*Indomptable*.

C'est, au dire des marins les plus expérimentés, un exemple remarquable de ce que peut une armée mouillée et embossée pour attendre l'ennemi ; et cependant une foule d'officiers, même à force égale, proscrivent cette tactique comme funeste, et sont décidés presqu'en toute circonstance à mettre sous voiles pour combattre.

Actuellement, surtout avec la grande facilité que la marine à vapeur a introduite dans la mobilisation des forces navales, une tactique semblable, qui condamne les vaisseaux au rôle de masses presque inertes, réussirait-elle aussi bien? La ligne de bataille elle-même, ce point de départ de notre tactique navale, est-elle destinée à régir les dispositions de nos amiraux, elle qui date déjà de plus de deux cents ans, de cette époque où Tromp et Monk, au combat du Texel, occupaient chacun une étendue de près de quatre lieues avec leur longue file de navires rangés dans les eaux les uns des autres.

L'introduction de l'artillerie incendiaire et de la vapeur, ce moteur puissant qui ne tient compte ni du calme ni du vent debout, en rendant les effets d'un premier feu plus destructifs et plus prompts, ne forcera-t-elle pas à grouper les vaisseaux en peloton de combat, se soutenant vaillamment entre eux ? Cette tactique de Napoléon, que Nelson a appliquée aux combats de mer, c'est à dire la concentration rapide et alternative de masses destructives sur des fractions d'armée ennemie, ne produirait-elle pas aujourd'hui, employée contre nous, des résultats plus désastreux encore, si nous persévérions dans les errements de notre vieille tactique?

Ces diverses questions sont soulevées journellement et font l'objet des discussions des hommes de mer... Heureux ceux dont l'intelligence saura devancer les leçons d'une fatale expérience, prévoir les effets des nouvelles découvertes introduites dans l'art naval, et régler leurs dispositions de bataille en conséquence. Ceux-là auront du génie, ils vivront dans l'histoire.

A six heures et demie du soir, on vit des points blancs presque brillants : c'était le sommet des édifices de Cadix. La marée ne permit pas d'entrer le soir même : il n'y avait pas assez d'eau. On courut des bords toute la nuit.

16. *Jeudi.*—Avec le jour, le magnifique tableau de Cadix avec ses maisons blanches, sembla sortir du sein des ondes. Le prince prit le commandement et conduisit sa frégate au mouillage. Nous y trouvâmes le brick français le *Voltigeur*, commandé par M. de Tinan, et le bateau à vapeur le *Castor*, commandé par M. Serval, lieutenant de vaisseau.

Nous passâmes près de cinq jours à Cadix; nous y

vîmes les restes d'une vieille civilisation, dont la régénération ne se manifeste pas encore.

21. *Mardi.* — Le matin, le prince de Joinville commanda l'appareillage. Je suis arrivé à Cadix avec plaisir, je la quitte avec plaisir. A midi, cette ville antique n'existait plus pour nous.

22. *Mercredi.* — Nous courrions sur Madère avec bonne brise de nord-est : la frégate filait onze nœuds. Ceux de nous qui n'étaient pas encore complètement amarinés trouvèrent le temps un peu gros. Nous nous considérions comme prenant les vents alizés.

Il y avait à bord plusieurs officiers qui avaient fait la campagne du Mexique. La conversation vint sur l'affaire du paquebot anglais l'*Express*, qui a fait tant de bruit en Angleterre et même en France.

Une heure avant le bombardement de la forteresse de Saint-Jean-d'Ulloa, le commandant de la corvette la *Créole* (prince de Joinville) envoya un officier à bord du paquebot anglais l'*Express*, brick de 4 canons, commandant M. Croke, lieutenant de vaisseau, pour demander et au besoin enlever de force un pilote mexicain qui était à bord. Le paquebot portait la flamme, et dès lors était bâtiment de l'état : son commandant céda à la force, laissa prendre le pilote, mais protesta.

En Angleterre, le parti tory saisit cette occasion pour attaquer le ministère, sous prétexte que le pavillon anglais était insulté. Il était plus qu'évident qu'il n'avait pu entrer dans l'esprit d'aucun commandant français de faire quelqu'insulte que ce soit au pavillon ami de la Grande-Bretagne; mais on profitait de l'occasion pour attaquer un prince français, et faire une affaire de parti d'une chose sur laquelle en toute autre circonstance on aurait fermé les yeux.

Cette affaire eut du retentissement, et on crut partout, en France comme en Angleterre, que le prince de Joinville avait agi en jeune homme, et que tout simplement il avait commis une étourderie. Les débats, qui eurent lieu à la chambre des pairs, le 8 mars 1839, confirmèrent cette opinion.

Lord Lyndhurst voulut absolument voir dans ce fait une insulte au pavillon britannique. Quelle explication en a-t-on donnée, ajoute-t-il? Le ministre est venu dire ici que toute l'affaire devait être rejetée sur l'inexpérience d'un jeune officier (le prince de Joinville) qui commandait *la Créole*, et les journaux français l'ont attribuée à l'impétuosité et à l'audace de ce jeune officier.

Le comte de Minto (ministre) dit dans sa réponse qu'il avait reçu une lettre du commodore Douglas, et qu'il n'avait aucune objection à la produire. Il en lit l'extrait suivant : « *J'ai eu aussi une explication satis-*
» *faisante du contre-amiral* (M. Baudin) *au sujet du pi-*
» *lote qui a été enlevé de dessus le paquebot* l'Express.
» *C'était entièrement une erreur de la part de S. A. R. le*
» *prince de Joinville, et l'amiral français a informé son*
» *gouvernement de cette circonstance.* » Lord Minto ajoute qu'il a immédiatement prié son collègue des affaires étrangères d'écrire à ce sujet au gouvernement français, mais que le comte Molé a répondu qu'il n'avait reçu aucun renseignement sur le fait en question, qu'il ne le connaissait que par les papiers publics.

De plus un des recueils périodiques les plus estimés en Angleterre, contint vers cette époque l'article suivant :

Un acte très déraisonnable (*Foolish*) impliquant une violation du pavillon anglais a été commis par le prince de Joinville, commandant une corvette dans l'escadre française à la Véra-Crux. Il a pris par force dans ce port un pilote Mexicain à bord du paquebot l'*Express*, lieutenant Croke. L'offense a été aggravée par le but de l'action, qui était de forcer le pilote à guider le bâtiment français dans l'attaque dirigée contre ses propres compatriotes à Saint-Jean d'Ulloa. Par suite de cette *sottise* de la part d'un jeune homme sans expérience, son amiral, Baudin, a fait au commodore Douglas, commandant la station, des excuses, comme étant une démarche non autorisée et désavouée par lui. Mais ceci ne sera pas suffisant. Le jeune homme, si cet acte venait *réellement* de lui, devrait être sérieusement réprimandé par son royal papa (*his royal papa*), qui est un homme beaucoup trop fin et beaucoup trop habile politique pour ne pas voir dans quelle sérieuse affaire de pareilles escapades de jeune homme pourraient engager sa « *dynastie*. »

Quant au commandant de l'*Express*, il nous semble que s'il eût montré une fermeté convenable, l'insulte n'aurait pu être consommée. Toutefois, nous formerons mieux dans la suite notre opinion à ce sujet.

D'après ce qui précède, il était tout naturel qu'on crût que le commandant de la *Créole* avait agi en jeune homme.

Voici le fait dans toute son exactitude, car il m'a

été souvent raconté par plusieurs officiers qui y avaient participé :

Le 27 novembre 1838, se trouvaient entre la forteresse de Saint-Jean et la ville de la Véra-Cruz quatre bâtiments, dont deux marchands, une goëlette de guerre américaine, et un paquebot anglais, appelé l'*Express*. Ce dernier portait la flamme britannique, et dès lors devait être considéré comme bâtiment de l'État. Environ une heure avant l'attaque de la forteresse, ces quatre bâtiments mirent successivement à la voile et passèrent à petite distance de la *Créole* pour prendre le large. La *Créole*, commandant prince de Joinville, avait été placée par l'amiral dans le nord de la citadelle. L'*Express* passa très près de la *Créole*, et son capitaine en salua le commandant de la main et du chapeau. En ce moment, la frégate amirale fit à la *Créole* le signal d'arrêter les bâtiments étrangers. On se disposait à exécuter le signal, sans toutefois en comprendre le motif, lorsqu'on aperçut un canot venant à force de rames, et dans lequel on reconnut un officier de la frégate amirale : c'était M. le lieutenant Vallier, qui s'approcha de la *Créole*, s'y accrocha avec une gaffe, et, sans monter à bord, dit au commandant que l'intention de l'amiral (M. Baudin) était que la *Créole* s'emparât de tous les pilotes mexicains que devaient avoir les quatre bâtiments partants. L'*Express* était déjà à trois ou quatre cents toises de la *Créole,* lorsque cette dernière l'avertit par un coup de canon qu'elle avait à lui parler. Aussitôt l'*Express* mit en panne. Un canot de la *Créole*, commandé par M. Allys, enseigne, fut envoyé à bord de l'*Express* avec ordre du commandant de la *Créole* de demander au commandant anglais son pilote mexicain. M. Croke, commandant de l'*Express*, était un homme d'environ cinquante ans, vieux marin, ayant toute l'apparence d'un brave et loyal militaire; il avait déjà eu des rapports très bienveillants avec nos officiers. Lorsque M. Allys monta à son bord et lui dit qu'il venait chercher son pilote, M. Croke le reçut cordialement, mais parut surpris de la demande. Parlez-vous anglais? dit-il. — Mal, répondit M. Allys. — Je parle trop mal le français, je vais tâcher de me faire comprendre en anglais : je suis bâtiment de l'État, et j'ai besoin de mon pilote; mon pavillon doit d'ailleurs le faire respecter. — Mais j'ai un ordre de mon commandant; je ne puis que l'exécuter et non le commenter. — Si je ne vous donnais pas le pilote, le prendriez-vous de force? — Je ne doute pas que vous ne le donniez de bonne grace. — Alors, prenez-le. Mais pour moi, c'est comme si vous me l'aviez pris de force ; mon devoir est de protester, et je proteste. Là dessus une forte poignée de main : le pilote fut embarqué, et on se sépara. Quelques minutes après, commença l'attaque de la forteresse de Saint-Jean. Ce pilote, ainsi que neuf ou dix autres, capturés par la *Créole*, d'après les ordres de l'amiral, restèrent, pendant tout le temps de l'attaque, dans l'entrepont de la corvette, où ils furent très bien traités.

Lorsque, vers cinq heures du soir, la partie de la citadelle qu'attaquait la *Créole* eut à peu près cessé son feu, par suite d'une explosion de magasin à poudre, le commandant vint à bord de la frégate amirale, rendit compte à l'amiral de l'arrestation des pilotes, et lui demanda ses ordres à ce sujet, lui ajoutant que le capitaine de *l'Express* avait protesté contre l'enlèvement du sien. L'amiral approuva ce qui avait été fait, et donna ordre d'envoyer ces pilotes à bord de la frégate la *Gloire*, commandant M. Lainé.

Du reste, voilà la déclaration des officiers français, témoins oculaires.

Brest, 3 mars 1839.

Les officiers de l'escadre du Mexique, présents au port de Brest, se doivent à eux-mêmes de flétrir hautement, à la face du pays et tant en leur nom qu'au nom de leurs frères d'armes restés au Mexique, les misérables impostures répandues dans certaines feuilles sur la conduite d'un jeune prince, qui, pendant six mois de fatigues, de privations et de dangers, vient de se montrer, à notre marine, habile et hardi manœuvrier, intrépide soldat, ami et bienfaiteur constant du matelot, et n'a cessé un seul instant de donner à tous l'exemple de la subordination la plus passive et du patriotisme le plus noble.

Ils déclarent *injuste et calomnieux* le fait avancé ou répété d'après les assertions de journaux anglais, par des journaux français, au sujet de l'enlèvement d'un pilote mexicain à bord d'un paquebot anglais. Dans cette circonstance, comme toujours, *le capitaine de la Créola a exécuté religieusement et à la lettre les ordres qui lui ont été transmis de la part de son chef.*

Ils déclarent que le capitaine de la *Créole* n'a point fait usage des pilotes dont il venait de s'emparer. Il n'en avait pas besoin, car il connaissait mieux qu'eux les récifs qui entourent la forteresse d'Ulloa; il en avait fait auparavant et parfois au péril de sa vie, une exploration aussi complète que possible.

Ils déclarent en outre, que dans cette circonstance,

non plus que dans toute la durée de la campagne, l'amiral n'a point blâmé la conduite ni la manœuvre du capitaine de la *Créole*, et qu'au contraire on l'a vu donner après l'action au jeune capitaine les éloges les plus mérités. . . . .

Signé:

Doret, *chef d'état-major de l'escadre;* de Gueydon, *le capitaine du* Dunois; E. Penand, *lieutenant de vaisseau,* (Créole); Romain-Desfossés, *capitaine de corvette,* (Créole); Fabre Lamaurelle, *lieutenant de vaisseau,* (Créole); C. Allys: *enseigne de vaisseau,* (Créole); Dauriac, *id.,* (Dunois); T. du Pontou, *id.,* (Dunois); G. Ferré, *élève de première classe,* (Créole); Hello, *D. M.,* (Créole); La Richerie, (Créole); A. Royer, *commis d'administration,* (Dunois); H. Magnier de Maisonneuve, *enseigne,* (Créole); de Clerembault, *lieutenant de vaisseau,* (de l'Iphigénie); Vincent, *enseigne de vaisseau,* (Créole); de Grainville, *capitaine de corvette, commandant* la Nayade.

23 *Jeudi.* Toute la journée le vent fut bon, même un peu frais. Nous filions 9, 10 et 11 nœuds. Nous aurions pu faire plus de route, mais la marche inférieure de la *Favorite* nous obligea de diminuer de voile.

Notre temps se passait fort agréablement, grace à la bienveillance et aux manières simples et aimables de notre commandant. Sa chambre, sa bibliothèque, en un mot tout ce qu'il avait, étaient à notre disposition ; il en a été ainsi jusqu'à la fin de la campagne sans que l'égalité de son humeur se soit démentie un seul instant.

Nous déjeunions à 9 heures. Après déjeuner nous prenions la distraction du marin qui est de monter sur le pont, de s'y promener et ensuite de s'y promener encore. Puis le travail venait à notre aide lorsque la chaleur et le mouvement du bâtiment ne le rendait pas impossible. A 5 heures venait le dîner. Le prince préférait cette heure, car ordinairement 4 heures est le moment du dîner dans toute la marine française. Après dîner nous nous réunissions dans la chambre du commandant. On y faisait la conversation, en général jusqu'à 8 heures, et ensuite chacun passait sa soirée comme il l'entendait. Telle était notre vie uniforme; et chose singulière, c'est qu'avec cette uniformité le temps passe très rapidement à la mer.

24 *Vendredi*. Au jour nous vîmes *les Désertes*. Ce sont des rocs complètement nus et sans habitants. Peu après on aperçut Madère. A 7 heures et demie

du matin le commandant faisait mouiller devant Funchal.

Chacun de nous se hâta d'aller prendre connaissance du pays. Je le fis avec d'autant plus de plaisir que c'était la quatrième fois que je venais à Madère et que je n'y avais jamais débarqué.

En 1815, le *Northumberland* qui portait l'Empereur à Sainte-Hélène, passa deux jours devant Funchal : il resta sous voile malgré le mauvais temps. Le vent était violent; chacun de nous avait mal aux yeux. La brise venait des déserts d'Afrique, et malgré la distance énorme elle portait avec elle du sable du Sahara : telle était sa force que beaucoup de vitres des croisées de Funchal furent enfoncées et brisées. Ce coup de vent avait laissé des souvenirs dans l'île. Nous avons oublié maintenant les passions et les haines de 1815 ; mais lorsque la partie superstitieuse de la population de Madère sut que Napoléon était à bord, cette espèce d'ouragan ne l'étonna plus. Comment cela pouvait-il en être autrement ? Bonaparte était là !....

Lorsque l'on ne passe qu'un ou deux jours dans un endroit on fait promptement connaissance. Nous fûmes bien accueillis par tout le monde. M. Monteiro, notre consul, nous fit d'ailleurs toutes les prévenances possibles.

Dans la soirée, plusieurs d'entre nous se rendirent chez le consul Américain. Nous y primes du café récolté à Madère même; il était bon. Un Anglais homme instruit a essayé d'y naturaliser le thé. Il dit que cet essai a complètement réussi.

25 *Samedi*. Le prince commandant partit au point du jour pour aller faire une course dans l'intérieur de l'île. Beaucoup d'officiers des bâtiments l'accompagnèrent. Il visita en passant la magnifique propriété de M. Da Camara et l'élégant établissement de M. Bean, où il s'arrêta un moment pour déjeuner. Le soir nous étions de retour.

Les étrangers nous demandaient presque toujours l'explication du nom de la *Belle-Poule* et paraissaient étonnés de sa signification. Nous ne pouvions les satisfaire quant à l'origine du nom lui-même; mais nous avions à rappeler les glorieux souvenirs qui s'y rattachent.

Le nom de Belle-Poule est déjà ancien dans les fastes de notre marine, et il a été assez illustré pour ne devoir pas être oublié.

Au début de la guerre de 1778, c'est le combat de la frégate française la *Belle-Poule* contre la frégate anglaise l'*Aréthuse* qui donna le signal des hostilités. La *Belle-Poule* portait alors 26 canons de 12 ; l'*Aréthuse* en portait 28.

Le 17 juin, à dix heures et demie du matin, M. de la Clocheterie, lieutenant de vaisseau, commandant la *Belle-Poule*, eut connaissance de plusieurs navires, par ses vigies ; il les soupçonna de former le gros d'une escadre anglaise. C'étaient en effet 20 bâtiments de guerre ennemis : il prit chasse. Mais la frégate anglaise l'*Aréthuse* et un cutter se mirent à sa poursuite. A 6 heures un quart du soir la frégate anglaise avait joint la *Belle-Poule* : elle la héla en anglais et la somma de passer à poupe de son amiral ; M. de la Clocheterie répondit par un refus net. A une seconde sommation, même réponse. L'Anglais envoya sa bordée ; le combat commença. Il était 6 heures et demie du soir, la brise était faible et permettait à peine de gouverner. La nuit vint, mais n'arrêta pas le feu. Il dura pendant près de 5 heures, toujours à portée de pistolet. Vers 11 heures du soir la brise s'éleva. L'*Aréthuse* était tellement maltraitée qu'elle se hâta d'en profiter pour abandonner son adversaire. Elle laissa arriver vent arrière et se replia sur son escadre. Pendant sa retraite elle reçut sans riposter plus de cinquante coups de canon.

La crainte de tomber dans le gros de l'escadre anglaise empêcha la *Belle-Poule* de la poursuivre.

La *Belle-Poule* eut 29 hommes tués parmi lesquels M. Grun de Saint-Marsault, officier en second de la frégate, et 76 blessés parmi lesquels le brave capitaine de la Clocheterie, M. de Laroche Kerandraou, enseigne de vaisseau et M. Bouvet, officier auxiliaire.

26 *Dimanche*. A cinq heures du matin, le prince commandait l'appareillage et nous quittions Madère où nous avions été si bien reçus.

A une heure nous filions avec une forte brise lorsqu'un cri se fit entendre « un homme à la mer » En un instant toutes les dispositions furent prises. Heureusement c'était une erreur, personne n'était tombé. Toutefois le commandant dut être satisfait, car il put voir à la promptitude de la manœuvre que les exercices qu'il répète si fréquemment à bord profitent à l'équipage.

A 2 heures et demie, nous avions perdu la terre de vue.

A dîner on causa des Dardanelles et de la question d'Orient. La *Belle Poule* arrivait d'Orient lorsque nous nous sommes embarqués à son bord. Elle avait passé les

Dardanelles et mouillé devant Constantinople. Pour traverser le détroit elle avait dû être remorquée par un bateau à vapeur.

Le 19 février 1807, l'amiral anglais Duckworth s'était présenté devant les Dardanelles avec neuf vaisseaux de ligne, trois frégates et plusieurs brûlots. Les deux forts principaux étaient en très mauvais état, leurs batteries furent bientôt réduites au silence. Arrivé devant Gallipoli, il rencontra un vaisseau turc de 80 canons et cinq frégates. Les équipages étaient en partie absents; il brûla les bâtiments. Le 20 à cinq heures du soir, il était devant Constantinople (1). Mais il avait fallu que Duckworth fût favorisé par un fort vent d'est, ce qui est une circonstance très rare. En repassant les Dardanelles, le 3 mars, cet amiral perdit une corvette et un brick.

On pensait à bord de la *Belle Poule*, que les Dardanelles étaient extrêmement difficiles si non impossibles à forcer; même en supposant des circonstances atmosphériques favorables : car depuis 1807, les fortifications ont été un peu réparées.

---

(1) On sait comment cette ville fut sauvée par le talent et l'activité du général Sébastiani.

J'avais les noms des batteries qui protègent les Dardanelles. Les voici :

Noms des batteries.	Canons.	Calibres.
Batterie de Tott,	12	
Sutil-Bahar,	40	dont 25 portent de gros boulets en pierre.
Korim-Kali,	40	dont 18 portent de gros boulets en pierre.
Bovali-Kalessi (Sestos),	30	
Batterie de Kiomli-Bournow,	16	de 32 et de 24.
Batterie de Dymna-Bournow,	20	de 42.
Killis-Bahar,	35	15 de ces pièces lancent des boulets en pierre de 180 à 1,000 livres.
Batterie de Namasah,	48	de 42.
Sultanieh-Kalessi,	75	de 60. Quinze de ces pièces peuvent lancer des boulets en pierre de 200 à 1,000 livres.
Batterie de Kiossi,	16	de 32.
Abydos,	50	de 80.
Total...	382	

Ces forts et batteries sont, il est vrai, presque tous commandés par des hauteurs non défendues, et ils communiquent ensemble par une route qui longe toute la côte.

Il y a toujours dans le détroit un fort courant de la mer Noire dans la Méditerranée. Il fait trois milles à l'heure en temps calme, et quatre et cinq par le vent de nord-est.

Je crois que ce détail confirme beaucoup l'opinion qu'on avait à bord de la frégate.

De là nous fûmes conduits à causer de l'extension qu'avait pris, l'Angleterre, depuis les Indes jusque vers l'embouchure de la mer Rouge et de l'esprit de suite qu'elle met à lier ses possessions de l'Inde avec l'Europe. La prise de la ville d'Aden a fait quelque bruit en Europe. Peut-être ne trouvera-t-on pas sans intérêt de savoir comment cette ville est venue dans les mains des Anglais.

Aden est le seul point de la côte arabique où l'on trouve de l'eau potable. On y compte trois cents puits, ayant cent soixante-cinq pieds de profondeur, et pour la plupart creusés dans le roc. Les mosquées y sont petites, mais très nombreuses. Ce qui reste de cette ville atteste son ancienne magnificence et justifie pleinement les descriptions qui en ont été données autrefois par les voyageurs portugais et anglais. C'est là probablement que les flottes de Salomon venaient prendre les marchandises qu'apportaient les bâtiments de l'Inde et d'Ophir. Aden, située à moitié chemin de Bombay à Suez, vis à vis l'île de Perim, à cent milles (géographiques) de l'entrée de la mer Rouge, est bâtie sur une péninsule et a deux rades, l'une à l'est, l'autre à l'ouest; toutes deux sont excellentes. Des bateaux à vapeur peuvent y entrer en toute saison, de jour et de nuit, chargés ou non chargés, et sans pilote, avec la plus entière sécurité.

Au temps de leurs conquêtes, les Turcs avaient compris tout l'avantage que pouvait offrir cette ville; ils s'en étaient emparés et en avaient fait une de leurs places principales. La position d'Aden est très forte par elle-même, et l'art peut la rendre presque imprenable. Les ruines qui subsistent encore témoignent du soin avec lequel on l'avait fortifiée. On lit que dans le seizième siècle Albuquerque l'attaqua et y perdit deux mille hommes. Elle fut enlevée aux Turcs vers 1630; depuis lors les fortifications cessèrent d'être entretenues. En 1705, elle tomba entre les mains des *Abdallée*, tribu arabe indépendante, d'environ dix mille ames, dont deux mille combattants. Les Anglais viennent de la prendre sur *Mhoussin*, sultan de Lahidge, chef des Abdallée.

Voici comment ils ont procédé :

En 1836, le superintendant de la navigation des Indes fit un rapport au gouvernement de Bombay, au sujet des dangers que couraient les navires marchands sur les côtes d'Arabie et d'Abyssinie. Ils signalaient surtout comme étant à craindre Mhoussin, sultan de Lahidge, homme de cinquante-quatre ans, propriétaire d'Aden. Ce gouvernement répondit que si un navire portant le pavillon britannique recevait quelque insulte, il fallait demander une réparation immédiate. L'occasion ne tarda pas à se présenter.

Le *Deriah Dowlut*, navire Indien de Madras, frété par un marchand Arabe de Juddah, se rendait à cette dernière ville. Le subrecargue trouva moyen de s'emparer par supercherie du commandement, et le 17 février 1837, au point du jour, par un beau temps, le bâtiment échoua sur une plage de sable à six mille nord-est d'Aden. Le subrecargue partit immédiatement pour s'arranger avec le sultan et partager le butin. La cargaison fut en effet divisée en trois parts; l'une pour le subrecargue, les deux autres pour le sultan. Les passagers de l'équipage furent accablés de mauvais traitements. Lorsque le *Deriah Dowlut* eut été vidé, on y mit le feu. Toutefois les propriétaires ne perdirent rien, car le navire était assuré et même au-delà de sa valeur réelle.

Cependant l'équipage et les passagers furent mis en liberté. Mais avant de quitter Aden, le pilote dut signer un écrit qui constatait que les propriétaires du navire n'avaient rien à réclamer au Sultan, et que ni l'équipage ni les passagers n'avaient été maltraités.

Le gouvernement de Bombay, fut très promptement informé de cet événement. Le capitaine Haines, I. N. arriva bientôt à Aden, chargé de faire une enquête et de réclamer la cargaison du *Deriah Dowlut*, au nom de la Grande-Bretagne. D'abord le Sultan répondit qu'il ne savait ce qu'on lui demandait; mais ensuite, il offrit les cables et quelques objets du navire que le capitaine Haines refusa de recevoir. Ce dernier avertit le Sultan que le gouvernement britannique allait donner suite à l'affaire, puis il retourna à Bombay.

Le gouvernement de Bombay avait immédiatement porté ce fait à la connaissance du gouvernement des Indes, à Calcutta. Telle était cette fois la susceptibilité avec laquelle on ressentait cet acte de pillards arabes, qu'avant d'attendre la réponse de Calcutta, le gouver-

nement de Bombay décida : que la prise de possession d'Aden, pouvait seule réparer l'insulte faite au pavillon de la Grande-Bretagne. « Il saute aux yeux (c'est le
» narrateur anglais qui en a fait la réflexion) que cette
» susceptibilité si ardente et si inusitée du gouverne-
» ment de Bombay, prenait sa source dans le désir
» d'acquérir Aden. Sa possession était d'une haute
» utilité pour la compagnie. La fortune envoyait une
» occasion ; fallait-il la laisser échapper ? » Le dernier gouverneur de Bombay, sir R. Grant, écrivait à ce sujet ces propres mots : « Indubitablement, les avantages
» qu'offre Aden comme station pour les bâtiments à
» vapeur, entrèrent largement parmi les motifs qui
» nous déterminèrent à être aussi susceptibles. »

Le gouvernement de Bombay regardait cette ville comme admirablement disposée pour être un dépôt de charbon. Il supposait que sous la protection anglaise, elle pourrait reprendre son ancien rang commercial. Elle était autrefois le premier marché de l'Arabie. Pourquoi ne redeviendrait-elle pas le port de l'exportation du café, de la gomme, des épices arabes ? Pourquoi ne serait-elle pas l'entrepôt par lequel les produits de l'Angleterre et des Indes se répandraient dans les riches provinces de l'Yemen et de l'Hadramaunt ? Aden l'emporte de beaucoup sur Mocha. Les navires peuvent y entrer et en sortir par tous les temps ce qui n'a pas lieu dans la mer Rouge. Des navires chargés de gomme, d'encens, d'ivoire, peuvent partir de Burbura, sur la côte de Soomaulee vis-à-vis d'Aden, se rendre à cette dernière ville en un jour, lors de la mousson du nord-est et en revenir en un jour. Aden est aussi près que Mocha des districts à café. Tels sont les principaux motifs que fit valoir le gouvernement de Bombay pour demander à Calcutta l'autorisation de prendre immédiatement possession d'Aden.

La réponse de Calcutta arriva en novembre 1837; elle prescrivait de demander au sultan de Lahidge, 1° une réparation de l'insulte commise par lui et ses sujets; 2° la restitution de la cargaison du Deriah-Dowlut, ou le paiement de sa valeur. Si le sultan se soumet, ajoutaient les instructions, on pourrait prendre avec lui quelque arrangement amiable et occuper Aden, comme dépôt de charbon et port de relâche.

Il est à remarquer que le gouvernement des Indes n'autorisait pas en termes exprès celui de Bombay à négocier la cession de la ville d'Aden; mais, *il désirait* qu'on obtînt son occupation comme dépôt de charbon et port de relâche. Or, l'Angleterre irait-elle se mettre sous la dépendance du chef d'Aden? On ne pouvait évidemment remplir l'esprit des instructions du gouvernement de Calcutta qu'en occupant la ville et le port, non à titre de tolérance, mais comme droit.

Le capitaine Haines ayant énoncé l'opinion que le sultan donnerait volontiers, et à des conditions raisonnables, le point presque isolé d'Aden, le gouvernement de Bombay prévit le cas d'une cession et autorisa M. Haines à traiter sauf ratification.

Le capitaine Haines arriva bientôt à Aden, et fit ses réclamations.

Le sultan se défendit de toutes les manières possibles; il protesta qu'il n'avait pas pris la cargaison du Deriah-Dowlut, mais qu'elle lui avait été donnée. Après mille difficultés, il consentit à délivrer un bon de 4191 couronnes d'Allemagne (1), payables à un an de date, et à promettre de rendre des effets pour la valeur de 7809 couronnes (2) du même pays. Venait ensuite l'affaire de la cession d'Aden; c'était le point délicat. Le capitaine envoya d'abord des présents au sultan, de la part du gouvernement de Bombay; ils furent reçus. Ensuite, il jugea à propos de gagner un nommé

(1) Environ 25000 fr.
(2) Environ 46000 fr.

Synd-Iain-Ben-Hydroos; il lui envoya 50 couronnes avec une lettre flatteuse, lui disant que ce présent était un remerciement pour l'obligeance qu'il avait montrée envers les passagers et l'équipage du Deriah-Dowlut (On se rappelle qu'ils avaient été cruellement maltraités). Les choses ainsi préparées, le capitaine écrivit au sultan et lui demanda ce qu'il lui faudrait d'argent pour céder Aden. Le sultan avait trois conseillers qui jouissaient de sa confiance : Son fils, Hamed, jeune homme de 22 ans; son confident, Synd-Mhoussin-Ben-Synd-West-Ben-Haman-Ben-Ali-Suffran, son gendre, homme de talents et de grande influence; enfin, Hussan-Khuteeb, son premier ministre. Il les réunit pour délibérer : les Arabes ne donnent jamais promptement leur réponse, quelque minime que soit une affaire, et lors même que leur parti est pris; ils croient de leur dignité de laisser écouler un temps considérable, qui est censé employé à la délibération. Le sultan et l'agent anglais eurent plusieurs entrevues. L'Arabe accepta la proposition et parut sincère dans son désir de céder Aden. Toutefois, dit-il, à l'agent, lorsque vous aurez Aden, je serai moins puissant, peut être me traiterez-vous alors avec moins de respect. Les protestations de l'Anglais calmèrent

bientôt ses craintes, et la résolution de livrer Aden
sembla tout à fait arrêtée. Sur ces entrefaites, le sultan fut dans l'obligation de se rendre de sa personne
à Lahidge, qui est à 18 milles d'Aden ; mais son parti
semblait tellement pris qu'il chargea Reshed-Abdallah
de continuer, conjointement avec son fils et Synd-
Mhoussin, de traiter avec l'agent anglais. Toutefois, il
recommanda le secret. De plus, un jour ou deux après
son départ, le sultan, répondant à une lettre du capitaine Haines, écrivait : qu'il avait promis de livrer la
place aux Anglais dans deux mois, que pendant ce
temps, le capitaine Haines pouvait retourner à Bombay pour en donner la nouvelle, et que lui réunirait
ses divers chefs pour leur faire connaître la transaction ;
que ceci accompli, les nouveaux possesseurs d'Aden
devaient prendre en considération l'argent que lui, sultan, était dans l'obligation de donner aux tribus voisines, et qu'ils devaient en répondre ; il finissait en disant, « Si vous ne venez pas dans peu de mois, et si
» les Turcs ou tout autre peuple viennent et me pren-
» nent tout le pays, vous n'aurez aucun reproche à
» me faire. » Cette lettre, qui portait l'empreinte de
son sceau, atteste qu'alors il était de bonne foi.

Après beaucoup de difficultés et de tergiversations

de la part de Reshed-Abdallah et de ses collègues, on convint que le promontoire d'Aden, sa ville, ses ports, etc., seraient cédés à perpétuité au gouvernement anglais, pour 8,700 couronnes ; que cette somme serait payée annuellement à perpétuité au sultan et à ses héritiers. C'était plus que ne rendait Aden, tant son commerce était déchu et décroissait tous les ans.

Tel était l'état des choses, lorsque Synd Mhoussin et le jeune sultan Hamed eurent l'intention de se rendre maîtres de la personne du capitaine Haines, et de lui enlever, par force ou autrement, tous les papiers relatifs à sa mission. Quel put être leur motif ? c'est ce qu'il serait fort difficile d'expliquer. Quoi qu'il en soit, le capitaine Haines, averti à temps, évita l'embuche en ne se rendant point en ville le jour où on devait essayer de l'arrêter; mais il fit les plus vifs reproches au sultan et à sa famille, et partit pour Bombay.

Le gouvernement de Bombay rendit compte, à Calcutta, de ce que venait de faire le capitaine Haines. Le gouvernement suprême répondit que l'occupation d'Aden était une question qu'il ne pouvait pas trancher, mais qui ressortissait au cabinet des ministres de S. M. britannique ; que toutefois il partageait l'opinion du gouvernement de Bombay sur les avantages de la position d'Aden. Il renvoya donc cette affaire à Londres. Néanmoins, et comme mesure préliminaire, le capitaine Haines repartit de nouveau pour Aden sur le sloop de guerre le *Coote*. Cette fois il emmenait une escorte composée d'un officier et de trente soldats européens. Ses instructions lui ordonnaient : de reprendre ses premières négociations, et de ne laisser apercevoir en quoi que ce soit, qu'il doutât le moins du monde de la ratification immédiate de la cession d'Aden. S'il voyait chez le sultan quelques dispositions à ne pas remplir ses engagements, il devait lui représenter combien était minime la réparation demandée pour les graves insultes et les énormes injures faites au pavillon britannique sur le *Deriah-Dowlut*, et lui bien faire sentir que ces réparations n'étaient aussi minimes que parce qu'on avait joint cette question avec celle de la cession d'Aden. S'il devenait nécessaire de parler plus haut, il fallait représenter au sultan que son consentement à la cession d'Aden avait été complet, qu'un rendez-vous avait été pris avec son fils, sultan Hamed, pour la ratification définitive de la convention, mais que le capitaine Haines n'avait pu s'y rendre, ayant été informé qu'on lui avait préparé un piège et qu'on devait se saisir de sa personne, que cette circonstance seule, qui était indépendante de la volonté de l'agent britannique, fesait que l'engagement n'avait pas reçu une pleine et entière ratification; qu'il devait bien faire sentir au sultan que si la cession d'Aden s'accomplissait, le gouvernement anglais serait pleinement convaincu que l'avis du piège tendu au capitaine Haines était un avis faux, et qu'un outrage aussi impardonnable n'avait jamais été médité; mais que si la cession ne s'accomplissait pas, lui, le sultan, serait rendu responsable non seulement d'une insulte faite au pavillon anglais dans l'affaire du *Deriah-Dowlut*, mais encore d'une trahison préméditée contre la personne de l'officier que le gouvernement anglais envoyait pour demander réparation. Enfin si l'emploi de tous ces moyens venait à échouer dans les mains du capitaine Haines, il devait instruire le sultan qu'il était infiniment probable que des troupes allaient être immédiatement envoyées pour prendre possession d'Aden, et qu'alors le gouvernement anglais s'emparerait de cette place, sans prendre aucun engagement soit envers lui, soit envers sa famille.

Le capitaine Haines arriva à Aden à la fin d'octobre 1838, le jour même il écrivit au sultan. Le lendemain, sultan Hamed lui répondit, que son père étant malade à Lahidge, c'était lui qui le représentait, que l'Angleterre n'aurait jamais Aden, *à moins* disait-il *que nous n'ayons le sabre dans la gorge.* Il finissait par inviter le capitaine Haines à venir en ville et lui disait en Arabe : « Si vous voulez vous rendre à la passe, je « vous y rencontrerai, et je serai sur votre tête, » c'est-à-dire je me rends garant pour votre sûreté.

Le bon de 4191 couronnes était échu, le capitaine Haines en réclama le paiement ainsi que la restitution des effets pris à bord du *Deriah-Dowlut.* On refusa tout. Dès lors les communications entre les Arabes et le bâtiment Anglais cessèrent, et pendant les quatre premiers mois, le *Coote* dut s'approvisionner d'eau, de bois et de vivres sur la côte opposée.

Bientôt arrivèrent Reshed Abdallah et un nommé Damjée, agents du sultan, avec des pouvoirs suffisants, disaient-ils, pour tout arranger. Mais ils apportèrent une lettre qui ne contenait que beaucoup de compliments et de protestations pour le capitaine Haines, sans parler d'Aden. Ils eurent avec lui une seule conversation insignifiante et ce fut tout.

M. Haines tenta inutilement tous les moyens que lui indiquaient ses instructions. Le sultan ne voulut jamais rien entendre au sujet de la cession d'Aden. Quant à la restitution des effets du *Deriah-Dowlut* et au paiement du bon de 4191 couronnes, il dit qu'il reprendrait volontiers cette affaire, mais à condition qu'on lui promettrait de ne plus lui parler de l'achat d'Aden. C'était justement ce à quoi on ne pouvait pas s'engager.

Les dattes de Mascat et du golfe Persique commencent à arriver sur les côtes de l'Iemen vers la fin d'octobre. La datte est un des principaux moyens de nourriture pour les Arabes de ces côtes; si elles manquaient il y aurait disette. Le capitaine Haines pensa sans doute qu'en privant le peuple de sa nourriture, et le vieux sultan de ses revenus de douanes, il avancerait son affaire, et le blocus le plus strict fut établi. Toutefois, il avait encore des entrevues avec les commissaires du sultan. Un jour, ils lui donnèrent pleinement à entendre que le sultan ne pouvait se dessaisir d'aucune partie de ses états sans combat, que s'il le faisait, sa réputation serait complètement perdue auprès des tribus voisines.

Peu après, vers le milieu de novembre, les Arabes, dans un moment de vengeance, firent feu sur un des canots du blocus; ce fut une complication nouvelle, et le capitaine Haines demanda hautement et avant tout une réparation. En même temps, il se hâta d'envoyer à Bombay le bateau à vapeur le *Suez*. Il demandait avec la plus vive instance que le gouvernement lui envoyât immédiatement des troupes, disant que la force était désormais le seul moyen d'avoir Aden.

C'est à cette époque (fin de 1838) que les Anglais marchaient sur l'Afganistan. Le gouvernement de Bombay était absorbé par la formation de son contingent; néanmoins, on ne pouvait pas négliger Aden. Le 29 décembre, il fit partir, sur deux transports et sous les ordres du major E. M. Bailie, 300 hommes du 1er régiment européen, 350 du 24e régiment, 40 artilleurs européens et 60 Golandaz avec des pionniers. Cette petite armée était accompagnée par le Volage, de 28 canons, et le Cruizer, brick de 16.

Le 16 janvier 1839, l'escadrille mouilla dans la baie ouest d'Aden. Aussitôt, on fit savoir au sultan qu'il fallait se rendre sans condition et envoyer des otages. L'Arabe fut plus qu'étonné; il allégua qu'il ne pouvait rien faire sans avoir réuni ses chefs, que c'était l'usage invariable et immémorial du pays; il demanda six jours. On ne lui répondit plus, mais le major Bailie et le capitaine Smith du *Volage* étudièrent les localités.

Le 19 janvier au matin, le *Volage*, le *Cruizer*, le

Coote et le *Mhyr*, tous bâtiments de guerre, commencèrent un feu bien nourri et détruisirent le peu de fortifications qui protégeaient Aden. Un mortier de 8 pouces lança dans la ville des bombes qui furent désastreuses. Les Arabes tirèrent quelques coups de canon si mal pointés, que les boulets se perdirent sans rien toucher. En peu d'instants, leur simulacre de batteries furent détruites et eux écrasés. Les troupes anglaises débarquèrent, chassèrent l'ennemi de l'amphithéâtre des collines qui entoure la ville, prirent possession des gorges et des hauteurs : c'en était fait d'Aden.

On pense que mille Arabes environ se battirent ; ils perdirent 140 hommes, 139 furent surpris dans l'île de Seerah et désarmés ; mais ayant tenté de se révolter, une vingtaine périrent, le reste se sauva.

Les Anglais eurent 11 hommes tués ou blessés.

Après l'action, on entra en pourparler avec le sultan ; il exprima sa douleur de ce qui était arrivé et rejeta le blâme sur les Bedouins et sur son fils, sultan Hamed.

On traita. Le bon de 4191 couronnes fut annulé, et l'on garantit au sultan de Lahidge, aussi longtemps qu'il observerait le traité, une somme annuelle de 8700 couronnes (1). De plus, le chef d'Aden payait an-

(1) Environ 52000 fr.

nuellement, depuis la conquête, 365 (1) couronnes aux Arabes Fontalees; on promit de les acquitter : c'est à ces conditions qu'Aden fut cédé aux Anglais.

Le 11 novembre (1839), pendant la nuit, Mhoussin et les Fontalees, au nombre de trois mille, tentèrent un coup de main sur la ville; ils crurent surprendre les Anglais, mais ils furent reçus à coup de fusil; on se battit avec acharnement. Au jour, les Arabes virent leur perte et se retirèrent. Les Anglais se plaignirent hautement de ce qu'ils appelèrent la perfidie et la trahison des Arabes Fontaleès, et en conséquence, ils refusèrent de payer les 365 couronnes convenues.

Bientôt les forces britanniques à Aden se montèrent à 17 ou 1,800 hommes, dont 160 artilleurs. Le capitaine Foster, ingénieur du gouvernement de Bombay, officier d'un grand mérite, fut envoyé pour fortifier la ville, et quand ses plans seront exécutés, ce qui ne peut tarder, Aden sera *un second Gibraltar*.

En même temps que le gouvernement de Bombay faisait la conquête d'Aden, il s'emparait aussi de l'île de Karak.

Les Anglais avaient toujours eu les yeux ouverts sur Karak. Lorsque sir John Malcolm fut envoyé en Perse,

---

(1) Environ 2000 fr.

la position de Karak attira son attention et il conseilla à son gouvernement de s'en emparer. En 1838 le shah de Perse excité, du moins les Anglais en furent convaincus, par le gouvernement russe, entreprit le siège d'Hérat. Les Anglais, pour contrebalancer l'influence russe, intervinrent aussitôt et firent tous leurs efforts pour arrêter cette expédition ; mais ils furent reçus avec hauteur et dédain. Alors quelques troupes firent voile de Bombay et occupèrent Karak.

Karak est une île du golfe persique, située à environ quinze milles (géographiques) du port de Binder-Bushire. Elle a dix mille de tour et un port très sûr. Le climat et le sol sont de beaucoup supérieurs à ceux des autres stations du golfe ; la fièvre y est inconnue ; l'eau y abonde ; un tiers de la surface est cultivé et produit les plus beaux fruits.

Karak est la position militaire du golfe Persique. Elle a été successivement possédée par les Portugais et les Hollandais qui l'ont fortifiée. Elle commande le cours de l'Euphrate, la plus grande artère commerciale de l'Orient. La Perse est défendue du côté de la mer des Indes par une chaîne de montagne qui ne laisse que quelques passages jugés presque impraticables pour une armée. La prise de Karak rend les Anglais à peu près maîtres d'un de ces passages; ils peuvent ainsi montrer continuellement au shah de Perse, une armée d'invasion menaçant ses états.

Ici on voit l'Angleterre faisant la conquête d'une portion du territoire persan, parce que la Russie a eu un peu plus d'influence qu'elle auprès du shah, cas qui n'est pas précisément prévu par le droit des gens. On l'a vu en Arabie susciter une mauvaise querelle à des Arabes pour avoir une occasion de conquérir Aden dont le port lui convenait merveilleusement. Si tout cela n'est pas bien rigoureusement conforme au droit des gens, au moins doit-on convenir que cette nation sait faire ses affaires, qu'elle ne perd pas son temps à faire de la politique chevaleresque, mais qu'elle s'occupe de politique utile, qu'elle ne consacre son habileté, sa peine, le sang de ses soldats et l'argent de son trésor, qu'à des choses qui portent leur fruit et non à de brillantes futilités; que les hommes qu'elle emploie sont en général des gens d'affaires qui d'abord et avant tout songent à l'intérêt de leur pays et qui ne lâchent point la proie pour l'ombre.

Pourquoi ne peut-on pas en dire autant de notre France; de cette France qui compte tant d'hommes de talent, de science, d'expérience; de cette France qui possède dans son sein tant d'excellents matériaux qu'il n'y aurait qu'à mettre en œuvre, et qui pourtant fait quelquefois ses affaires d'une manière si mince et si minime? Est-ce la science qui lui manque? Non : ses savants sont au premier rang parmi les savants de l'Europe; est-ce le talent des affaires? Non : à diverses époques de son histoire, elle a eu les premiers hommes d'affaires de l'Europe, et elle a acquis plus de provinces par la négociation que par les armes; est-ce l'argent? Non : le pays en donne en abondance, et il le donne volontiers; est-ce l'esprit ? Pas davantage, et peut-être même moins encore : on a dit qu'il courait les rues. Et, avec tous ces avantages, cette belle France ne joue qu'un rôle secondaire en Europe!...

Que l'on compare la manière de faire de nos voisins et la nôtre; que l'on prenne la dernière affaire accomplie, celle du Mexique, par exemple, qui est bien connue maintenant parce que les papiers en ont été déposés sur le bureau de la chambre; et ces papiers doivent nécessairement être complets et exacts, car s'ils ne l'étaient pas, le gouvernement aurait trompé les chambres; une telle supposition serait à elle seule une énormité.

Or, voici, d'après ces papiers, un très léger aperçu

de l'affaire du Mexique. Pour être court on n'entre dans aucun détail.

Depuis longtemps les gouvernements de France et du Mexique étaient en désaccord. La France, ne pouvant obtenir justice, formula un ultimatum, en date du 21 mars 1838 ; et, pour y faire obtempérer, elle envoya, vers la fin de la même année, une division navale et un contre-amiral chargé de diriger en même temps les opérations militaires et diplomatiques.

Les conclusions de l'ultimatum et les instructions qui les reproduisent, demandaient au gouvernement mexicain l'exécution de plusieurs points. Et la France y disait bien hautement : *que sa détermination était irrévocable.* Le traité définitif signé par l'amiral français a cependant prouvé qu'on avait *révoqué la détermination irrévocable*, car les points principaux demandés par l'ultimatum et les instructions ne se trouvent point dans ce traité. Est-il sage de faire tant de bruit quand on se contente de si peu ?

L'amiral français quitta son escadre pour se rendre à Xalapa et traiter avec un ministre mexicain. Il présenta successivement le 18, le 19 et le 20 novembre trois projets de traité dans lesquels les prétentions de la France diminuaient chaque fois, un peu. N'aurait-il pas mieux valu savoir au juste ce que l'on voulait, dans une question qui après tout était simple, et le demander de prime-abord. Quand l'Angleterre s'occupait d'Aden, dès le début elle savait bien ce qu'elle voulait; et ce qu'elle voulait a été fait.

On ne put s'entendre à Xalapa parce que les Mexicains ne voulaient pas maintenir aux Français la faculté légale de faire le commerce de détail, ou leur donner une indemnité. On se battit. Quelques hommes furent tués : quatre à la prise de la forteresse de Saint-Jean-d'Ulloa et huit au renversement des batteries de la Vera-Cruz. Les Français établis au Mexique souffrirent, par suite du décret d'expulsion porté par le gouvernement mexicain, des pertes énormes; et, après tout cela, on finit par souscrire à des conditions encore inférieures à ce que les Mexicains offraient avant la prise du fort de Saint-Jean.

Ainsi, *premier point*. La France demandait 600,000 piastres d'indemnité pour les sujets français. Le Mexique ne les refusait pas; seulement il proposait des termes qui d'abord avaient été rejetés, et qui furent ensuite acceptés.

Le plénipotentiaire français ajouta à cette demande d'indemnité, 200,000 piastres, comme paiement des frais de l'expédition. Cela était plus que juste; mais le Mexique les refusa; et ce fut fini par là.

Deuxième point. Depuis 13 ans un nombre très considérable de Français avaient été en butte, au Mexique, aux attentats les plus révoltants.

En 1833, à Atencingo, cinq Français, jouissant de l'estime générale et exerçant une industrie utile, avaient été égorgés, coupés par morceaux et traînés à la queue des chevaux. Parmi eux était une femme!.... Et les auteurs de ces atrocités étaient des Mexicains connus, agissant publiquement, en plein jour, et aux cris de *meurent les étrangers!*

Un général Grégorio Gomez, qui commandait à Tampico, y ordonna, en plein jour et sans jugement, le massacre de deux Français!

Un colonel Pardo, qui commandait à Colima, tenta, assisté de son aide-de-camp et d'un soldat, son domestique, d'assassiner, en plein jour et en pleine rue, un médecin français nommé Girod Dulong, parce que ce dernier refusait de lui prêter de l'argent. N'étant pas protégé par les autorités, qui l'assassinaient, ce Français dut s'enfuir.

Un sieur Tamayo, juge de lettres à Mexico, condamna, par une sentence illégale, inique et atroce, à

10 années de présides à la Vera-Cruz, c'est à dire à une mort lente et affreuse, un Français dont l'innocence était évidente. Ce Tamayo viola toutes les formes légales et foula aux pieds le droit sacré de la défense.

Voilà les principaux faits. On ne parle que des meurtres ; on laisse de côté le pillage des propriétés, les violences et autres choses semblables.

La France demanda d'abord la destitution de ces scélérats, et qu'avant tout leur conduite fut l'objet d'un blâme sévère. On s'attendait à trouver quelque chose à ce sujet dans le traité, ou au moins dans la *Gazette* où le gouvernement mexicain publie ses actes officiels. Rien n'a encore paru, et il y a bientôt deux ans.

On a seulement dit que le plénipotentiaire français avait traité ce sujet par correspondance. Mais le fait n'est point confirmé. Dans tous les cas, le sang des Français, qui avait coulé *publiquement*, valait bien la peine que la réparation fut *publique*. Ou plutôt toute la réparation était dans la *publicité*. Il n'y en a pas eu.

Ce même G. Gomez, un des assassins dont nous venons de parler, lorsqu'il commandait à Tampico, laissa sciemment, ou du moins on put le supposer, faire une insulte à un bâtiment de la douane des Etats-Unis. Les Américains exigèrent impérativement son renvoi. Ils refusèrent toute autre satisfaction sur ce point. Les Mexicains, après avoir contesté, refusé, usé de duplicité, finirent par écrire une lettre d'excuse, très humble, au gouvernement américain. Gomez dut quitter la ville et son commandement; et ce n'est que plus tard qu'on le plaça à la Vera-Cruz, où les officiers des bâtiments de guerre français, qui y vinrent avant les hostilités, se trouvaient exposés, sans le savoir, à toucher la main à un des assassins de leurs compatriotes.

Un juge inamovible de Carthagène (Amérique) osa, il y a quelques années, condamner à la prison le vice-consul anglais à Panama. Les Anglais arrivèrent pour protéger leur agent; ils se conduisirent en gens d'affaires; ils ne demandèrent que ce qu'ils devaient obtenir : mais ce qu'ils devaient obtenir, ils l'obtinrent. Le juge grenadin, *constitutionnellement inamovible*, fut révoqué.

Les Anglais ont su venger la dignité de leur consul; les Américains ont su venger l'honneur de leur pavillon; nous n'avons pas su venger le sang français.

Troisième point. Le gouvernement mexicain levait sur les Français des contributions de guerre et des impôts appelés emprunts forcés. Il soutenait que c'était son droit, et il en usait. Le gouvernement français demandait qu'il y eut exemption en faveur des Français, et il avait dit : « Qu'il entendait maintenir cette demande » dans toute son intégrité, repoussant expressément » toute transaction à son égard. »

Il n'en est pas question dans le traité.

Les Mexicains maintinrent leur droit à ce sujet. Mais avant la négociation ils avaient adressé une circulaire au corps diplomatique, dans laquelle ils déclaraient qu'ils n'étaient plus dans l'intention de lever des contributions de guerre ou des emprunts forcés; et on s'en contenta. C'était pour les punir de leur manque de foi que la France faisait son expédition, et sur une chose si grave on se contentait d'une simple promesse, donnée par voie de circulaire! Et ce point, sur lequel on devait « *repousser expressément toute transaction* », s'est trouvé arrangé de cette façon!

Quatrième point. Les Français avaient depuis longtemps la faculté *légale* de faire le commerce de détail au Mexique. La France disait au Mexique : Vous devez laisser exister ce qui a été établi légalement, ou, si vous le défaites, vous devez des indemnités aux commerçants qui se sont établis sur la foi de vos lois. Le Mexique répondait : Je supprimerai votre commerce de détail, et vous n'aurez point d'indemnité.

Le gouvernement français avait écrit aussi pour cet article, que c'était une clause « qu'il entendait main-
» tenir dans toute son intégrité, repoussant expressé-
» ment toute transaction à cet égard ».

Il n'en est pas plus question dans le traité du 9 mars, que de ce qui précède.

C'était parce que les Mexicains n'avaient pas voulu y accéder que l'on n'avait point traité à Xalapa, et qu'on s'était battu : qu'on avait perdu quatre hommes devant Saint-Jean d'Ulloa, et huit hommes dans la Véra-Cruz. Après ces deux combats, les Mexicains n'y ont pas plus accédé qu'auparavant ; et cependant on a traité sans qu'il fût question de la clause « *que le gou-*
» *vernement entendait maintenir dans toute son intégrité,*
» *repoussant expressément toute transaction à cet égard* ».

On a dit que cette affaire se trouvait comprise dans l'article du traité du 9 mars, qui porte : Que les deux pays se garantissent mutuellement le traitement des nations les plus favorisées. Mais ceux qui connaissent le Mexique ne se paieront point d'une pareille raison ; car ils savent que les Français seuls faisaient le commerce de détail, et qu'à cet égard leur garantir les droits des nations les plus favorisées, c'est ne leur rien garantir du tout. Le Mexique s'est réservé la faculté de retirer ce commerce de détail. Il a bien constaté son *droit* à cet égard; et au premier jour, le *Moniteur* sera dans l'obligation d'annoncer qu'il l'a retiré.

Voilà les principales choses qui auraient dû être dans ce traité du 9 mars, et qui n'y sont pas. Voyons maintenant celles qui y sont et qui n'auraient jamais dû y être.

L'expulsion des Français par le gouvernement mexicain a été une violation épouvantable des principes d'humanité recommandés et consacrés par l'usage universel des peuples civilisés. D'après ces principes et ces usages, lorsque deux nations entrent en guerre, on laisse de part et d'autre aux particuliers paisibles, établis sur les territoires respectifs, la faculté d'y séjourner tout le temps vraisemblablement nécessaire pour régler leurs intérêts. Le plus souvent même cette faculté se prolonge indéfiniment, pourvu que ces particuliers gardent une neutralité parfaite et se soumettent aux lois territoriales.

Mais au Mexique il y avait bien plus que cet usage général. Tous les traités conclus entre cette république et les autres pays étrangers, stipulent expressément : qu'en cas de guerre les négociants respectifs jouiront, pour arranger leurs affaires avant leur départ, d'un délai de six mois pour les négociants établis sur les côtes, et d'une année pour ceux qui sont établis dans l'intérieur du pays. Notre droit, par suite des déclarations de 1827, était de jouir du bénéfice de ces traités. On devait bien le savoir. On savait, naturellement, que par son décret d'expulsion, le Mexique violait non seulement les principes et les usages du droit des gens en général, mais ses engagements particuliers envers nous. Nos nationaux ont été maltraités, pillés, ruinés. On s'attend à trouver dans le traité la stipulation d'une nouvelle indemnité pour eux. Y est-elle? Aucunement. Qu'y a-t-il dans le traité? Qu'une tierce puissance *décidera* s'il y a lieu d'allouer les indemnités qu'ils réclameraient. Ainsi voilà le *droit* de la France soumis à la *décision* d'une tierce puissance.

Les Mexicains nous ont obligés, à force de barbarie et d'injustice, à leur faire la guerre. Les hostilités une fois commencées, il y a eu des dommages causés aux Mexicains. C'est le sort des armes, c'étaient eux qui l'avaient voulu ainsi. Ces dommages, malheureux mais justes effets de la guerre, le traité les met sur la même ligne que les dommages causés aux Français par la violation la plus inique du droit des gens!

et il soumet à la *décision* d'une tierce puissance la question de savoir s'il y a lieu d'indemniser les Mexicains !

En sorte qu'il se pourrait, qu'un cabinet fut obligé de venir demander aux Chambres un crédit pour indemniser les Mexicains des pertes qu'ils ont subies, par suite de la guerre qu'ils nous ont obligé de leur faire, pour venger nos compatriotes pillés et assassinés ! et un cabinet a pu ratifier un pareil traité ! Bien plus, voilà la justice de la guerre complétement mise en cause, et cela par la France elle-même. Puisqu'elle soumet à la décision d'une tierce puissance la question de savoir s'il est dû des indemnités aux Mexicains, c'est qu'il peut leur en être dû : et s'il peut leur en être dû, c'est que la France a été injuste à leur égard. Tout ce qu'il y a dans l'ultimatum et les instructions n'est donc pas vrai; car, si ces faits sont vrais, et malheureusement ils ne le sont que trop, la guerre était plus que juste, et les Mexicains n'ont, dans aucun cas, aucune indemnité à demander. Et un cabinet a pu ratifier un pareil traité !

Ce n'est pas tout. Il y a, dans la convention du 9 mars, des principes de droit public maritime de la plus haute gravité, et dont on ne paraît pas s'être douté davantage que s'ils n'existaient pas. Ces principes, depuis des siècles, sont controversés les armes à la main entre la France et la puissance elle-même à l'arbitrage et à la décision de laquelle la France a été soumise.

Naturellement cette puissance va décider ces questions en notre faveur avec une bienveillance tant soit peu perfide, et que notre gouvernement, il faut l'espérer, n'acceptera pas. Car, nous favoriser en cette circonstance, ce serait annuler les principes que nous avons défendus depuis des siècles, et souvent au prix de tant de sang. Et dans la suite, le cas échéant, lorsque nous serons dans l'obligation de nous plaindre, cette puissance arbitre nous dira : « Mais que venez-
» vous réclamer ? N'avez-vous pas reconnu, lors de
» votre affaire du Mexique, que nous devions *décider*
» ces questions ? N'est-ce pas là admettre, de la ma-
» nière la plus patente, que notre manière de voir
» est la bonne ? Sans cela nous auriez-vous appelé à
» *décider* ces questions entre vous et le Mexique » ?

Faut-il rendre ceci plus clair par un exemple ? Le voici.

Dès avant le traité d'Utrecht, l'Angleterre avait établi cette doctrine en droit maritime : que les bâtiments capturés avant que la déclaration de guerre leur fût connue, étaient de bonne prise. C'est en vertu de cette doctrine que l'Angleterre, à chaque guerre maritime qu'elle a faite, a débuté par prendre tous les bâtiments marchands de la nation à laquelle elle déclarait la guerre, avant qu'ils connussent la déclaration. Bien plus, elle a poussé si loin l'application de cette doctrine, que le gouvernement anglais écrivait à ses commandants dans les Indes, que tel jour il déclarerait la guerre à une nation en Europe, et que ce même jour, eux, devaient saisir dans les mers des Indes, les navires de cette nation.

La France a repoussé cette doctrine de toutes ses forces. L'Angleterre ne s'en est pas inquiétée, et s'est bornée à dire que cette doctrine était son droit.

C'est dans cet état de choses que l'on a soumis à la décision d'une tierce puissance qui ne pouvait être que l'Angleterre, et qui a été en effet l'Angleterre, cette question de savoir : Si les navires mexicains et leurs cargaisons séquestrés pendant le cours du blocus, et postérieurement capturés par les Français à la suite de la déclaration de guerre, doivent être considérés comme légalement acquis aux capteurs. La France dit : *Non*, depuis des siècles, et depuis des siècles, l'Angleterre répond : *Oui*.

N'est-il pas évident que l'Angleterre, qui ne fait jamais de politique de sentiment, mais qui sait faire ses affaires, cette fois dira encore : *Oui*, et nous adjugera les prises. Mais si elle vient à nous faire la guerre, elle prendra nos navires, avant qu'ils connaissent la déclaration, ainsi qu'elle l'a déjà fait ; et si nous portons les mêmes plaintes que nous avons déjà souvent élevées, elle répondra : Mais de quoi vous plaignez-vous ? n'avez-vous pas soumis vous-même cette question à notre décision lors de l'affaire du Mexique ? n'avez-vous pas reconnu par là la justesse de notre manière de voir dans la question, n'avez-vous pas par là constaté notre droit ? Que venez-vous donc réclamer maintenant ?

Et un cabinet a pu ratifier un pareil traité !

Telle était l'impression produite par cette affaire, lorsque parut, dans un journal de la Nouvelle Orléans, l'*Abeille*, une lettre datée d'avril 1839, adressée par le plénipotentiaire français au consul de France, en cette ville. On fut fondé à la croire authentique puisqu'elle n'a pas été démentie.

On y lisait : que diverses notes avaient été échangées entre le plénipotentiaire français et les plénipotentiaires mexicains, pendant les négociations de Véra-

Crux, à l'effet de régler, à part, et du traité de paix et de la convention, certains points qui avaient parus ne devoir pas figurer dans ces deux actes. Suivait l'explication des notes. On y lit entre autres deux des points au sujet desquels le gouvernement français avait dit : « qu'il entendait les maintenir dans toute leur inté-
» grité, repoussant toute transaction à leur égard. »

La connaissance de ce document, dut naturellement tenir l'opinion publique en suspens. Il fut publié à México dans le *Cosmopolite*. A sa lecture, le ministre des affaires étrangères de la république mexicaine, fut ou feignit d'être saisi du plus grand étonnement. Il écrivit de la part du président de la république aux deux plénipotentiaires mexicains qui avaient signé le traité et la convention du 9 mars, pour leur demander ce que pouvaient être *ces notes*. La réponse de ces deux fonctionnaires, Don Manuel E. de Gorostiza et Don Guadalupe Victoria, ne se fit pas attendre. Elle parut revêtue de leurs signatures, dans le journal officiel intitulé : *Diario del Gobierno, de la Republica Mejicana. Mexico* 28 octobre 1839. A côté, d'une politesse affectée, se trouvent répétées, dans cet écrit, les expressions les plus injurieuses et les plus offençantes ; et la conclusion est une dénégation formelle.

Par exemple, au sujet des autorités mexicaines qui avaient fait périr des Français, il est dit : que les satisfactions demandées par la France n'ont point du tout été consensenties, que c'est le contraire qui a eu lieu, etc.

Quant à la question des emprunts forcés et des contributions de guerre, il y a longtemps, dit la réponse, qu'une réclamation avait été faite à ce sujet, par l'Angleterre ; et la solution de cette question a été hâtée et décidée peu de jours avant les négociations ouvertes avec la France, précisément parce qu'on ne voulait pas qu'elle fût regardée comme une concession faite à la France.

Quant au commerce de détail, le ministre mexicain dit que le *droit* est de l'abolir, quand cela conviendra ; que ce commerce n'est point un *droit* pour la France, mais un simple *usage* ; que quand il plaira au Mexique d'abolir cet usage pour les autres nations, il sera aussi aboli pour la France. Mais quelle erreur, dit-il, que de croire, que le *droit* de faire le commerce de détail résulte implicitement de l'article 3 du traité du 9 mars.

Ce choquant document est tout entier dans le même genre.

Maintenant que, depuis longtemps, l'affaire est terminée, il n'y a qu'une manière de fixer l'opinion pu_ blique, au milieu de ces contradictions; pour le gouvernement, c'est même un devoir. Il faut faire connaître les *notes échangées*. Elles ont plusieurs fois été demandées au ministère, qui n'a point répondu.

Voilà l'affaire du Mexique.

Pour moi, quand je l'ai connue dans ses détails, quand j'ai vu ratifier le traité et la convention du 9 mars, quand j'ai entendu le président du conseil les défendre à la tribune, en des termes pompeux, mais sans s'appuyer sur les documents demandés, je trouvai tout naturel de voir plusieurs de mes amis politiques passer dans les rangs de l'opposition, et je fus, pendant plusieurs jours, dans la plus grande hésitation pour savoir si je n'y passerais pas moi-même: les motifs qui m'en ont empêché ne trouveraient pas leur place ici.

Cependant, nous avions en vue depuis longtemps l'immense pic de Ténériffe. Une bonne brise nous poussait au port. A 5 heures du soir, le commandant donnait l'ordre de mouiller.

Le marin est en général assez indifférent pour descendre à terre; mais les passagers sont toujours avides de l'air du rivage. Le soir même nous descendîmes à Sainte-Croix.

Le lendemain, chacun de nous visita la ville et ses environs. Deux drapeaux anglais, conservés dans une des églises, furent ce qui attira le plus mon attention. Voici ce qu'on nous raconta à leur sujet :

Le célèbre Nelson, se trouvant à la tête de sa flotte et n'ayant aucun ennemi à chercher, voulut cependant employer ce moment de loisir. Il fit voile pour Sainte-Croix, dans l'intention d'opérer un débarquement et de mettre la ville à contribution. A la vue d'une flotte ennemie, les autorités espagnoles, frappées de terreur, ne songèrent qu'à se soumettre. Cependant un corsaire français de Saint-Malo, qui se trouvait dans la rade, fit tant et tant auprès du gouverneur, que moitié de gré, moitié de force, il put occuper deux petits forts, ou plutôt deux batteries qui sont à chacune des extrémités de la rade. Nelson, se confiant en sa force, débarqua avec quelques troupes ; mais à peine était-il à terre, qu'un feu croisé de mitraille vint écraser son monde ; lui-même tomba ayant le bras droit emporté. Il fut heureux de pouvoir être rapporté à bord, et mit immédiatement à la voile, laissant à terre des tués, des blessés et les deux drapeaux.

Ténériffe était le premier endroit où j'avais vu des chameaux. Ces singuliers animaux servent à transporter les grosses marchandises dans l'île. J'eus la curiosité de faire une course à dos de chameau. C'est la plus désagréable monture que je connaisse. Je ne pus résister plus d'une heure à la dureté de ses allures, et fus obligé de descendre.

Le soir, nous allâmes au spectacle. On donnait le *Domino noir* traduit en espagnol. La salle est petite, mais gentille. La musique était bonne et les acteurs pas trop mauvais. Nous étions tout étonnés qu'il y eut un spectacle à Ténériffe.

29 *Mercredi*. Le commandant voulait faire l'ascension du pic de Ténériffe.

Déjà, en 1837, il l'avait tentée. Il n'était plus qu'à deux heures du sommet, lorsqu'un officier (1) qui avait marché jour et nuit l'atteignit, et lui remit des lettres qu'un bâtiment venait d'apporter de France. C'était l'ordre de revenir *immédiatement* dans la Méditerranée. On pensait avoir l'occasion de combattre la flotte turque devant Tunis. Le jeune prince, qui avait alors dix-neuf ans, lut la dépêche, regarda le sommet du pic, relut la dépêche, « allons messieurs, dit-il, il faut obéir.

---

(1) M. Barthelemy de Las Cases, alors enseigne de vaisseau.

Retournons. » Les officiers qui l'entouraient se récrièrent, disant qu'on touchait au but, que quelques heures de plus ou de moins ne feraient rien aux événements. « Non, dit-il, je ne veux pas avoir une seconde de retard sur ma conscience; on peut tirer le canon, et je ne me pardonnerais jamais si, par ma faute, nous n'y étions pas. » Il partit, et arriva le soir même à son bord, ayant fait en un seul jour la distance que l'on met habituellement deux jours à parcourir.

Il mettait là en pratique la maxime : Que pour apprendre à commander il faut commencer par savoir obéir.

Aujourd'hui, nous partions avec l'espérance qu'aucun contretemps ne viendrait arrêter cette curieuse ascension.

Nous étions déjà très élevés sur les hauteurs, lorsque nous entendîmes les échos des salves, plutôt que les salves elles-mêmes, que tiraient la frégate et la corvette, en commémoration du 29 juillet.

Après avoir marché toute la journée sous le soleil ardent de ces latitudes, nous arrivâmes à six heures du soir à Orotava. C'est la première station. Le commandant avait avec lui plusieurs de ses officiers. Nous formions une caravane assez nombreuse; nous nous établîmes tous dans la seule auberge de la ville, le commandant n'ayant point accepté les diverses maisons que l'on offrait de mettre à sa disposition. Nous couchâmes les uns sur un mauvais billard, les autres sur des chaises. Malgré la fatigue du jour, la soirée fut des plus enjouées.

30 *Jeudi.* A 9 heures du matin nous étions à cheval et en route. La pureté de l'atmosphère promettait une belle journée; mais aussi une chaleur qui, en effet, se fit sentir d'une manière accablante. Plusieurs fois nous fûmes obligés de défendre notre provision d'eau contre nos guides, et cela avec le bâton et le fouet. Une fois même ce fut presque une mêlée entre eux et nous.

Vers 5 heures du soir, nous arrivâmes à mi-côte du pic, au lieu appelé *la Estancia.* Là on est obligé de quitter les mulets pour gravir à pied. Nous formâmes un espèce de bivouac au milieu des rochers, et nous nous y établîmes gaîment, le mieux que nous pûmes, c'est à dire très mal; chacun choisissant son gîte dans quelque creux de rocher. La causerie s'établit, et nous échangeâmes nos petites histoires jusqu'à ce que le sommeil vint nous fermer la bouche et les yeux.

31 *Vendredi.* La nuit avait été froide; car l'élévation

à laquelle nous nous trouvions était déjà assez considérable. A 5 heures moins un quart nous partions enfin pour atteindre le sommet de ce pic si célèbre. Pendant plus de trois quarts d'heure nous gravîmes la montagne, marchant avec beaucoup de peine sur des pierres ponces, dans lesquelles nos pieds enfonçaient. Nous arrivâmes alors à des roches vitrifiées, qui sont plutôt de véritables roches de verre noir. Ils forment une large zone qui entoure le cône. Il faut la traverser en tournant pour ainsi dire en spirale autour de la montagne et en sautant plutôt qu'en marchant de roc en roc. Nous mîmes une heure pour sortir de ces singulières vitrifications, et nous nous trouvâmes au pied de l'extrémité supérieure de la montagne, qui forme un cône d'apparence régulière. Là nous rentrâmes dans les débris de pierres ponces; nos pieds y enfonçaient jusqu'à la cheville. A 7 heures 10 minutes du matin nous étions sur le point le plus élevé du pic, à 11,421 pieds (1) au dessus du niveau de la mer que nous venions de quitter. Nous avions devant nous une vaste plaine sulfurée : c'était le cratère. On eut dit un lac de soufre dont la partie supérieure se serait congelée et aurait fait croûte.

---

(1) 3710 mètres.

Cette croûte était brûlante; à sa surface se mouvait pour ainsi dire en scintillant une atmosphère sulfurée; le bâton s'y enfonçait, ce qui pouvait faire craindre d'y être engouffré; aussi, malgré notre vif désir et même plusieurs tentatives, aucun de nous ne put s'y hasarder au delà de quelques pas. Il y avait çà et là d'énormes fissures, ou plutôt des crevasses, à travers lesquelles s'échappait une épaisse vapeur intermittente, qui répandait une odeur très désagréable. Le vent, à une pareille hauteur, était très vif et très froid. Il est à remarquer que beaucoup d'entre nous eurent des saignements de nez. Notre curiosité satisfaite nous songeâmes à descendre.

A notre retour, nous pûmes admirer cette belle vallée d'Orotava si richement décrite par les voyageurs, et qui ne dément pas sa réputation.

Nous étions de retour à Orotava même, vers six heures, et nous passâmes la soirée chez des habitans de cette petite ville, qui nous reçurent de la manière la plus aimable.

1er *août, samedi*. A dix heures du matin, nous quittâmes Orotava. M. Cologan, un des riches habitants du pays, était notre guide. Après avoir marché toute la journée, nous arrivâmes à huit heures du soir, à Ste-Croix, et de là, à bord, fort heureux de rentrer chez nous.

2 *dimanche*. A onze heures du matin, le prince commanda l'appareillage. Le vent était bon ; bientôt nous ne distinguâmes plus que le sommet du pic sur lequel nous étions l'avant-veille. A la vie la plus active, succéda pour nous le calme et la tranquillité du bord : nous en avions tous plus ou moins besoin.

3 *lundi*. Pour avoir un point de réunion, nous avions pris l'habitude de nous faire servir du thé tous les soirs à huit heures, et nous restions à causer jusqu'à dix. Ce soir nous eûmes une longue conversation sur la politique générale, la guerre de la Chine, et surtout cette question d'Orient qui, depuis quelque temps, occupe tant l'Europe. Chaque jour nous nous connaissions les uns et les autres un peu davantage. Ce soir, nous pûmes reconnaître, en M. de Chabot, le commissaire du roi, un homme d'esprit et de beaucoup d'instruction, qui sans nul doute tiendra un jour un rang distingué parmi les hommes d'état de son pays.

4 *Mardi*. Aujourd'hui nous vîmes les premiers poissons volants. Ces poissons habitent la zône torride. Ils ont environ un pied de long, et sont pourvus de deux larges nageoires, formées d'une pellicule très-fine. C'est à l'aide de ces nageoires qu'ils volent, en rasant la surface de l'eau, pour échapper aux bonites,

aux dauphins et autres, qui en font leur proie. Le poisson volant ne vole qu'en ligne droite et quand ses ailes sont sèches, il tombe. Souvent lorsque le dauphin l'a manqué une première fois, il s'élance à la place où il présume que le poisson volant va tomber, mais ce dernier voyant son ennemi, frise seulement la surface de l'eau pour mouiller de nouveau ses nageoires et repart dans une autre direction.

A 5 heures, *Dash*, le seul chien que nous ayons à bord, le favori de tout le monde, est tombé à la mer. Le bâtiment avait bon vent en ce moment et le pauvre animal était déjà presqu'à une demi-lieue de nous, lorsqu'on put mettre un canot à la mer. Heureusement il ne se trouva là aucun requin pour le dévorer. On le sauva. Ce petit incident fit causer d'évènements sinistres, malheureusement trop fréquents à la mer. Le commandant nous conta le fait suivant.

En 1835, le vaisseau *le Melville* revenait des Indes. Le vice-amiral sir John Gore avait son pavillon à bord. Le 30 avril, le vaisseau était à environ 25 lieues à l'est d'Algoa-Bay, près le cap de Bonne-Espérance. Vers le coucher du soleil, le temps prit une très mauvaise apparence, et tout indiqua une rude nuit.

On fit carguer les basses voiles et prendre des ris dans les huniers. Pendant cette opération, un matelot nommé Phillips tomba de la hune de misaine. Un cri général se fit entendre « un homme à la mer ! » Le fils de l'amiral, le lieutenant John Gore qui était sur l'arrière, sauta dans un des canots de côté et de là dans la mer. On doute que lui ou les matelots aient vu l'homme dans l'eau, car on entendit le lieutenant demander où il était. La bouée avait été aussitôt coupée. On cria à M. Gore de la prendre ; on le vit nager vers elle avec une grande vigueur. L'amiral, que le bruit avait fait sortir de sa chambre, ne le reconnut pas, mais il s'écria en le regardant « quel beau nageur ». Cependant deux des canots de côté avaient été mis à l'eau, montés par les lieutenants Hamond et Fitzgerald. Ils cherchèrent dans différentes directions, mais ne trouvèrent ni Phillips ni le lieutenant. Des matelots assurèrent qu'ils avaient vu un Albatros attaquer et frapper M. Gore. Il y avait là en effet plusieurs de ces immenses oiseaux. Le vaisseau s'était couvert de feu et tirait le canon pour indiquer sa position. Les canots après avoir longtemps cherché revenaient à bord. Le vent fraichissait, la mer déjà très grosse, grossissait encore. Un seul des deux canots put atteindre *le Mel-*

ville. L'autre avec le lieutenant Fitzgerald et huit hommes disparut !...

Il faut avoir été témoin de pareilles scènes pour comprendre combien le courage humain peut grandir. Ne voyant pas revenir le lieutenant Fitzgerald, M. Hamond se remit à la mer. Mais la nuit devenait noire, la mer était de plus en plus furieuse, tout indiquait que le vent allait devenir tempête. Le canot fit des efforts inouis. Tout l'équipage était dans l'anxiété et l'admiration. M. Hamond tint le vent pendant quelque temps. Mais l'épuisement des hommes ne lui permettant pas de lutter davantage, il revint et la providence lui accorda d'atteindre *le Melville* une seconde fois. Les deux officiers et les neuf hommes étaient perdus. Le vaisseau remit en route.

Le comte de Clare et le révérend M. Goldney, aumonier du *Melville*, durent apprendre à l'amiral la perte qu'il venait de faire. Ce vieux militaire ne s'abandonna pas à la douleur. Il leva les yeux et les mains au ciel : Seigneur, dit-il, que votre volonté soit faite...... et il garda le silence. Le lendemain, il fit lire, tout l'équipage assemblé, cet admirable service composé pour les infortunés qui ont péri à la mer. Toutefois, à partir de ce moment, on put observer une altération visible, d'abord dans son caractère, ensuite dans sa santé. Au bout d'un an il avait cessé de vivre.

5 *mercredi.* Des officiers de la frégate, qui avaient fait la campagne du Mexique, me racontaient la manière dont le commandant était allé reconnaître les abords du fort de St-Jean, y faire des sondages, et voir s'il existait sur le récif de Galléga, à l'extrémité occidentale duquel est bâti le fort, un point abordable et favorable à un débarquement. J'avais déjà entendu, de la bouche même du commandant, les détails de cette périlleuse expédition. Il la racontait avec la simplicité d'expression particulière au vrai courage.

En novembre, vers dix heures et demie du soir, le commandant de la *Créole* (prince de Joinville) après avoir pris les ordres de son amiral, partit avec deux de ses embarcations, accompagné d'un canot de la *Néréide* et d'un canot de la *Médée*.

La lune était alors masquée par les nuages. Malheureusement, elle eut bientôt tout l'éclat dont elle brille habituellement dans ces latitudes. Les quatre embarcations se dirigeaient vers le fort St-Jean dans un profond silence, tous les feux éteints, même le cigare. On n'entendait que le bruit monotone des avirons. Tout à coup, sur la côte, une fusée s'élève. Évidemment, à la faveur de la lune, les Mexicains avaient vu les Français. Les deux plus grands canots furent alors laissés en arrière, en observation, et les deux autres, dirigés par le commandant de la *Créole*, arrivèrent à onze heures près du récif de Galléga.

Le courant portait le long du récif vers le fort; on fit le commandement *lève-rames* pour éviter toute espèce de bruit, et les deux canots se laissèrent dériver sur le fort St-Jean, sondant fréquemment et avec le plus grand soin.

Bientôt on se trouva à cent toises environ des bastions; le grand nombre de sentinelles que l'on distinguait, le cris de veille Espagnol (*alerta*) qui se répétait à chaque instant, montrèrent que les Mexicains se gardaient bien. Toutefois le commandant espérait pouvoir arriver jusqu'aux murailles du fort St-Jean, au pied desquelles il était intéressant de sonder, mais à un redoublement de cris d'*alerta* et à un grand mouvement d'hommes, on reconnut qu'évidemment les Français avaient été aperçus : les Mexicains allumèrent un grand feu sur une des courtines, les batteries furent éclairées et armées.

Les deux canots se dirigèrent alors vers le nord-est,

mais côtoyant toujours le récif pour en faire une reconnaissance exacte.

Ils arrivèrent bientôt dans un enfoncement formé par les récifs et dans lequel la mer était très unie : on chercha un point de débarquement facile, et bientôt les deux canots touchèrent sur un fond de sable recouvert d'algues. On était alors à quatre cents toises du fort, et l'on ne pouvait guère en être aperçu.

Le commandant de la *Créole* savait que l'on ne connaissait pas exactement, même au dépôt de la guerre à Paris, la nature du plateau de Galléga sur lequel est bâti le fort de St-Jean ; on croyait généralement qu'il était formé d'une suite de rochers, et parsemé de crevasses profondes qui doivent rendre de ce côté une tentative de débarquement et d'escalade au moins très difficile. L'importance que l'on devait attacher à une pareille reconnaissance, fit que le commandant résolut de la tenter, malgré l'éveil déjà donné aux Mexicains.

Le canot touchait sur le fond et ne pouvait plus avancer ; le prince commandant se mit à l'eau, accompagné seulement de son aide-de-camp, M. Romain Desfossés, de MM. Doret, chef d'état-major, Mangin, chef de bataillon du génie, Chauchard et Thaler, officiers de la même arme, tous armés seulement de longs bâtons pour se guider sur cette immense nappe d'eau et reconnaître la nature du fond.

On se dirigea ainsi, lentement et sans bruit, vers le fort Saint-Jean, que l'on distinguait assez confusément dans l'obscurité de la nuit : les canots eurent ordre de rester au lieu où ils étaient.

Après plus d'une heure de marche fatigante dans l'eau, les six officiers arrivèrent aux glacis de la forteresse, à quarante pas de la demi-lune. Ils venaient de faire un demi-mille sur un beau plateau de sable et cailloux, recouvert de deux à trois pieds d'eau, sans roches, sans crevasses, mais embarrassé de beaucoup d'algues. La citadelle était donc abordable de ce côté, du moins on pouvait arriver par là jusqu'à ses ouvrages avancés.

Les six Français restèrent quelques instants immobiles pour bien observer les ouvrages extérieurs. Les sentinelles se promenaient et semblaient ne pas les apercevoir; des groupes de Mexicains entouraient des feux allumés sur les courtines. On distinguait clairement leur silhouette...

La mission du commandant de la *Créole* pouvait être considérée comme accomplie. Il retournait lentement vers les embarcations lorsqu'un gros poisson lui passant dans les jambes faillit le renverser. Avec toute la gaîté d'un jeune homme il se met, ainsi que son aide-de-camp, à le poursuivre; il l'avait déjà piqué lorsque, tournant la tête par hasard, il aperçut, à une quarantaine de pas derrière lui, environ cinquante Mexicains qui venaient de sortir du chemin couvert, et s'élançaient dans l'eau à sa poursuite. On distinguait au clair de la lune le brillant de leurs armes et leurs pantalons blancs.

Quoique très fatigués, les six Français prirent leur course, et le détachement ennemi, craignant sans doute d'être attiré dans une embûche, abandonna, au bout de quelques minutes, une proie dont il était loin de soupçonner l'importance.

A deux heures du matin, le commandant de la *Créole* ramenait à Sacrificios sa petite expédition.

Depuis la prise du fort Saint-Jean, les Français ont su, par des officiers prisonniers, que les Mexicains, dans la crainte de surprises de nuit, se gardaient avec un soin extrême, et que quatre cents hommes bien armés veillaient constamment dans les chemins couverts, d'où ils pouvaient fusiller à bout portant et sans être vus, les français qui viendraient jusque sur les glacis.

Les six français y avaient été.

5 *Mercredi*.—8 *Samedi*. Aujourd'hui samedi, au point du jour, on vit l'île de San-Antonio. Nous filions neuf nœuds. Elle ne tarda pas à disparaître.

Le soir la conversation politique nous ramena sur la question d'Orient. M. le commandant Hernoux, qui a été longtemps en Orient, la possède bien. Peut-être ne trouvera-t-on pas déplacé de rencontrer ici quelques aperçus sur cette question aujourd'hui plus importante que jamais.

Depuis environ un siècle, les affaires d'Orient ont le privilège d'exciter pour ainsi dire périodiquement l'intérêt et l'attente inquiète de l'Europe. A chaque nouvelle crise, le monde politique croit à un dénoûment fatal aux vieilles sociétés. « L'Orient est gros de la guerre ; le nuage qui s'amoncèle à Constantinople va crever sur l'Europe ! » disait, il y a déjà vingt-ans, le spirituel abbé de Pradt. La crise passe, tout semble rentrer dans l'ordre naturel, et l'Europe s'occupe d'autre chose. C'est que le destin veut que les empires, comme les individus, emploient un certain temps à naître et à mourir. Constantinople et l'empire grec ont mis bien plus d'un siècle à succomber sous le cimeterre ottoman ; le croissant, à son tour, ne périra pas instantanément sous le canon russe. Ainsi le veulent les lois providentielles qui régissent les sociétés humaines. Toutefois, il est vrai de dire que chaque crise a lentement approché l'empire turc de son agonie ; il y touche ; tout annonce qu'elle sera longue ; mais dès aujourd'hui on en peut calculer le terme.

Jetons donc un coup d'œil rapide sur les diverses questions principales que renferment ce qu'on appelle les affaires d'Orient. Cherchons à les analyser et à en prévoir la solution.

Ces questions sont de deux ordres : 1° Les questions que j'appellerai intérieures, les débats entre Musulmans, les guerres civiles ; elles sont très secondaires 2° Les questions étrangères, celles qui naissent des relations de la Turquie avec la Russie, l'Angleterre, la France, l'Autriche, ces questions sont les principales.

De tous temps, l'empire ottoman a été déchiré par la guerre civile : cela tient à son organisation politique. Il en est encore à la féodalité. Les guerres qui se font entre les pachas et la Porte, ce sont les guerres que les ducs de Normandie, les comtes de Champagne, les ducs de Bourgogne, ou de Bretagne faisaient au roi de France au treizième siècle, avec cette différence toutefois, qu'un duc de Normandie pouvait rêver l'espoir de monter sur le trône de France, (rien ne le défendait, Hugues-Capet l'avait fait), et qu'aucun pacha, quel qu'il soit, Méhémet-Ali, par exemple, vainqueur à Coniah et à Nézib, ne peut concevoir même la fugitive espérance de ceindre le sabre d'Otman. La loi politique et religieuse le défend : aucun Musulman n'obéirait. Aussi, dans toutes ces guerres, les pachas finissent-ils toujours par succomber ; Passvan-Oglou et Ali Tébelen, pacha de Janina, ont disparu eux-mêmes après avoir fondé un empire éphémère. C'est que si l'état *politique* du pays favorise les révoltes, son état *social* empêche que les révoltés puissent se consolider. Les pachas ont saisi le pouvoir par le droit du plus fort. Le même droit l'enlève soit à eux, soit à leur héritier : c'est là la règle.

Méhémet-Ali a dû son élévation à son génie et aux talents militaires d'Ibrahim ; il est maître de l'Egypte, de la Syrie et d'Adana. Il demande l'hérédité ; il l'obtiendra probablement. Mais si son successeur n'a pas le même génie que lui, il perdra son héritage par la même cause qui l'avait donné à Méhémet, la raison du plus fort.

Le grand préjudice que Méhémet-Ali causait à la Porte, c'était d'affaiblir ses forces. Mais depuis longtemps, depuis 1828 surtout, on sait bien que la Porte n'avait plus de force par elle-même. Elle ne vit pas de sa vie propre, de sa puissance intrinsèque; elle vit d'une vie factice, parce que ses voisins, ne pouvant s'entendre sur son partage, s'obligent mutuellement à la respecter.

La guerre qui s'est faite entre la Porte et Méhémet-Ali est donc, à le bien prendre, tout à fait de même nature que celles qui se sont faites entre Passvan-Oglou, Ali-Pacha et la Porte. Si le sultan eût été plus sage que passionné, il aurait attendu que le temps et la mort eussent fait justice de Méhémet. Les puissances européennes ne se seraient pas plus mêlées de ce débat qu'elles ne l'avaient fait pour les autres, sans une circonstance que nous expliquerons bientôt, le rétablissement des anciennes routes commerciales de l'Asie, celles de l'Euphrate et de Suez par suite de la découverte de la navigation à la vapeur.

Ainsi, Méhémet-Ali ne peut songer à monter sur le trône des sultans; la guerre entre lui et la Porte n'est qu'une guerre civile comme il y en a eu tant d'autres; l'affaiblissement qu'elle a causé à la Porte, vu les circonstances où se trouvent déjà l'empire, n'est pas d'une très grande importance; quelles que soient les chances de la guerre, il n'en résultera jamais que ce qui conviendra aux puissances européennes ; tout cela ne constitue qu'une question secondaire.

Les questions capitales sont celles qui naissent des relations de la Turquie avec les puissances européennes. Ce sont de celles-là que dépendent toutes les autres ; et elles-mêmes ne sont autre chose que des *questions commerciales*. Elles tiennent à la configuration du sol de cette partie du monde, à sa position géographique. C'est pour ainsi dire un question de localité ; mais ici quelques explications sont nécessaires.

Depuis le commencement de la civilisation, le commerce de l'Asie a toujours fait la fortune du peuple qui l'a eu en sa possession.

D'abord les Colchidiens, chez lesquels les Grecs allaient chercher la *Toison-d'Or;* ensuite les Phéniciens, dont la richesse était proverbiale. Alexandre-le-Grand, pour se l'assurer, alla conquérir l'Egypte et fonder Alexandrie.

Dans des temps plus modernes, ce commerce a fait la fortune de Venise, de Gênes, de Pise et des républiques italiennes qui se le sont disputé par les armes, comme l'Angleterre et la Russie se le disputeront probablement un jour.

La découverte du cap de Bonne-Espérance a changé

la route de ce riche commerce. Il avait passé jusque là par la Méditerranée. La découverte de Gama lui fit contourner l'Afrique. Venise fut ruinée, et depuis il a fait successivement la fortune des Portugais, des Hollandais, des Anglais, qui se le sont tour à tour arraché par des luttes longues et sanglantes.

Aujourd'hui, depuis l'invention des bateaux à vapeur, ce commerce tend à reprendre les routes de la Méditerranée.

Les deux grandes routes commerciales entre l'Asie et l'Europe par la Méditerranée sont 1° par Suez et la mer Rouge, 2° par la Caspienne, la mer Noire, leurs affluents et les Dardanelles.

De plus, jetez les yeux sur la carte, suivez le cours de ces magnifiques fleuves qui coupent la Russie du nord au sud dans toute sa longueur; qui, à l'aide d'un système de canalisation déjà très avancé, joignent maintenant la Baltique à la Méditerranée, le Don, le Dniéper, le Boug, le Dniester, le Prout, le Danube (car aujourd'hui le Danube est russe), tous fleuves auprès desquels la Seine n'est qu'un ruisseau. Tous tombent dans la mer Noire et viennent aboutir à un seul et même débouché : les Dardanelles. Les événements de la guerre continentale ont ouvert les yeux au gouvernement russe. Ils lui ont montré le véritable principe de la puissance des empires. Ils lui ont montré les marchands de la cité de Londres enrichis par le commerce, et ce que l'on appelait une nation boutiquière, triomphant à la longue et par l'argent, du génie de Napoléon et de sa toute-puissance. Depuis lors le gouvernement russe, l'empereur Nicolas surtout, a travaillé au développement de son commerce avec une ardeur infatigable. La production intérieure a acquis un développement extrêmement remarquable. Bientôt il va falloir à la Russie des débouchés, et pour elle il n'y en a qu'un seul de ce côté : les Dardanelles.

Aux Dardanelles, l'Angleterre est à l'égard de la Russie ce que la Russie est, à Suez, à l'égard de l'Angleterre. Elle ne peut pas prendre ce débouché pour elle, mais elle ne veut pas que sa rivale le possède.

Voilà la vraie question, toutes les autres sont secondaires ou pour mieux dire à côté de celle-là, il n'y en a réellement pas d'autres.

Voyons comment la Russie et l'Angleterre ont manœuvré alternativement autour de ce pivot.

Il y a à peine un siècle, Pierre-le-Grand prenait Azof et fondait Taganrog. C'était donner la direction à la politique russe. Catherine II prit la Crimée, s'étendit le long du littoral de la mer Noire, y fonda des villes, fit la guerre aux Turcs. Pendant qu'elle les pressait avec ses armées sur le Danube, elle les attaquait par l'insurrection dans la Méditerranée, car Catherine fut le véritable auteur de l'insurrection grecque, qu'elle abandonna à son malheureux sort quand elle en eut tiré tout le fruit qu'elle en attendait. De nos jours, Alexandre renouvela cette manœuvre avec le même succès, tant les peuples sont aveugles et oublieux! Il eut l'art, lui, chef de la sainte-alliance, de faire soulever tous les peuples libéraux de l'occident en faveur de l'indépendance grecque, pour le seul et unique intérêt de son empire. Il fit plus encore, ce que l'on n'aurait jamais osé imaginer? Il traîna leur marine à Navarin. Là, on vit les puissances occidentales de l'Europe employer leur talent, leur argent, leurs armes pour écraser la Turquie, leur véritable alliée, qu'ils devaient protéger; au profit de la Russie, leur véritable adversaire, leur véritable rivale, contre laquelle ils devaient être un rempart.

Voilà les fruits que l'on recueille quand on fait diriger les affaires d'un pays par des gens qui veulent à toute force, faire de la politique chevaleresque et qui ne sont point hommes d'affaires.

Il n'y a qu'un seul acte comparable à celui-ci, le traité de Bucharest (1812), et c'est encore la Russie qui l'a fait. Lorsque Napoléon était à Moscow, battant les Russes, ces ennemis nés de la Turquie, le cabinet de Saint-Pétersbourg obtenait du divan une paix peu honorable pour ce dernier. L'armée de l'amiral Titchakow devenue libre quitta la Valachie. Sa marche empêcha l'Empereur d'arrêter sa retraite à Smolensk où il avait réuni tous ses magasins, il dut continuer et venir conquérir sur Titchakow le passage de la Bérésina ; de là tous les désastres de l'empire français. On voit avec quelle habileté les affaires de la Russie sont dirigées.

Cependant le sultan avait détruit les janissaires ; il formait avec activité une armée régulière. Cette armée paraissait devenir formidable ; les Turcs se trouvèrent bien plus aptes qu'on ne l'avait cru, à supporter les entraves de la discipline. L'empire ottoman marchait trop vite dans la voie de la régénération. Il fallait l'arrêter et surtout anéantir son armée régulière. La Russie le fait, et l'Occident le laisse faire !....... Elle saisit avec habileté l'occasion que lui donne une faute grave du sultan ; elle entre en campagne. Les difficultés qu'elle eut à surmonter en 1828 et 1829, montrèrent combien sa politique était sage et prévoyante, combien il était habile de détruire dans son origine l'armée régulière de la Turquie. Aussi, par le traité d'Andrinople, la Russie demandait-elle à la Porte assez d'argent pour l'épuiser et la mettre hors d'état d'en réorganiser une nouvelle.

Toujours habile dans sa marche, la Russie voulait en faire assez pour bien servir ses intérêts, mais pas assez pour soulever contre elle les puissances de l'Europe. Elle pouvait entrer à Constantinople ; la route était ouverte devant elle. Elle s'arrêta à Andrinople et y fit un traité (2 septembre 1829); elle le dicta : le sultan était abattu. Il faut le dire, relativement à la position victorieuse de la Russie, ce traité fut modéré. Toutefois, elle se mettait en position telle que la Porte ne pouvait plus échapper à son influence, et, par ce fait, elle portait une grave atteinte à l'équilibre européen. Et l'Occident de l'Europe l'a laissé faire!....

Par le traité d'Andrinople, la Russie acquérait le cours du Danube et ses îles. Elle devenait maîtresse de la navigation de ce fleuve, et pour que les Turcs ne pussent désormais lui causer aucune inquiétude, pour que cette formidable barrière du Danube fût entièrement détruite, la rive droite devait rester *inhabitée à la distance de deux heures de ce fleuve.* La Porte ne conservait sur la Valachie et la Moldavie qu'un simple droit de suzeraineté. Ces provinces passaient de fait sous la dépendance de la Russie, en sorte que, en Europe, la frontière russe n'était plus sur le Pruth, mais bien sur le Danube. En Asie, la Russie acquérait 200 lieues de côtes sur la mer Noire et plusieurs forteresses. On le voit, elle étendait ses bras puissants autour de la Turquie pour l'étouffer.

Ces faits se passaient à la fin de 1829.

En 1832, à la suite d'une querelle entre le sultan et le pacha d'Egypte, Ibrahim Pacha gagna la bataille de Koniah et se mit en pleine marche sur Constantinople. Le sultan est perdu si l'on ne vient à son secours. Il appelle les puissances occidentales. Elles restent sourdes !...... Cependant en cinq jours Ibrahim peut être sur le Bosphore devant Constantinople. Le danger est si pressant qu'il faut compter les heures. Que faire? Le sultan se tourne vers les Russes. Ils étaient prêts, ils attendaient. Leur flotte part, leurs soldats débarquent : Constantinople est sous le bouclier russe. Le sultan est sauvé. Dans sa reconnaissance, il se plaît à proclamer qu'il doit son salut à la Russie. Ce n'était pas rigoureusement vrai, car Ibrahim avait arrêté sa marche triomphante devant les déclarations de la diplomatie française; mais la flotte russe, le corps d'armée russe étaient là, devant Constantinople. Le but de la Russie était atteint. Voyons maintenant à quel prix elle mettait son secours. Pendant que ses soldats couvraient Constantinople, on faisait signer au sultan le traité d'Unkiar-Skelessi (8 juillet 1833).

Ce traité établissait une alliance défensive entre la Russie et la Turquie. La Russie promettait qu'en cas de besoin, elle fournirait par terre et par mer autant de troupes et de forces que la Turquie en réclamerait. En compensation, la Porte s'engageait (par un article secret) à fermer, sur la demande de la Russie, le détroit des Dardanelles à tout bâtiment de guerre étranger.

Ainsi, au plus petit embarras qu'éprouverait le gouvernement turc, les Russes (on sait combien le divan se laisse facilement influencer) pouvaient se faire demander des secours, s'immiscer dans les affaires de l'empire, et entrer comme ami à Constantinople.

En cas de guerre maritime, la Russie pouvait déboucher par les Dardanelles, y entrer à volonté, et si son ennemi voulait l'y poursuivre, le passage était fermé pour lui. De plus, des ingénieurs russes vinrent établir aux Dardanelles un système de défense qui, assure-t-on, mettait le détroit à l'abri d'une attaque par mer. L'empereur Alexandre avait dit que les Dardanelles étaient une des portes de sa maison. N'était-ce pas là en remettre la clef à l'empereur Nicolas !

Le traité d'Unkiar-Skelessi établissait comme un fait tout naturel, l'occupation de Constantinople par les Russes, et, en cas de guerre maritime, le libre passage des Dardanelles seulement au profit des bâtiments de cette puissance. Il soumettait aux règles d'un *casus fœderis* ordinaire l'intervention armée de la Russie dans les affaires de la Turquie. C'était annuler complètement le système qui jusqu'ici avait réglé les rapports entre l'Europe et l'empire ottoman. C'était altérer la balance politique de l'Europe bien plus encore que ne l'avait déjà fait le traité d'Andrinople. Et les puissances occidentales le laissent faire!.......

Les gouvernements français et anglais témoignèrent, il est vrai, leur mécontentement. Le chargé d'affaires de France à Saint-Pétersbourg, M. J. de Lagrené, reçut ordre (octobre 1833) d'exprimer au cabinet de Saint-Pétersbourg, la *profonde affliction* que le gouvernement avait éprouvée en apprenant la conclusion du traité du 8 juillet et de déclarer que, selon les circonstances, il agirait comme si le traité n'existait pas. M. de Nesselrode répondit (octobre 1833) que le traité d'Unkiar-Skelessi était une affaire entre la Porte et la Russie, et que le cas échéant, les obligations qu'il établissait seraient remplies, comme si la déclaration de la France n'existait pas.

Il est à présumer qu'une réponse semblable fut adressée au cabinet anglais.

Telle fut l'impression que causa en Russie le traité d'Unkiar-Skelessi, que la *Gazette de Moscou* (ceci en Angleterre, ou en France, ne serait que l'expression de l'opinion d'un journaliste, mais en Russie c'est un puissant indice des intentions du gouvernement) que la *Gazette de Moscou*, dis-je, alla jusqu'à publier que le premier traité entre l'Angleterre et la Russie serait signé à Calcutta !.......

La Russie se met, en effet, en état d'agir de ce côté. Elle cherche à fonder des établissements, à l'orient de la Caspienne, sur les frontières de la Perse. On sait l'influence qu'elle a prise sur cet empire. Le temps n'est peut-être pas éloigné où elle pourra sans beaucoup de difficulté prendre pour point de départ d'une campagne dans les Indes soit Balkh, soit Herat. C'est celui des conquérants de l'Inde, Alexandre, Timour et Nadir-Shah. La difficulté, pour une armée qui part de Herat ou de Balkh, est le passage des monts Brawouiks. Alexandre et Timour y perdirent beaucoup de monde, faute d'avoir connu le moment de l'année favorable pour franchir ces montagnes; mais maintenant que toutes les circonstances atmosphériques sont appréciées avec exactitude, ce passage a perdu quelques unes de ses difficultés, et une seule bataille gagnée sur les bords de l'Indus livre l'Inde sans défense au bras de la Russie.

Tel est l'exposé rapide de ce que cette puissance a fait pour s'approcher des Dardanelles. Dans la conduite de cette grande affaire, depuis le traité de Bucharest (1812), elle a marché de succès en succès. Elle n'a pas fait une faute, et elle a profité avec habileté de toutes celles qu'ont commises et la Turquie et les puissances occidentales de l'Europe. Néanmoins, elle est bien loin encore de toucher au but poursuivi avec tant de patience, tant de mesure, tant d'esprit de suite. Que lui manque-t-il donc pour l'atteindre? Le moyen de soutenir une guerre maritime contre la puissance qui défendra Constantinople, soit l'Angleterre, soit la France, séparées ou réunies. Comment la Russie enverrait-elle, en effet, ses navires marchands dans la Méditerranée, si elle ne pouvait les faire défendre par une marine militaire. Sous ce rapport, elle est loin d'être prête ; mais elle y travaille avec la même habileté, la même persévérance qu'elle a mise dans ses autres actes. Elle a en abondance tout ce qui concerne le matériel, et quant au personnel, quoiqu'elle n'ait pas de marine marchande, comme la durée du service est maintenant fixée à 27 ans, et qu'il y a des moyens de coërcitions puissants, elle finira par avoir des matelots.

La Russie a fait dernièrement, dans toutes les branches de l'industrie, des progrès immenses ; surtout depuis le tarif supplémentaire du 18 décembre 1836 qui favorisa la concurrence étrangère. Telle est la rapidité de sa marche ascendante, qu'elle n'est déjà plus que ce que la décrivait le savant Schnitzler il n'y a que quelques années. Son industrie manufacturière a pris un développement prodigieux. De 1822 à 1831, la fabrication de la cotonnade a augmenté de 230 pour cent ; celle des soieries de 25 pour cent ; celle des lainages de 30 pour cent ; celle du lin et du chanvre de 45 pour cent ; et celle des produits chimiques de 110 pour cent (1). L'industrie séricole s'est naturalisée dans les provinces caucasiennes, et un fabricant fran-

---

(1) De Peltschinski, chambellan (1833).

çais a bientôt été en état de livrer 30000 pieds de soie à la consommation.

Il y avait 5128 fabriques dans la première année du règne de l'empereur Nicolas, et deux ans plus tard on en comptait 6000 en activité. Le nombre des marchands de toutes les gildes (corporations) a augmenté dans la même proportion de 1830 à 1838 ; de 72590, il s'éleva à 131,347. Dans les cinq dernières années, on a établi 269 foires et 1,704 bazars ; il s'est formé, de 1831 à 1838, 23 associations commerciales, mettant en circulation un capital de 32 millions de roubles papier. Malgré son immense consommation à l'intérieur, la production de la laine est augmentée au point de permettre à la Russie méridionale d'en exporter en Angleterre 50,400 quintaux.

Voici une simple comparaison entre l'importation et l'exportation des années précédentes. En 1802, le savant M. Storch, conseiller d'état, estimait :

l'importation	et *l'exportation*
à 42,289,380 roub. argent.	à 17,951,960 id.
elle s'élevait en 1835	
à 240,994,338 id.	à 227,174,351 id.
différence :	
198,704,958 id.	209,223,391 id.

La Russie a déjà envoyé de ses produits à Leipsik. A l'exposition des produits de l'industrie, à Moscou en 1830, on a vu des cristaux, des porcelaines, des cachemires, des draps qui égalaient ce que la France et l'Angleterre peuvent produire de mieux.

On voit que tout est en travail dans le sein de l'empire russe et le moment n'est pas loin où un actif commerce extérieur deviendra pour lui une impérieuse nécessité. C'est alors, à moins que d'ici là de nouvelles combinaisons ne s'établissent, c'est alors qu'il faudra prendre les Dardanelles, car alors, l'opinion et les besoins publics y forceraient au besoin le gouvernement.

Telle est la position de la Russie. Voyons maintenant quelle est à son égard la position de la Grande-Bretagne.

La Grande-Bretagne n'a aucun intérêt à prendre les Dardanelles; elle a seulement intérêt à ce que la Russie ne les ait pas. Mais elle a, tout à côté, un intérêt très grand qui chaque jour davantage devient l'objet de ses préoccupations : c'est un passage pour aller aux Indes par la Méditerranée.

Le commerce de l'Asie avait déjà fait la fortune de plusieurs nations lorsque l'Angleterre et la France se le disputèrent. La France succomba, non sans gloire, mais enfin elle succomba. L'Angleterre en est restée maîtresse, elle veut le conserver. Elle a depuis longtemps cherché à s'en assurer la possession exclusive par une diminution dans les prix de transport des marchandises, en les faisant passer par Alexandrie. C'était rétablir après vingt-un siècles ce qu'avait fait Alexandre. Dans ce but, elle a recherché avec soin et patience les anciennes routes pratiquées avant la découverte du cap de Bonne-Espérance.

Déjà, en 1775, l'Angleterre avait montré ses vues sur l'Egypte. Le fameux lord Hastings, gouverneur-général du Bengale, avait conclu avec les beys un traité qui autorisait le commerce anglais à introduire et à faire circuler dans l'intérieur de l'Egypte toutes ses marchandises en payant un droit modéré. C'était le premier pas pour les faire passer en Europe par la mer Rouge. L'Angleterre comprenait déjà alors que Suez et Alexandrie était entre Londres, Bombay et Calcutta des points d'étape plus utiles que le cap de Bonne-Espérance.

En 1798, la France, par le bras de son immortel général, conquit et organisa l'Egypte. Bonaparte en fit une colonie française; c'était menacer le commerce britannique d'un coup mortel; aussi quels efforts ne fit pas l'Angleterre pour le détourner. A quoi bon, en effet, avoir battu la France dans l'Inde, si elle la laissait menaçante en Egypte. Elle souleva d'abord le divan, et trois armées turques vinrent successivement périr sous les armes françaises. Puis en Europe elle souleva et paya une nouvelle coalition. L'ennemi victorieux vint frapper à la porte de la France. Le premier effet fut le retour de Bonaparte. L'Egypte privée de son génie organisateur, s'affaiblit de jour en jour. Lorsque l'Angleterre vit la colonie sans chef, qu'elle la crut épuisée, elle y envoya une forte expédition, la prit, et la rendit aux Turcs; mais elle garda Malte.

En 1807, regrettant sans doute son abandon, elle essaya de la reconquérir, et prit Alexandrie. Mais à la chute du ministère Fox et Grenville, les circonstances l'obligèrent à abandonner cette conquête.

Aujourd'hui on comprend que le système de l'influence est préférable au système de la conquête qui coûte des sommes énormes, révolte l'opinion et fait naître des ennemis, l'Angleterre ne veut pas conquérir l'Egypte, mais elle veut y établir son influence. Méhémet-Ali lui résiste. De là le mécontentement de l'Angleterre contre lui. Il a fait plus, il a fait la chose qui pouvait être la plus sensible à l'Angleterre. Il a rendu l'Égypte un pays producteur. Il a favorisé l'agriculture, il a naturalisé le coton et l'indigo. Il approvisionne Trieste et Marseille. Ce sont choses que l'Angleterre ne pardonne jamais. L'histoire est là pour l'attester. Il faut donc qu'elle étouffe la puissance égyptienne dans sa naissance. Mais comment l'attaquera-t-elle ? Par l'Europe ? La chose serait grossière, tout le monde l'apercevrait. Elle va la presser par l'Asie. Par là on ne verra les actes que quand ils seront accomplis.

Le colonel Chesney fut envoyé avec deux bateaux à vapeur pour explorer le cours de l'Euphrate, ancienne route commerciale de l'Asie. Les deux bateaux furent transportés par terre jusqu'à Byr, remontés et mis à flot. Le colonel descendit tout le cours de l'Euphrate avec des peines infinies, et fit un des plus beaux travaux d'exploration qui se puisse imaginer. L'état du lit de ce fleuve, mais surtout l'incivilisation des tribus qui habitent certains points de ses rives, ne laissa pas d'espoir de rétablir l'ancienne route commerciale. Néanmoins, l'Angleterre s'empara de l'île de Karak dans le golfe persique. Elle y rétablit les anciennes fortifications hollandaises, et y bâtit des casernes et des magasins en pierre de taille. Outre que l'île de Karak est la première pêcherie de perles, elle commande le cours de l'Euphrate, le commerce de Bagdad, de Bassorah et du golfe persique; elle domine une des portes de la Perse et surveille l'Arabie. Napoléon, qui n'avait jamais perdu de vue une expédition dans les Indes, avait jugé son importance et se l'était fait céder par la Perse en 1807. L'Angleterre vient de la prendre sans que la diplomatie européenne semble s'en être aperçue !

L'isnam de Mascate était menacé par Méhémet-Ali, par suite de son voisinage avec les Vahhabites. Aussitôt les Anglais sont venus l'assister et lui garantir son indépendance. Mais on peut lire dans l'histoire de l'Inde, à quel prix le gouvernement anglais assiste !

En 1837, arriva, tout à fait à propos, une querelle entre la Compagnie des Indes et le scheik d'Aden. Il s'agissait d'un navire portant pavillon anglais, qui s'était fait piller. Aussitôt le gouvernement anglais prit fait et cause pour son marchand. Rien de plus louable; c'était son devoir de gouvernement. Mais pour arranger la chose à la satisfaction commune, il finit par faire partir des troupes de Bombay et enlever Aden de vive force. Or, qu'est Aden ? C'était la ville la plus opulente de l'Arabie. Elle a déchu depuis qu'elle est tombée entre les mains des Arabes, et que son commerce est passé à Mocha. Mais son port est le seul dans ces contrées. C'était ce que demandait l'Angleterre, et rien n'a annoncé que la diplomatie européenne se fût aperçue de tout cela ! Aden est la clé de la mer Rouge du côté de l'Asie ; de là l'Angleterre n'a qu'à étendre la main pour prendre l'île de Perim, qui bouche le détroit de Bab-el-Mandeb. On dit même qu'elle a pris possession du petit fort de Ras-Beiloul, sur les côtes de l'Abyssinie, vis à vis Mocha. Mais on ne sait si cette nouvelle s'est confirmée.

Elle a des agents dans les principales villes de l'Egypte et de l'Arabie à Mocha, à Djedha, à Moilah, à Geneh, à Cosseir, à Suez, partout où il se fait du commerce.

Elle a en Egypte une espèce d'administration par le moyen de laquelle elle fait le service de la poste aux lettres.

On voit combien le pacha d'Egypte est circonvenu, entouré, pressé du côté de l'Asie par l'Angleterre.

Elle avait demandé à Méhémet l'autorisation de faire un chemin de fer du Grand-Caire à Suez. Mais il paraît qu'il a fini par refuser.

Elle avait obtenu du sultan un passage d'Alexandrie à Suez pour 6,000 hommes, mais Méhémet n'a pas consenti.

Après la bataille de Koniah, lorsque, comme aujourd'hui, tout semblait en suspens en Orient, la flotte anglaise se sépara de la flotte française, et se rendit à Alexandrie pour être à la disposition de M. Campbell. Elle se préparait à abaisser le pacha d'Egypte en le forçant à se soumettre à la Porte, lorsque tout à coup et contre toute attente on apprit que le sultan consentait à abandonner au pacha le district d'Adana, qu'il avait opiniâtrement refusé jusqu'alors. Cela arrangeait tout. La démonstration de la flotte anglaise n'eut pas de suite, mais les intentions du gouvernement furent nettement dessinées aux yeux des personnes clairvoyantes.

Tout récemment, lorsque le capitan-pacha quitta les Dardanelles pour venir se mettre à la disposition de Méhémet-Ali, le cabinet de Londres proposa au cabinet des Tuileries de donner mission aux deux flottes combinées d'exiger de *vive force* la remise de la flotte ottomane. Comme indubitablement le capitan-pacha eût refusé de se rendre, et que Méhémet-Ali n'eût pas voulu la livrer, on eût tout naturellement, par la seule force des circonstances, fait un second Navarin !...

Ne pouvant maîtriser la ténacité de Méhémet-Ali, l'Angleterre attaqua sa puissance dans sa base. Toute la richesse du gouvernement égyptien est fondée sur le monopole commercial que le pacha a établi à son profit. Si par un moyen quelconque le monopole est aboli, toute sa puissance est détruite. Le 16 août 1838, le gouvernement anglais a fait signer au sultan un traité par lequel les monopoles sont abolis dans toute l'étendue de l'empire ottoman, et par conséquent en Egypte et en Syrie. Si Méhémet reconnaissait et exécutait ce traité, ses revenus étaient fort compromis; s'il ne le reconnaissait pas, il se mettait en état de rébellion ouverte contre son suzerain.

La bataille de Nézib a été, au milieu de cette guerre sourde, un dénoûment fort inattendu. Toutefois, la série de faits que nous venons de passer en revue démontre assez clairement ce qui excitait la passion haineuse du sultan contre le pacha d'Egypte et qui le poussait sans cesse à se venger, en abaissant et en anéantissant son vassal.

Il est donc clairement démontré que ce que l'on appelle la question d'Orient n'est au fond qu'une question commerciale qui se débat entre l'Angleterre et la Russie. Et cette lutte occupe un vaste théâtre. Elle paraît d'abord en Chine; il est peu douteux que le collége russe de Pékin n'ait été pour beaucoup dans les causes qui ont amené une rupture entre l'Angleterre et la

Chine. Ensuite en Bukarie ; elle a déterminé l'expédition du Kaboul de la part des Anglais, celle de Chiva de la part des Russes. Ensuite en Perse ; les Anglais et les Russes s'y disputent depuis longtemps l'influence. Les Russes paraissent avoir l'avantage en ce moment. Enfin dans la Méditerranée ; les diverses escadres ont été plusieurs fois en présence. Cette immense ligne de bataille qui s'étend de Pékin aux Dardanelles reçoit son impulsion d'une seule et même cause. La rivalité de l'Angleterre et de la Russie. Il est vrai que le point de la lutte le plus apparent pour nous, celui devant lequel les autres s'effacent, c'est la Méditerranée. C'est là pour ainsi dire le centre de ce que l'on appelle la question d'Orient.

Voyons quel sont dans cette question les intérêts divers des puissances européennes.

La Russie tend à prendre les Dardanelles, mais elle est loin d'être prête et *elle sait* attendre. Afin qu'elle puisse attendre avec sécurité, son premier intérêt est qu'il n'y ait pas en Orient de collisions sérieuses qui amènent trop tôt des interventions obligées. Bien que l'affaiblissement du pacha d'Egypte soit utile à l'Angleterre, la Russie y consent cependant et se réunit sur ce point à l'Angleterre parce que l'ambition remuante de ce chef ferait naître des collisions prématurées.

L'intérêt de l'Angleterre dans la question est 1°, et c'est même son intérêt principal, que les Dardanelles ne deviennent pas russes. C'est pour cela qu'elle veut empêcher toute collision qui donnerait à la Russie un prétexte pour intervenir. C'est en grande partie pour cela qu'elle a toujours voulu abaisser le pacha d'Egypte, afin qu'il ne fût pas en état de lutter avec son seigneur et de faire naître des cas d'intervention. 2° Un autre intérêt de l'Angleterre, c'est d'avoir une route commerciale, soit par l'Euphrate, soit par Suez, qui puisse lier la vieille Angleterre avec les Indes. La rapidité des communications est regardée aujourd'hui comme une des causes les plus puissantes de toute espèce de succès; mais encore faut-il que ces communications soient assurées, et si le pacha d'Egypte est trop puissant, il peut les intercepter à volonté. Nouveau motif pour que l'Angleterre veuille affaiblir le pacha.

Mais si la Russie et l'Angleterre ont pu se réunir momentanément pour abaisser le pacha d'Egypte, leur union ne peut être que bien momentanée et bien précaire, car la cause de désunion, Constantinople et les

Dardanelles, cette cause qui existe depuis si longtemps, est toujours là.

Au milieu de ce conflit, quel est l'intérêt de la France ? Son premier intérêt est que les Dardanelles ne tombent pas entre les mains des Russes. Cet intérêt lui est commun avec l'Angleterre. Son second intérêt est que le pacha d'Egypte soit fort. Mais, pourquoi ? Parce qu'il empêche que Suez ne soit entre les mains de l'Angleterre, ce qui accroîtrait sa puissance.

Elle n'a pas considéré comme la Russie que son second intérêt était d'abaisser le pacha d'Egypte pour éviter des collisions prématurées, elle a au contraire considéré que son second intérêt était de soutenir le pacha. Pourquoi ? parceque l'affaiblissement du pacha fortifie l'Angleterre. Ainsi la France est avec l'Angleterre pour la question principale et contre elle pour une question un peu secondaire.

Une pareille position est-elle sage. Des personnes expérimentées en doutent. Elles pensent qu'en politique, à moins d'être dans des circonstances tout-à-fait particulières comme le sont les îles Britanniques, il vaut mieux choisir une alliance, et quand elle est choisie s'y tenir, même en lui sacrifiant des intérêts secondaires. Puisse la position prise par la France ne pas la conduire à l'isolement.

9 *Dimanche*. A dix heures et demie nous entendons la messe. Nous assistions toujours à l'office divin le dimanche toutes les fois que le temps le permettait.

M. l'abbé Coquereau avait à bord le titre d'aumônier de la frégate; mais il était envoyé pour accomplir les cérémonies religieuses lors de l'exhumation des restes mortels de l'Empereur.

M. Coquereau est déjà chanoine de plusieurs diocèses; c'est son talent comme prédicateur qui lui a valu ces titres. C'est aussi ce talent qui l'a fait choisir pour lui confier la belle mission qu'il remplit aujourd'hui.

Il était à prêcher dans le Midi lorsqu'il reçut la nouvelle qu'il était désigné. Comme il n'avait rien demandé, son étonnement fut égal à sa joie, et il se hâta de partir. A bord, il a toujours su conserver avec tact et convenance son caractère de prêtre au milieu des officiers de l'état-major dont il s'est fait aimer.

Aujourd'hui, pour la première fois, nous rencontrons des bâtiments.

10 *Lundi*. Depuis midi, la pluie dura toute la journée et toute la nuit. La nuit, elle tomba par torrents. Rien n'est plus triste à la mer.

11 *Mardi.* Nous vîmes encore plusieurs bâtiments. Le soir nous eûmes le spectacle d'un magnifique arc-en-ciel lunaire.

12, 13, 14, 15. Tous ces jours nous eûmes beaucoup de grains, ce qui rendit le temps fort désagréable.

16 *Dimanche.* Aujourd'hui nous entrons dans les vents généraux.

La conversation revenait souvent sur l'Orient, et le commandant nous racontait quelquefois à cette occasion des anecdotes curieuses.

Un officier de la marine française, M. de la Paquerie, avait obtenu un firman pour pouvoir dessiner dans la mosquée de Sainte-Sophie. Il était avec le soldat turc porteur du firman qui devait le protéger, lorsqu'un iman de la mosquée vint regarder ce qu'il faisait. A la vue d'une image, il entre en fureur et parle avec la plus grande véhémence à M. de la Paquerie qui ne lève pas même les yeux. L'iman va chercher dans la mosquée une douzaine de fanatiques auxquels il dit que la mosquée est profanée et qu'ils doivent l'aider à chasser cet infidèle. Il revenait, toujours furieux à leur tête, et était déjà près de M. de la Paquerie, lorsque le soldat turc montra le firman. A cette vue, l'iman se retourne subitement et tombe à grands coups de bâton sur les douze ou quinze fanatiques qu'il avait ameutés; puis il revint rôder autour de M. de la Paquerie en disant : « Qu'est-ce que c'est maintenant que d'être iman, à quoi bon! oh Mohamed! Voilà un Franc qui est là et il ne donne pas même une piastre!...

17, 18, 19. Nous avions à bord quatre des fidèles serviteurs de l'Empereur. Ces braves gens l'avaient suivi à l'île d'Elbe. Je les avais vus partir pour Sainte-Hélène, sans s'informer ce qu'était Sainte-Hélène, de ce qu'on y ferait, du temps qu'ils y resteraient. L'Empereur y allait, tout était dit.

C'étaient MM. Saint-Denis, Noverraz, Pierron et Archambault.

Le commandant, toujours bienveillant, s'informait de temps en temps s'ils se trouvaient bien. Aujourd'hui, ayant vu l'un d'eux qui lisait, il leur fit dire qu'ils pouvaient prendre des livres dans sa bibliothèque.

Saint-Denis était entré au service de l'Empereur en 1806 en qualité d'élève piqueur; il fit une campagne en Allemagne et trois en Espagne; il suivit l'Empereur en Hollande en 1811. A la fin de cette année, l'Empereur voulut avoir un second Mameluck; Saint-Denis fut appelé, prit le costume et porta dès lors le nom d'Ali. Ses fonctions étaient de faire le service de valet de chambre auprès de l'Empereur; il le suivait en campagne et se tenait derrière lui, portant la lorgnette de guerre et un flacon d'argent rempli d'eau-de-vie : c'était plutôt pour donner que pour l'usage particulier de l'Empereur, car Saint-Denis ne lui en a jamais servi une seule fois. Lorsque l'Empereur voulait observer quelques mouvements pendant une bataille, Saint-Denis se plaçait debout devant lui, le gros bout de la lorgnette appuyé sur son épaule. Il fit la campagne de Russie et celle de 1813. Le blocus de Mayence, où il était enfermé, l'empêcha de faire celle de 1814. Après l'abdication, il partit de Mayence pour se rendre à l'île d'Elbe. Rustan ayant refusé de suivre son maître, Ali fut seul Mameluck. Il était de service au 20 mars 1815; il était derrière l'Empereur à Ligny et à Waterloo. Depuis, il ne l'a plus quitté. A Sainte-Hélène, son occupation habituelle était de mettre au net les choses dictées par l'Empereur. Il est un de ceux qui l'ont veillé dans sa dernière maladie. L'Empereur lui a fait un legs et lui a laissé des objets à remettre à son fils.

Noverraz, né dans le canton de Vaud, entra au service de l'Empereur en 1809, fut nommé courrier de cabinet en 1811 et a fait les campagnes de 1813 et 1814. A Fontainebleau, il fut choisi pour aller à l'île d'Elbe en qualité de chasseur; son service fut alors le même que celui de Saint-Denis. Il fit le voyage de Fontainebleau à Fréjus sur le siège de la voiture de l'Empereur; il était derrière lui à Waterloo. A bord du *Bellérophon*, il demanda à suivre. « Je compte sur toi », répondit l'Empereur. L'Empereur lui a fait un legs et lui a laissé des objets de sellerie pour remettre à son fils.

Il a pu entrer dans la maison de deux souverains étrangers, mais il a remercié disant qu'après avoir été un des hommes de confiance de l'Empereur, il ne devait plus servir.

Pierron, maître d'hôtel de l'Empereur, est entré dans sa maison en 1807, et a fait avec elle le grand voyage de Hollande et toutes les campagnes, excepté celle de 1812. A Fontainebleau, il sollicita de remplacer un des serviteurs qui avaient déserté, et partit pour l'île d'Elbe en qualité de chef d'office. Revenu de l'île d'Elbe, il suivit l'Empereur pendant la campagne de 1815. A Sainte-Hélène, il succéda, dans la confiance de l'Empereur, au fidèle Cipriani, le maître d'hôtel, qui venait de mourir. L'Empereur lui a fait un legs.

Archambault, piqueur, est entré dans la maison de l'Empereur en 1805, attaché aux écuries. En 1814, il sollicita avec opiniâtreté d'aller à l'île d'Elbe et l'obtint ; il y fut nommé brigadier des valets de pied. Il fit en cette qualité la campagne de 1815. Le matin de Waterloo, c'est à lui que Saint-Denis (le premier chasseur) confia les clefs de la voiture de l'Empereur et la voiture elle-même. Archambault ne put la sauver, mais au moins en emporta deux portefeuilles qu'il crut les plus précieux. Il suivit, avec son frère, l'Empereur à Sainte-Hélène, et y commanda l'écurie en qualité de piqueur. Dans sa dernière maladie, l'Empereur croyant qu'on lui changeait son eau, ordonna à Archambault d'aller la chercher lui-même, ce qu'il fit religieusement. Après la mort de l'Empereur, « c'est moi, dit-il, qui ai tenu sa noble tête pen- » dant qu'on la rasait pour pouvoir la modeler. » L'Empereur lui a fait un legs.

20 *Jeudi*. C'était aujourd'hui le passage de la ligne. De temps immémorial, toutes les personnes qui passent la ligne pour la première fois doivent recevoir ce qu'on appelle *le baptême de la ligne,* de la main de

l'aumônier du dieu Neptune. Une fois baptisées, le dieu les connaît et leur permet le passage. Cette cérémonie est le bonheur et la jubilation du brave matelot. C'est une véritable saturnale, pendant laquelle on s'arrose mutuellement à qui mieux mieux. Il y a des commandants, qui, dans cette circonstance, gênent le matelot par leur sévérité ; mais le nôtre avait dit qu'il laisserait faire *en grand* (c'est l'expression maritime, pour dire dans la plus grande étendue), et qu'il voulait que chaque matelot pût lui jeter un sceau d'eau sur la tête si cela lui plaisait ; que ses matelots étaient actifs, zélés et dévoués, qu'il voulait aussi les voir gais et contents. Il fut bien compris, car, pendant trois heures, ce fut un vrai déluge, et le commandant qui, du reste donnait l'exemple, ne fut pas plus épargné que les autres. Au moment le plus vif du combat, le commandant avait remarqué auprès de lui un matelot, connu par sa gaité, qui lui avait déjà jeté trois sceaux d'eau sur la tête. Au moment où il allait lui en jeter un quatrième, le prince se retourne, « donne-moi ton sceau », lui dit-il : le matelot l'offre immédiatement, et sans qu'il ait le temps de se retourner, le reçoit sur la tête ; il se retire sans rien dire. Un moment après, le commandant le revoit encore à côté de lui, un sceau d'eau à la main; il lui dit encore : « garçon, donne-moi ton sceau ». Le matelot fait le geste de le donner, le prince tend le bras, mais à l'instant le reçoit sur la tête. Monseigneur, nous voilà quitte, dit le matelot; et chacun de rire.

Le commandant avait annoncé qu'il se servirait des pompes pour compléter le baptême. J'avais gâgné le maître Calfat, et obtenu de lui d'aller dans la nuit boucher les pompes, puis j'avais lancé quelques plaisanteries sur le baptême. Mais le commandant, qui porte en tout une grande circonspection, fit à ce qu'il paraît, visiter secrètement quelques instants avant la cérémonie, les pompes dont il devait se servir, et au lieu d'être attrappant je fus un des premiers attrappé.

Le soir il y eut grand bal. Au coup de huit heures, tout rentra, comme par enchantement, dans l'ordre accoutumé.

21 *Vendredi*. Dans la soirée, la conversation tomba sur la puissance des Anglais dans l'Inde, et le commandant Hernoux raconta, à ce sujet, des détails intéressants. J'avais eu l'occasion, dans une des relâches de causer avec une personne bien au fait des affaires de l'Inde, et qui avait été pleinement à même de les apprendre. Je donne ici le résumé de sa conversation.

La dernière campagne des Anglais dans l'Inde (1838-1839) a été au fond une manœuvre contre la Russie. La compagnie des Indes a pris position : elle s'est placée sur un terrain avantageux, en attendant la lutte réelle dont le czar semble la menacer. C'est sous ce point de vue seulement qu'il faut considérer cette opération. Il ne faut point la juger comme chose isolée.

Le gouvernement russe étendait déjà son influence depuis le Jaxart jusqu'à Astrabad, sur la mer Caspienne, lorsqu'il envoya, en 1820, le baron Mayendorff, faire l'étude de la route que pourrait suivre une armée de Orembourg à Khiva. Cette démarche éveilla notre attention; et nous supposâmes à la Russie des vues ambitieuses du côté des Indes. Les avantages immenses et les étonnantes acquisitions territoriales qui résultèrent pour la Russie de sa guerre de Turquie et de Perse, en 1827, 1828 et 1829, lui donnèrent la presque possibilité d'exécuter ses intentions, du moins de commencer. Notre attention fut alors éveillée bien plus vivement encore. Nous croyions le shah de Perse tout à fait dans nos intérêts : il nous devait son trône, et depuis les dernières années, nos agents étaient parvenus très habilement à compromettre la cour de Théhéran avec le czar. Mais celui-ci pouvait avoir sur la Perse une action plus immédiate que la nôtre. Le shah oublia nos services; il se laissa influencer par la peur et, en 1837, à l'instigation du gouvernement russe et ayant des officiers russes dans son armée (la diplomatie l'a niée, mais pour moi, disait le narrateur, le fait est constant); il marcha sur la ville d'Hérat dont le khan était ostensiblement notre ami. La ville eût été prise, si le hasard n'eût fait trouver là des officiers anglais qui la sauvèrent. Pour rappeler au shah de Perse notre puissance, nous saisîmes l'île de Karak dans le golfe persique : c'était, il est vrai, violer un peu le droit des gens; mais Karak est loin de l'Europe, et comme nous l'avions bien supposé, le fait est passé inaperçu. Outre que cette île est une très belle pêcherie de perles, elle nous donne la clef de l'Euphrate et presque une des portes de la Perse.

La tentative d'Hérat, que j'appellerai perso-russe malgré les déclarations de la diplomatie, nous fit ouvrir encore bien autrement les yeux sur notre position. Nous vîmes que notre frontière occidentale était tout à fait ouverte, ou que plutôt nous n'en avions aucune. Les émirs du Sindhi étaient maîtres des bouches et du cours de l'Indus. Telle était l'arrogance de ces barbares, qu'ils avaient failli refuser le passage à notre célèbre voyageur M. Alex. Burnes. L'Indus supérieur et ses beaux affluents étaient au pouvoir du roi de Lahore, Rendjit-Sing, notre ami, mais notre ami bien douteux. L'Indus, soit comme ligne commerciale, soit comme ligne de défense, était nul pour nous. De plus, la vraie frontière et barrière de l'Inde est la chaîne des monts Brawouiks qui s'élèvent à l'ouest de l'Indus comme un véritable rempart. Cette longue chaîne n'a que deux ou trois portes praticables pour des armées : le col de Bolan, le passage de Caboul et peut-être un ou deux autres sur lesquels on n'a que des notions incertaines ; ces portes étaient inoccupées, et si notre ennemi s'y était présenté, il n'aurait eu à surmonter que les difficultés naturelles ; personne n'était là pour les défendre : il était donc indispensable que nous nous en rendissions maîtres. C'est ce que nous avons fait par notre expédition du Caboul.

Nous avons toujours en réserve des prétendants pour les trônes un peu importants de l'Inde et des environs, afin d'avoir le droit d'exercer une grande influence dans les affaires de ces souverains. Shah-Soojah, à qui nous faisions depuis long-temps une pension, était le prétendant du Caboul. C'est un homme médiocre qui a perdu son trône par sa faute, et qui dans nos mains était une véritable poupée (*a true puppet*). Dost-Mohammed, l'usurpateur du Caboul, ne manquait ni de courage, ni d'habileté. Il recherchait ardemment notre alliance ; il sollicitait notre protection pour s'en faire un appui contre Rendjit-Sing qu'il craignait ; mais il fallait conduire nos troupes à Caboul, et si nous eussions accordé notre alliance à Dost-Mohammed, nous n'aurions plus eu aucun prétexte valable ; au lieu que ramenant Shah-Soojah sur son trône nous ne pouvions pas le faire sans une armée : alors personne n'avait rien à nous dire. Notre armée est partie de Delhi et de Bombay pour se réunir à Chicarpour, près de l'Indus. Le corps parti de Bombay a soumis, en passant, les émirs du Sindhi et leur a imposé un traité qui nous donne le cours de l'Indus. Notre armée a franchi avec de grands efforts le col de Bolan qu'elle a appris à connaître, et elle a été occuper Caboul. Comme Shah-Soojah est peu consolidé, il faudra que nous laissions avec lui un corps de troupes pour le maintenir. La mort, ainsi que nous l'attendions, nous a fait justice du fourbe Rendjit-Sing. Nous aurons soin que son empire redevienne ce qu'il était avant lui : plusieurs petites républiques que nous neutraliserons l'une par l'autre. En sorte que nous nous sommes assuré le cours de l'Indus et les portes de l'Inde : c'est là l'esprit et le résultat de la campagne. Maintenant si une armée russe peut venir jusqu'à nous, ce qui est bien douteux, le sort de l'Inde ne se décidera pas par une seule bataille entre le Setledje et Delhi. On défendra les passages avec tous les avantages que donne la localité, et si le passage est forcé, on aura la ressource de livrer une bataille à une armée déjà épuisée. Voilà un aperçu de notre politique de ce côté. — Je n'avais pu m'empêcher de la trouver habile.

22 *Samedi*. Nous avions observé depuis hier à notre droite un gros trois mats qui faisait même route que nous. Tout à coup la frégate vire de bord. Le commandant avait donné ordre de courir dessus. En peu de temps il fut atteint. C'était la *Princesse Charlotte*, gros navire marchand, parti de Liverpool, le 11 juillet et allant à Bombay. Comme il devait relâcher au Cap de Bonne-Espérance, nous lui dîmes que nous y allions aussi. Sa marche supérieure à celle de notre corvette, lui permettra d'y arriver un peu avant nous. Les deux bâtiments échangèrent leur position. Elle ne différait que de 10' (6 lieues et demie), ce qui témoigne des admirables progrès qu'a fait faire à la navigation l'invention des montres marines.

Pendant que le navire la *Princesse Charlotte* attirait notre attention, nous vîmes à l'ouest un globe de feu, couleur rouge blanc, qui parut tomber perpendiculairement à l'horizon, laissant une large trainée verdâtre. Il disparut en quelques secondes ; il était environ deux heures.

23 *Dimanche.* Après déjeûner, nous entendons la messe. M. Paulus s'est distingué dans son *Domine Salvum.* M. Paulus est le chef de musique du commandant. C'est un bon musicien dont le nom est connu à Paris. Il est remarquable ici par son assiduité à son devoir, et la conscience avec laquelle il le remplit.

La journée s'écoule lentement, plus lentement encore, peut-être, que d'habitude. Il semble que le dimanche soit un jour plus long que les autres jours de la semaine.

Sur les quatre heures, un *Fou* ou *boubie* est venu se charger de nous distraire. C'est un oiseau palmipède ; son corps est presque égal à celui de l'oie, son envergure est plus considérable. Il se nourrit particulièrement de poissons volants. On l'appelle Fou à cause de sa stupidité. Il a pour ennemi acharné la *Frégate,* autre oiseau doué d'une force et d'une agilité extrêmes, qu'on pourrait appeler avec justice la reine des eaux. Il n'est pas rare de la rencontrer à plus de quatre cents lieux en pleine mer. Dès que la Frégate aperçoit le Fou à l'horizon, elle part avec la rapidité de l'éclair : le Fou fuit aussitôt de toute la force de ses ailes ; mais la Frégate l'atteint en un moment, s'élance sur lui, et, à coup d'aile et de bec, lui fait dégorger sa nourriture, qu'elle rattrape avec une adresse étonnante avant qu'elle soit tombée dans l'eau. Le Fou, quelle que soit sa force, n'essaie pas même de se défendre. Parfois il se pose sur les vergues d'un bâtiment : les matelots y montent aussitôt. En les voyant approcher, le Fou ouvre son énorme bec, pousse un cri rauque et se laisse prendre. J'en ai vu prendre un de cette manière en 1815. Nous espérions que telle serait la fin de celui qui venait nous visiter ; mais il ne se posa pas. Il planait tellement près du bâtiment, qu'il venait pour ainsi dire offrir un beau coup de fusil. Il faut le tirer, dit le commandant. Aussitôt on alla chercher les fusils, et le stupide oiseau reçut au moins une douzaine de balles, dont certainement plusieurs le touchèrent. Il se borna à crier et à secouer la queue, mais ne s'en dérangea pas. Telle est l'épaisseur du matelas de plumes qui le couvre, qu'il est complètement à l'abri de la balle. Nous le perdîmes de vue à la nuit.

24 *Lundi*. Vers midi nous mettons le cap sur Bahia. L'intention primitive, en quittant Ténériffe, avait été d'aller relâcher au cap de Bonne-Espérance; mais le commandant tenait beaucoup à avoir des vivres frais pour l'équipage : ils étaient presque épuisés. Il fallait encore environ trente jours pour atteindre le cap. On y eut alors été dans la mauvaise saison, et la mer y est terrible, comme l'indique son premier nom de *cap des Tempêtes*. Peut-être même, après avoir lutté pendant plusieurs jours contre le mauvais temps, aurions-nous été obligés de laisser arriver sur Sainte-Hélène sans avoir relâché. Ces considérations déterminèrent le commandant à s'arrêter à Bahia, où il était sûr de trouver de tout en abondance.

Ce soir, on causait d'Alger. Le commandant raconta l'anecdote suivante : M. de Lamoricière se promenait avec un de ses amis à quelque distance de Bougie, n'ayant que son fusil à deux coups, lorsque deux Arabes à cheval lui envoyèrent quelques balles. Puisqu'ils veulent nous tuer, dit M. de Lamoricière, il faut leur jouer un tour et leur rendre la pareille. Au premier coup de fusil, le compagnon de M. de Lamoricière, qui n'avait pas d'armes, se sauve vers la ville, lui-même feint d'être atteint et tombe à la renverse.

Les deux arabes accourent aussitôt pour lui couper la tête. Mais pendant qu'il descendent de cheval M. de Lamoricière se relève, et les couche tous les deux par terre.

26 *Mercredi.* Sur les quatre heures, le vent devint bon frais, avec rafales, au plus près. La pluie fut presque continuelle. La frégate donnait fortement de la bande, et il était impossible de se promener sur le pont. Vers huit heures du soir, le vent sifflait vigoureusement dans les cordages. Le commandant, qui selon son habitude, était alors sur le pont; nous dit en riant : Messieurs, c'est aujourd'hui mercredi, jour d'opéra ; vous voyez que j'ai pensé à votre divertissement , les instruments à vent et à corde ne manquent pas.—Nous passons notre soirée un peu tristement. On ne sait pas assez toutes les fatigues et les dégoûts qui accompagnens le métier de marin.

27 *Jeudi.* Le temps à grains continue , mais beaucoup moins mauvais qu'hier. Nous souffrons toujours beaucoup de la houle du S.-O., chose fort extraordinaire dans ces mers : il faut que ce soit la queue d'un fort pampero.

Aujourd'hui, exercice à feu.

Depuis que nous sommes dans les vents alizés, le

commandant ne cesse de faire faire des exercices, auxquels il assiste toujours lui-même. C'est tantôt l'exercice du fusil, tantôt l'exercice du pistolet. Celui qui met dans le blanc obtient un petit supplément de ration. Il y a des matelots très bons tireurs.

28 *Vendredi.* A midi et demi on signale la terre, qui était encore très loin. La nuit vint; le commandant voulut néanmoins entrer, quoique la passe ne soit pas sans offrir quelques difficultés. Depuis le moment de l'atterrage, le prince avait pris le commandement. On put observer dans cette circonstance l'heureuse alliance de l'audace et de la prudence, qui se trouvent réunies en lui à un égal degré. A sept heures et demie il commandait de mouiller.

Nous avions devant nos yeux le singulier spectacle d'une immense quantité de lumières qui témoignaient de la présence d'une grande ville, que nous ne voyions pas. Nous attendîmes le jour avec impatience.

29 *Samedi.* Après les saluts d'usage, nous nous hâtâmes de débarquer. Le prince et les Français furent reçus à Bahia avec la plus grande prévenance et la plus grande cordialité. Le président, S. Exc. Thomas Xavier, s'empressa de venir à bord, pour présenter ses respects au prince; et les premières familles du pays,

MM. Moniz, Boulcan, Bandeira, etc., nous firent le plus aimable accueil.

Je rencontrai à Bahia d'anciens amis, et je profitai de leurs offres pour aller visiter l'intérieur du pays. Je pus y recueillir de curieuses notions sur la question de l'esclavage, que j'avais déjà été chargé, par le gouvernement, d'étudier à la Martinique et à la Guadeloupe.

Septembre, 14 *Lundi*. A cinq heures du matin le prince commandait l'appareillage; cette fois, nous allions courir sur Sainte-Hélène.

15 *Mardi*. Nous vînmes à causer de la race noire, de son état social et de son avenir. Plusieurs d'entre nous avaient fréquenté les colonies ou les côtes d'Afrique, et avaient été à même d'observer les diverses tribus noires, soit aux Antilles, soit dans leur propre pays.

La race africaine, selon moi, est une race inférieure à la race blanche. En voici une des preuves les plus irrécusables.

Une grande partie de l'Afrique se trouve dans les mêmes conditions atmosphériques que les Indes. La race indienne a montré dès la nuit des temps, tout ce que la civilisation peut produire de plus remarquable : les arts, les sciences, les monuments de la plus belle philosophie. La race africaine, au contraire, n'a pas même eu de langue écrite. Ce n'est que depuis la conquête des Arabes, que ces derniers y ont porté leur religion et leur langue.

On trouve des noirs qui sont extrêmement rusés, et on en conclut qu'ils sont très intelligents. Mais le renard aussi est très rusé, et à qui est-il venu dans l'esprit de parler de son intelligence? On trouve d'autres noirs qui ont de l'aptitude pour les arts mécaniques, pour la menuiserie, par exemple; cela est vrai. J'en ai vu de très adroits. Mais la faculté qui est particulière à l'homme, qui consiste à découvrir le rapport des effets aux causes; qui produit l'analyse et la synthèse; qui rend l'homme susceptible de créer, de constituer et d'organiser; qui est la véritable base de la philosophie utile; cette faculté, dis-je, est infiniment faible chez la race noire; c'est là, selon moi, ce qui la place à un rang inférieur dans l'échelle des races humaines.

Il n'en est pas de même des hommes de couleur. Ceux-ci ont toute l'intelligence et toute l'aptitude du blanc; il ne leur manque que l'éducation.

Si les blancs, au lieu de repousser les hommes de couleur, avaient voulu les regarder comme leurs égaux et se les attacher, jamais la race noire n'aurait pensé à se soustraire à son état d'infériorité sociale. Mais les femmes blanches ont tellement redouté la rivalité des femmes de couleur, qu'elles ont repoussé avec acharnement et fait repousser par les hommes blancs la généralité de cette race. Les hommes de couleur se sont alors constitués chefs des noirs. Dans la lutte, ils ont été l'intelligence, les noirs ont été les bras; c'est ainsi que s'est faite la révolution de Saint-Domingue, et toutes celles qui ont eu lieu.

Je dois dire que mes opinions n'étaient pas partagées à bord, par tout le monde. Mais elles sont chez moi le fruit de l'observation la plus impartiale.

Lorsque j'étais en Haïti, je me suis occupé avec le plus grand soin de connaître l'histoire de la république; et comme le président, ainsi que plusieurs des fonctionnaires publics, se sont prêtés avec beaucoup de complaisance à me donner des éclaircissements, j'ai pu même écrire une histoire abrégée du pays depuis l'expédition du général Le Clerc. J'ai vu, dans tout ce qui s'est passé en Haïti, que les noirs étaient souvent de braves et intrépides soldats; mais que les hommes vraiment intelligents étaient les hommes de couleur. Pétion était un homme très remarquable. Inginac est un homme très habile. Boyer, le président actuel, que j'ai très souvent vu de près, est un homme extrêmement distingué, et qui, par son intelligence, eût joué un rôle partout où le sort l'eût fait naître.

Il y a, dans la vie de ce dernier, des faits qui m'ont inspiré une grande sympathie pour lui. Ainsi, il n'y a pas un exemple qu'il ait jamais manqué non seulement à une parole donnée, mais même à une simple promesse. C'est une justice que lui rendent ses amis et ses ennemis. Lorsqu'on traite quelque affaire avec lui : « Le président a-t-il promis ? » dit-on. S'il a dit oui, on regarde la chose comme faite. Lorsqu'il s'empara du royaume de Christophe, il mit la main sur les papiers secrets de ce dernier, et y trouva la preuve de plusieurs trahisons. Il n'en a point tiré vengeance. Il n'a jamais voulu permettre aucune réaction politique. En 1821, au moment où son armée victorieuse voulait se venger des cruautés de Christophe, le sort des armes fit tomber dans ses mains les assassins de son propre frère, d'un frère qu'il aimait et qui avait péri par un supplice atroce. Mais il avait sévèrement défendu les vengeances personnelles. Il fit comparaître ces scélérats devant l'armée, au moment d'une revue; leur reprocha vivement leur crime, et leur dit qu'il les livrait au supplice de leurs propres remords. Lorsque j'étais en

Haïti, ils vivaient encore. A cette même époque, un officier de son armée poignarda par vengeance un officier de l'armée de Christophe. Boyer le fit arrêter, juger, et passer par les armes. Anciennement, lors de la révolution de Saint-Domingue, Boyer, étant alors capitaine, fut conduit à bord d'un bâtiment français pour être noyé. Il dut son salut au hasard, ou, je crois, à la protection d'une femme. On eût pu trouver excusable qu'il eût conservé de la haine contre les Français. Mais il disait que tous les Français n'étaient pas les Français de l'expédition. En 1822 ou 1823, lorsque l'amiral Jacob fit l'expédition de Saamana, il y eut dans toute la république un moment d'effervescence très violent contre les Français. Le général Boyer écrivit à tous les gouverneurs, surtout à ceux des ports, que si un seul Français était insulté, eux, les gouverneurs, en répondraient sur leur tête. Il faut savoir que le grand reproche que faisait alors à Boyer l'opposition haïtienne, était, chose ridicule, qu'il protégeait trop les Français.

Boyer est un des plus grands exemples du développement de l'intelligence chez les hommes de couleur (1).

(1) Nous avons pensé qu'il ne serait pas sans intérêt de reproduire le discours que M. de Las-Cases a prononcé à la chambre des

16 *Mercredi.* Il n'y a pas dans la marine de branle-bas de combat règlementaire. Chaque capitaine agit comme il l'entend. Le commandant avait rédigé une instruction pour le branle-bas de combat à bord de la frégate. Il le fit exécuter aujourd'hui pour la première fois.

17 *Jeudi.* Nouveau branle-bas de combat.

18, 19, 20 *Dimanche.* On fit encore le branle-bas de combat. Le commandant préside toujours lui-même à tous les détails.

Aujourd'hui M. le capitaine Guyet, commandant la *Favorite*, et M. Marchand sont venus dîner à bord. Le commandant les invitait habituellement le dimanche, toutes les fois que l'état de la mer le permettait.

Ainsi qu'il a été dit, M. Marchand n'avait pu être logé à bord de la *Belle-Poule*, faute de place. Il était à bord de la corvette.

M. Marchand appartient à une famille honorable de la bourgeoisie de Paris, et son éducation a été soignée. Sa mère était auprès du Roi de Rome. En 1811, à l'âge de dix neuf ans, il fut admis dans la maison de l'Empereur, qu'il suivit en Hollande et à Dresde.

---

députés le 1er mai 1839, et dans lequel il donne une description de l'état de la république d'Haïti (Voyez à la fin du volume).

(*Note de l'éditeur.*)

Constant, le premier valet de chambre, ayant abandonné son maître en 1814, M. Marchand fut choisi pour le remplacer. Pendant qu'il suivait l'Empereur à l'île d'Elbe, sa mère suivait le Roi de Rome à Vienne. Arrivé à l'île d'Elbe, Napoléon, selon son habitude, le questionna bientôt sur sa famille, et apprit avec satisfaction, qu'il était le jeune homme pour lequel en 1812, il avait tiré 5,000 francs de sa cassette particulière, afin de lui acheter un remplaçant; son respect pour la loi s'opposant à ce que quelqu'un de sa maison pût se soustraire à la loi commune.

Ce fut alors que M. Marchand fut nommé premier valet de chambre, et que l'Empereur lui confia sa cassette, dans laquelle étaient alors 800,000 francs en or, et dont il arrêtait la dépense tous les mois. Les autres valets de chambre étaient sous les ordres de M. Marchand qui avait à l'île d'Elbe sa table particulière et à Paris, pendant les cent jours, une table de quatre couverts, sa voiture, son cabriolet, ses entrées aux quatre grands spectacles, etc.

A Sainte Hélène, l'Empereur, dépourvu de tout et luttant contre la longueur des jours et des nuits, utilisait tout le monde. M. Marchand eut aussi son tour. Il fit d'abord la lecture à l'Empereur, lorsqu'il était au bain ou au lit. Bientôt l'Empereur le fit écrire et lui dicta le précis des campagnes de César, divers fragments, notamment sur la fortification, ouvrage pour lequel M. Marchand qui sait dessiner, fit plusieurs profils. Napoléon affectionnait ce dernier travail, et disait que c'était *une fleur jetée* sur le chemin qui le conduisait au tombeau.

L'Empereur aimait les soins de M. Marchand, et celui-ci les lui prodiguait avec effusion le jour et la nuit. Dans ses derniers moments le besoin que l'Empereur avait de ces soins sembla augmenter encore, et avec lui les marques de sa bonté. Sentant approcher sa fin, l'Empereur remit à Marchand un riche collier qu'il tenait de la Reine Hortence en lui disant : « Je n'ai que cela ici, je ne sais pas comment sont » mes affaires en Europe, prends-le, c'est quelque » chose de sûr. » L'Empereur rendit Marchand *dépositaire de son testament*, avec ordre de ne le remettre qu'après sa mort, et il entretint le grand maréchal de l'intention où il était d'écrire à l'Impératrice, pour qu'elle donnât à son fidèle Marchand le titre de baron et la décoration de ses états. Il lui a donné lui-même bien plus que cela, en le nommant un de ses exécuteurs testamentaires, et en disant de lui : *Les services qu'il m'a rendus sont ceux d'un ami; je désire qu'il épouse une veuve, sœur ou fille d'un officier ou soldat de ma vieille garde.*

En épousant la fille du lieutenant-général comte Brayer, M. Marchand a rempli cette dernière volonté de l'Empereur qui était sacrée pour lui. Il m'a souvent entretenu de sa reconnaissance pour le roi, qui avait permis qu'il fît partie de la mission de Sainte-Hélène, et pour le prince de Joinville qui l'admettait à sa table. C'était dignement honorer la fidélité.

21 *Samedi.* Nous rencontrâmes une goelette hollandaise qui se rendait à Batavia. En songeant à la distance qu'elle avait encore à parcourir, je ne pus m'empêcher de la plaindre du fond de mon cœur.

22 *Mardi.* Je causais avec un officier des progrès immenses qu'avait fait notre marine, particulièrement depuis douze à quinze ans. Nous pouvons dire avec orgueil qu'elle est aujourd'hui en état de lutter avec quelque puissance que ce soit et que la force numérique seule lui manque pour voir renaître cette brillante mais trop courte époque, pendant laquelle le pavillon des Tourville, des Duquesne et des Dugay-Trouin, flottait sur les mers sans y rencontrer de rivaux. Il y a parmi les jeunes officiers une masse de talents, qui jet-

teraient un bien vif éclat sur les armes françaises, si les évènements politiques les appelaient sur le théâtre que la jeunesse ambitionne toujours.

23 *Mercredi.* A deux heures, branle-bas de combat. Je visite la soute aux poudres, le poste des chirurgiens et prends connaissance de plusieurs détails. Véritablement on ne saurait trop admirer le bon matelot, celui qui est réellement digne de ce titre, lorsque l'on voit toutes les privations auxquelles il est soumis.

24 *Jeudi.* A deux heures, branle-bas de combat et exercice à feu. Le commandant est sur le pont et donne ses ordres; il observe et examine les plus petits détails. A son retour en Europe, l'équipage de la Frégate aura certainement acquis l'instruction la plus complète qu'équipage puisse avoir.

Aujourd'hui nous avons vu plusieurs oiseaux, bien que nous soyons à près de douze cents milles (1) de toute terre connue.

25 *Vendredi.* Le soir un matelot qui avait commis quelque faute fut condamné à passer une heure dans les haubans. L'usage est que les hommes qui subissent cette punition soient attachés avec de petites cordes; particulièrement dans la crainte qu'ils ne s'endorment

(1) Quatre cents lieues.

et ne tombent à la mer. Celui-ci, entêté breton, avait deux fois coupé les cordes avec lesquelles on l'avait attaché. La troisième fois, il résista aux hommes qui voulaient l'attacher de nouveau, et dans la lutte un habit fut coupé d'un coup de couteau. Le coup de couteau était-il porté avec ou sans intention? Toute affaire de ce genre est très-grave à la mer, par suite du petit nombre d'officiers et du grand nombre de matelots. A bord de la *Belle Poule* par exemple, ce sont neuf officiers qui commandent à plus de 500 hommes. Le matelot fut mis aux fers pour être jugé le lendemain.

Aujourd'hui, on a posé sur le pont le cercueil en ébène fait à Paris, afin d'apprendre à l'ouvrir et à le manœuvrer. Il est d'une pesanteur extraordinaire.

Ce cercueil a une forme analogue à celle des sarcophages antiques, et sur des dimensions qui permettront d'y renfermer intégralement les divers cercueils dans lesquels le corps de l'Empereur a été déposé à Sainte-Hélène.

Le cercueil extérieur est en ébène massif, orné de ferrures et d'anneaux de bronze, qui serviront au transport, au moyen de leviers disposés pour cet usage.

Le nom seul de l'Empereur « NAPOLÉON » a été

incrusté en lettres d'or sur le couvercle; et, au milieu des côtés, est également incrusté un N en bronze doré

Le cercueil d'ébène en renferme un autre en plomb, décoré d'ornements gravés en creux et dorés. Sur le couvercle de ce cercueil on lit l'inscription suivante, également gravée en creux :

NAPOLÉON

EMPEREUR ET ROI

MORT A SAINTE-HÉLÈNE

LE V MAI

MDCCCXXI.

Ce dernier cercueil sera soudé lorsque les restes de l'Empereur y auront été déposés.

26 *Samedi.* Le matelot de la veille fut condamné par le conseil de justice a recevoir douze coups de corde; à 4 heures, tout l'équipage étant présent sur le pont, le coupable fut amené, la sentence fut lue et exécutée. Autant les matelots sont sévères entre eux, quand le coupable est puni pour vol, autant ils sont indulgents quand il s'agit de fautes contre la discipline. La peine appliquée, l'équipage se sépara dans un profond silence. On lisait sur la plupart des figures l'impression qu'avait produite cet exemple de sévérité. On avait pu

voir plusieurs fois chez le commandant, les indices d'une émotion qu'il cherchait à cacher, et même, jusqu'au moment de l'exécution, on crut qu'il exercerait son droit de commuer la peine.

Quant à l'homme frappé, il fit immédiatement demander le chirurgien-major, docteur Guillard. Appelé à délibérer bientôt sur un code pénal maritime, je saisis cette occasion, comme je l'avais déjà fait plusieurs fois sur d'autres bâtiments, pour voir l'état du malade. Les coups avaient été, au dire des matelots, *bien appliqués*; cependant l'homme était si peu lésé, qu'il put reprendre son service dès le lendemain.

27 *Dimanche*. La température était devenue réellement froide, et le temps était assez mauvais pour ne pas permettre de dire la messe.

29 *Mardi*. Vers les quatre heures après midi, on aperçut une très-grosse baleine; elle nageait avec une grande rapidité, et s'élança deux fois avec assez de force pour que son corps entier sortit de l'eau, présentant l'aspect d'une colonne informe qui s'abattait aussitôt. C'était évidemment un combat. Tout ce qui a vie dans le monde est occupé à se déchirer réciproquement, et les ondes recèlent les mêmes fureurs et les mêmes ins-

tincts destructeurs, que nous voyons ravager la surface de la terre.

30 *Mercredi*. Nous prolongions notre course dans l'est, pour chercher les vents généraux qui devaient nous porter à Ste-Hélène. Aujourd'hui nous nous trouvions par la longitude de France. Cette circonstance bien indifférente en elle-même, nous cause cependant quelqu'émotion. C'était une espèce de rapport qui se rétablissait entre nous et le pays. Nos heures qui avaient varié chaque jour depuis notre départ, redevenaient les mêmes qu'en France. Nous pouvions, par la pensée, suivre nos amis dans leurs occupations et nous dire : à telle heure, il fait cela. On trouvera que c'est une futilité, mais à la mer le passager fait attention à tout.

Aujourd'hui l'exercice du fusil. Depuis long-temps les exercices sont répétés presque tous les jours.

La brise était sensiblement tombée ; la frégate ne marchait plus que lentement. Il était onze heures un quart du soir ; la moitié de l'équipage dormait ; rien ne troublait ce silence profond qui règne habituellement pendant la nuit à bord d'un bâtiment. Tout-à-coup le tambour se fait entendre, c'est la générale qui appelle aux armes. Chacun saute à bas ; en un instant les hamacs sont pliés et enlevés. La batterie s'éclaire comme en plein jour. Tous les officiers sont à leur poste, les canonniers à leurs pièces. On entend dans le silence la voix du commandant: « *Tout est-il paré dans la batterie?* » C'est l'expression technique pour demander si tout est prêt; aussitôt les feux de section, de division, de file, se succèdent avec rapidité. Pour le pauvre passager qui vient d'être éveillé en sursaut, c'est un combat acharné qui s'engage; un feu bien nourri se soutenait depuis plus d'une demi-heure, lorsqu'au milieu du bruit, on distingue le tocsin et sa lugubre monotonie. C'est sans doute un incendie qui se déclare, chose inévitable pendant un combat et toujours dangereuse au milieu de cet amas de bois sec, de toile et de cordes goudronnées qui sont autant de conducteurs; mais les pompes sont prêtes à disputer le bâtiment à la flamme. Des masses d'eau sont lancées. Cependant on a pu approcher l'ennemi; on le touche sans doute, car la compagnie d'abordage va s'élancer. La mousquetterie placée en abord et dans les hunes, fait tomber une grêle de balles; les extrémités des vergues sont garnies de matelots d'élite, qui lancent les terribles grenades. Le combat durait depuis environ une heure un quart, lorsque le tambour bat la retraite. Le feu cesse; en quelques minutes tout avait été prêt au combat, en quelques minutes tout était rentré dans l'ordre. Au bruit du feu succède un profond silence, et le commandant put jouir des progrès de son équipage. C'est un digne prix des soins incessants qu'il met à l'instruire.

Octobre. Jeudi 1ᵉʳ. Jusqu'ici nous avions été des plus heureux dans notre navigation, et nous pouvions espérer être le 4 ou le 5 à Ste-Hélène. Chose étrange sous cette latitude (23° 54′ S) depuis plusieurs jours nous conservions des vents du nord assez frais. Aujourd'hui ils nous quittèrent tout à fait. Nous restâmes toute la journée en calme.

Vers quatre heures, un requin passa tout près du bord, mais on n'avait rien de préparé pour le prendre. Nous en avons très peu rencontré pendant ce voyage.

Peu après, nous vîmes deux baleines. A la manière dont elles nageaient, il était évident qu'elles subissaient la douce influence du printemps. Nous restâmes assez longtemps à observer les mouvements de ces énormes animaux. (1)

Le soir la lune nous offrit le spectacle d'un *halos* assez distinct.

(1) Le 1ᵉʳ octobre dans ces climats correspond au 1ᵉʳ avril en Europe.

2 *vendredi*. Continuation du calme. Le commandant Guyet et M. Marchand viennent dîner à bord.

Le temps calme à la mer paraît dix fois plus long que lorsque le bâtiment marche. Il semble que la paresse et l'oisiveté s'emparent du navire et de tout ce qu'il contient. On essaye de tout pour se distraire. Ce soir la conversation vint sur les femmes, sujet interminable.... Pour faire pendant aux récits qu'on venait d'entendre, un de nous dit qu'il allait raconter la plus jolie mystification qui se peut faire. Il reçoit un jour une lettre sans signature, portant le timbre de Bruxelles; elle contenait quelques phrases flatteuses, mais si bien dites, et le tout portant tellement le cachet de la bonne compagnie, qu'il ne put s'empêcher d'y répondre. Une correspondance s'engage et dure plusieurs mois. Tel était le charme des lettres qu'il recevait, et l'art avec lequel elles étaient écrites, que sa tête ne put y résister. Le voilà amoureux fou d'une inconnue. La dame se disait une jeune Brabançonne qui aimait pour la première fois. Elle parlait toujours d'un prétendu secret. On fit tout ce qu'il est humainement possible de faire pour découvrir et la personne et son secret, mais inutilement. Enfin elle avoua qu'elle n'avait jamais ni vu ni connu la personne à laquelle elle écrivait de si jolies lettres, et par conséquent tout cela n'avait été qu'un jeu d'esprit de sa part. Le jeune homme, qui était devenu véritablement amoureux, trouva la mystification bien faite, mais il cessa la correspondance.

3 *samedi*. Continuation du calme.

Dès dix heures du matin on voit à bord de la frégate des dispositions inusitées. Une portion de l'équipage prend les armes. Les six embarcations sont mises à la mer, chacune commandée par son officier. La chaloupe porte un obusier de trente. Les autres reçoivent des obusiers de montagne et des pierriers; les fusilliers s'embarquent, et les six embarcations, montées par 396 hommes, prennent le large. Le commandant a ordonné et surveillé lui-même tous les détails de l'opération et embarqué dans son guigne (1) avec son officier d'ordonnance, il dirige les mouvements de la petite flottille. On la voit se former d'abord en file, puis venir se déployer en bataille devant le beaupré de la *Favorite*. Le but évident était de l'attaquer et, à la faveur du calme, de l'enlever à l'abordage. Mais le commandant Guyet est toujours prêt. L'attaque des embar-

(1) Nom que l'on donne au canot le plus léger qu'il soit possible de construire pour la mer. Sa longueur varie de 20 à 22 pieds. Il est armé de six avirons à pointe : le capitaine du bâtiment le conduit lui-même. (*Dictionnaire de Marine; v.* amiral Willaumez.

cations est reçue par un feu de mousqueterie bien nourri. L'unique pensée du capitaine de la corvette est de tenir son ennemi à distance, de lui présenter son travers et de le mitrailler. Il réussit à surprendre les assaillants. Malgré le calme, la corvette obéit à la manœuvre, son artillerie commence à pouvoir jouer, les embarcations sont perdues; mais sur le point d'être coulées, elles font tous leurs efforts pour reprendre la *Favorite* par l'avant. Leurs officiers manœuvrent avec habileté et y réussissent. Le combat recommence avec acharnement et avec les plus grandes chances de succès pour les embarcations. Mais le commandant Guyet parvint encore à les éviter et à présenter son travers. La lutte durait depuis près d'une heure. Le commandant de la *Belle-Poule* jugea sans doute que, attaquants et attaqués, chacun avait fait son devoir, car il ordonna la retraite et ramena sa petite flotille. Il n'y eut pas le plus léger accident. Qu'on juge de ce que pourrait faire à l'occasion un équipage aussi bien exercé !

4 *dimanche*. Le calme continue : nous n'imaginâmes rien de mieux, pour employer notre temps, que d'aller faire une visite au commandant Guyet. L'exercice de la veille n'avait point causé d'accident à bord de la

Favorite. Nous lui fîmes de justes compliments sur la bonne tenue de son bâtiment.

5 *lundi.* C'était le jour fixé, dans nos suppositions, pour l'arrivée à Ste-Hélène. Mais les calmes si fatiguants à la mer avaient trompé notre espoir. A deux heures, il s'éleva une légère brise. C'étaient enfin les vents généraux, c'étaient les vents qui devaient nous conduire à notre destination. Nous les saluâmes avec joie.

Le soir nous rencontrâmes un bâtiment marchand fesant même route que nous. Nous le dépassâmes bientôt sans communiquer.

6 *mardi.* Nous continuons notre route vent arrière.

7 *mercredi.* La houle était si forte qu'elle nous fatiguait beaucoup. A midi, le commandant nous dit : « Messieurs, si comme on l'affirme, Ste-Hélène se voit de loin, nous ne tarderons pas à l'apercevoir, car nous n'en sommes plus qu'à soixante-douze milles (1). A trois heures précises, je causais avec M. de Chabot, sur le gaillard d'arrière, lorsque le matelot qui veille sur la vergue de misaine annonça la terre. On en était à cinquante un milles (2). Nous nous rendîmes immédiatement sur l'avant et nous la vîmes très distinctement.

---

(1) Vingt-quatre lieues.
(2) Dix-sept lieues.

Chacun était monté successivement sur le pont et considérait cette terre qui ressemblait encore à un brouillard. A sept heures moins un quart du soir, la nuit nous la déroba. Nous en étions alors à vingt-huit milles (1). Nous continuâmes à en approcher. Le commandant resta sur le pont jusqu'à près de minuit.

8 *mercredi.* Dès quatre heures du matin, le commandant était sur le pont. On avait couru des bords toute la nuit, et on ne mit en route qu'à huit heures. La frégate s'avançait ayant devant elle sur la gauche l'île *Georges* et l'île dite *Piliers d'Hercule.* On examinait avec attention ces rochers de Ste-Hélène, à la teinte noire, où ne se découvrait pas la plus légère trace de végétation. Cette côte élevée et coupée à pic donnait à l'île l'apparence d'une vaste tour sortie du sein de l'Océan. Le bâtiment avançait avec bonne brise. On passa devant la pointe du Télégraphe et Prosperous-Bay. Entre le pic de Diane et Barn's Point, nous vîmes les arbres à gomme qui se trouvent sur la lisière du plateau de Longwood.

Presque toutes les personnes qui étaient sur la dunette remarquèrent en même temps que l'arête de Barn's Point dessinait un profil dans lequel on croyait

(1) Plus de neuf lieues.

découvrir une ressemblancs avec celui de Napoléon. Nous apprîmes depuis que cette circonstance était très connue dans l'Ile.

Il était dix heures trois quart. Nous commençâmes à doubler Barn's Point et à en voir sortir, pour ainsi dire, la pointe dite Sugar-Loaf. En ce moment, le plateau de Longwood s'était déployé. Nous reconnaissions les arbres à gomme et la maison. Nous distinguâmes des signaux que l'on y faisait; on annonçait sans doute notre passage. Aucun de nous ne se rappelait qu'il y eut eu là un poste de signaux; nous sûmes en effet qu'il avait été établi depuis notre départ.

Il était onze heures. Nous filions six nœuds. Sugar-Loaf semblait se dérouler et nous montrer peu à peu ses batteries formidables. Les personnes qui avaient déjà été à Sainte-Hélène affirmaient que le mouillage était derrière et qu'on n'allait pas tarder à le voir. Chacun se demandait : y trouverons nous des nouvelles de France !.. tous les yeux étaient fixés sur le même point. Un beaupré (1) paraît, puis successivement trois mâts, puis un pavillon. C'était un bâtiment anglais. On voit un

---

(1) Le beaupré est un long mât incliné, attaché sur l'avant du bâtiment. Lorsque le bâtiment est vu de profil, le beaupré est la première chose que l'on aperçoit.

nouveau beaupré, puis deux mâts, puis... « Français !
» s'écrie avec joie le commandant, c'est le pavillon
» français. Faites le signal pour demander son numéro».
Celui qui est resté trois mois sans nouvelles de son
pays et de sa famille comprendra facilement toute notre
anxiété. Ce navire était le brick l'*Oreste* venant de France. Il y avait encore deux autres bâtiments. Un marchand hollandais, arrivant de Batavia, et un brick anglais, le *Dolphin*.

Nous approchions lentement du mouillage. Au moment où nous nous étions trouvés complètement sous la terre, nous avions eu calme plat. Tout à coup le vent vint du nord, ce qui, joint au courant, fit qu'en un instant nous fûmes à deux milles au large. Il était onze heures et demie. Le commandant voulait venir mouiller juste devant la ville et près d'elle. C'était en effet la place de sa frégate. Mais se trouvant tout à fait sous le vent de l'Ile, il avait à manœuvrer au milieu des folles brises. Des officiers anglais, qui venaient de monter à bord, nous disaient qu'ils connaissaient la rade, que l'entreprise était chose fort difficile et d'une réussite douteuse. Cependant, à trois heures et demie, l'ancre tombait au mouillage désigné. Ces officiers disaient hautement qu'il était impossible de manœuvrer avec plus d'adresse et de précision. Ils étaient montés à bord, la frégate étant sous voile. C'était M. le lieutenant Middlemore, fils de son excellence le major-général Middlemore, C. B. gouverneur de Sainte-Hélène. Il était envoyé par son père malade pour présenter ses respects au prince commandant. Avec lui se trouvaient M. C. Alexander, capitaine commandant le génie civile et militaire ; M. le lieutenant G. A. Barnes, major de place ; M. E. Gulliver Esq., R. N. commandant du port ; M. S. Solomon, agent consulaire de France et plusieurs autres. La corvette *la Favorite* ne tarda pas à venir mouiller auprès de nous. On échangea des saluts avec la ville et le brick anglais *le Dolphin*; le brick français l'*Oreste* salua la frégate par bordée, avec son équipage sur les vergues. M. le capitaine de corvette Doret, qui le commandait, était venu à bord. Il avait quitté Cherbourg le 29 juillet. Il apportait des lettres à quelques personnes. Cet officier sollicita du commandant l'autorisation d'assister à la cérémonie de l'exhumation de l'Empereur et l'obtint aussitôt : c'était une justice qui lui était pour ainsi dire due.

En 1815, M. Doret, n'étant encore qu'enseigne de vaisseau, avait été présenté par le comte Bertrand à l'Empereur, alors à l'île d'Aix. Plusieurs jeunes officiers s'étaient réunis pour offrir à Napoléon de le transporter aux États-Unis, à travers la croisière anglaise. Deux chasse-marées, du port de douze tonneaux, avaient été armés dans ce but. M. Genty, lieutenant de vaisseau, commandait l'un ; M. Doret commandait l'autre. Quelques-uns des officiers de l'Empereur furent embarqués, entre autres MM. Planat et de Résigny, officiers d'ordonnance, et les chasse-marées se rendirent à la pointe d'Aiguillon. Ce projet n'eut pas d'autre suite. Après le départ de l'Empereur, ces officiers de marine (1) furent dénoncés comme *ayant déserté les drapeaux pour favoriser l'évasion de l'usurpateur*, et rayés des contrôles de la marine. M. Doret était rentré au service en 1830.

Quoique la rade de Sainte-Hélène soit tout à fait ce que l'on appelle foraine, cependant, à cause des vents alizés, le mouillage est regardé comme très sûr. Le fond décroît avec une grande rapidité à mesure que l'on s'éloigne de la côte; il décroît plus vite devant

---

(1) C'était MM.

GENTY, lieutenant de vaisseau, mort.
DORET, enseigne de vaisseau, aujourd'hui capitaine de corvette.
POTTIER, enseigne de vaisseau, aujourd'hui lieutenant de vaisseau.
SALIS, enseigne de vaisseau, aujourd'hui naviguant au commerce.
MONCOUSU, aspirant de première classe, mort.
CHATEAUNEUF.   id.
Je n'ai pu découvrir les noms des autres.

Lemon's Valley, à l'ouest; moins vite devant Banks's Battery, à l'est. Vis à vis de James' Town, on trouve cinquante brasses à trois quarts de mille, et à un peu plus d'un mille on sonde à cent vingt brasses sans toucher le fond.

Après dîner, à six heures, M. de Chabot et moi, nous descendîmes à terre. Je remis le pied sur cette terre d'exil au même endroit où autrefois, en débarquant, un accident avait failli me faire perdre la vie. Je m'arrêtai. Je contemplais lentement tous les objets qui m'environnaient, pouvant à peine en croire mes yeux, éprouvant ce que l'on éprouve au réveil d'un songe. Je revis ces remparts, ces batteries, ce corps de garde, ce pont-levis, cette porte de ville, tout ce que j'avais vu il y avait vingt-cinq ans et à peu près jour pour jour !... alors suivant Napoléon que des ennemis sans générosité, encore sous l'impression de la terreur qu'il avait porté dans leur ame, et jouissant de leur vengeance, condamnaient à la prison ou plutôt au supplice; aujourd'hui accompagnant un jeune prince, qui venait recevoir des mains d'une nation amie, et placer à l'ombre du drapeau tricolore, la cendre du premier des Français, peut-être du premier des hommes.

Tout ce que je voyais avait porté dans mon cœur une profonde émotion.

Mes souvenirs étaient aussi vifs, aussi présents que si la captivité n'avait cessé que la veille. La vue, le voisinage, le contact de Sainte-Hélène semblaient les avoir ranimés, leur avoir donné une nouvelle vie. J'avais devant les yeux, tels qu'ils m'étaient apparus autrefois, ces rochers noirs et à pic, qui alors allaient nous retenir dans leur enceinte; ces canons, qui jadis devaient assurer notre éternelle captivité; ces regards presque hostiles des soldats, où on lisait un vague étonnement; cette porte étroite à pont-levis sur laquelle il ne manquait que l'inscription : *Au delà plus d'espérance!*. Hélas! en quittant la vie, le grand empereur n'avait pas même eu le sort commun aux plus humbles mortels! l'espérance ne l'avait point accompagné jusqu'au tombeau! involontairement mes yeux se remplirent de larmes!..

Je désignais à M. de Chabot les localités. Je lui expliquais ce qui y était arrivé. Je lui montrais la maison où Napoléon avait passé une seule nuit (1); car, débarqué le 17 octobre, à la chûte du jour, le lendemain

---

(1) L'Empereur avait mouillé en rade de Ste-Hélène le 15 octobre 1815 à midi. Il avait débarqué le 17, à six heures et demie du soir. Le 18, à cinq heures du matin, il avait quitté la ville.

avant l'aurore, il avait quitté la ville pour n'y jamais revenir; sa cendre seule devait la traverser. Je lui indiquais les maisons où nous avions été accueillis avec bienveillance et hospitalité. Nous montâmes pendant quelques temps le chemin qui conduit dans l'intérieur de l'île et du haut duquel on voit se dessiner la ville. Mais la nuit était devenue très sombre, nous ne distinguions plus rien; nous dûmes revenir.

9 *vendredi*. J'étais impatient de revoir au grand jour et avec calme tout ce que j'avais à peine entrevu avec tant d'émotions la veille, à la nuit tombante. Je m'efforçais de mettre de côté tout souvenir et de maîtriser cette singulière disposition de l'homme qui veut toujours vivre ou dans le passé ou dans l'avenir, comme si le moment présent n'existait pas. Je me trouvais au milieu d'une nation amie, parmi des personnes qui nous témoignaient, à nous Français, la bienveillance la plus marquée. Je résolus de jeter un voile sur le passé, de ne plus voir que la situation présente, et d'aller tranquillement reconnaître et étudier les localités.

James' Town (la ville de Jacques) est la seule agglomération de maisons qui existe dans l'île de Sainte-Hélène. Elle renferme la plus grande partie de la population.

Elle touche le bord de la mer, et s'enfonce dans une gorge entre deux montagnes, ou plutôt deux énormes rochers noirs et complètement pelés, élevés l'un et l'autre d'environ cinq cent cinquante pieds, et couronnés par des forts. Celui de droite appelé *Ladder Hill* (montagne de l'Échelle) descend sur la ville par une pente tellement raide, qu'on a établi, pour communiquer de la ville au fort, un escalier en bois qui est une véritable échelle. La montagne qui est à gauche, appelée *Munden's Hill* (montagne de Munden), sans être taillée d'une manière aussi abrupte, n'est cependant pas d'un accès moins difficile. De la rade, on aperçoit d'abord un feuillage assez touffu qu'on dirait sortir du sein de la mer : ce sont les têtes de petits arbres plantés derrière la batterie de côte, qui ferme toute la gorge. Derrière ces arbres, un peu en amphithéâtre, paraît la principale rue de la ville. Beaucoup au dessus et dans le lointain, on distingue la Maison Blanche, appelée *Alarm House*, qui se détache au milieu d'une masse de pins verdoyants. Tout cela, encadré dans une étroite vallée, ou plutôt dans l'immense fente qui se prolonge entre les deux montagnes de roc noir dont nous avons parlé, forme un paysage bizarre et sauvage, mais qui plaît. Il faut dire que l'on ne jouit guères de cette vue qu'après avoir passé plusieurs semaines à la mer, et que le séjour prolongé sur mer fait trouver des charmes à la plus triste localité.

La débarcadère est sur la gauche en regardant la ville, près des batteries de *Munden's-Point*, (la pointe de Munden). Cette pointe est un énorme roc qui s'avance dans la mer. Il est ainsi nommé parce qu'en 1673, à ce que l'on raconte, l'amiral sir Richard Munden s'étant approché de la côte pendant la nuit, fit glisser des matelots du haut de ses vergues sur ce rocher et reprit ainsi l'île sur les hollandais. Mais cette anecdote est plus que douteuse. Le débarcadère est rendu assez difficile par un ras de marée continuel qui devient tellement fort à certains moments de l'année, surtout à la fin de décembre, que le débarquement est alors dangereux et quelquefois impraticable.

Descendu à terre, on suit pendant cinq cents pas un chemin taillé dans le roc, qui conduit à un corps de garde et à une porte étroite à pont-levis. On la traverse, et, après deux cents pas, on est à la porte de la ville. La ville court du nord au sud. Depuis notre premier séjour plusieurs améliorations y avaient été faites, particulièrement, nous dit-on, sous le gouvernement du brigadier général Charles Dallas. On entre et on se trouve sur la place de la parade. Elle a cent soixante-dix pas de long sur cent soixante de large. A gauche est la maison du gouvernement et le jardin de la compagnie; à droite sont les bureaux de l'administration de la guerre et l'église. Après avoir traversé cette place, à gauche et à la suite du jardin de la compagnie, on voit une maison qui fait l'angle de la rue : c'est celle que l'Empereur a habitée pendant la seule nuit qu'il ait passée à James' Town. Là commence la principale rue de la ville; elle a deux cent quarante pas de long sur quarante de large. La rue, bordée de trottoirs, est macadamisée ainsi que la place, et toutes les eaux s'écoulent par des ruisseaux souterrains; les maisons sont peintes et d'une propreté remarquable. Cette partie de la ville, d'une fort jolie apparence, est habitée par les personnes les plus considérables de l'Ile. A l'extrémité, cette rue se bifurque; à droite c'est la continuation de la ville qui se prolonge en remontant la vallée, mais sous un aspect beaucoup moins agréable; à gauche commence le chemin, espèce de rampe, appelée *Side-Path*, qui monte le long de la montagne et conduit dans l'intérieur de l'Ile, à Briars, à Alarm-House, à Longwood. Si après avoir gravi ce chemin pendant une demi heure, on se retourne, on découvre avec surprise et plaisir un paysage tout à fait pittoresque. A gauche, dans le fond, à une grande distance au dessous de soi, on voit se développer, en suivant le contour de la vallée, un assez long ruban de maisons, parmi lesquelles on distingue les casernes d'infanterie, le carré d'exercice pour les soldats, les cimetières, le jardin botanique, l'hôpital, le jeu de paume, etc. C'est la ville, qui est resserrée entre ses deux montagnes noires et nues. La vallée va en s'évasant et laisse apercevoir la principale rue de la ville, la rade, les bâtiments au mouillage et jusqu'à l'horizon, la mer.

Telles étaient les localités que je ne pouvais me lasser de considérer.

Le matin je rencontrai le lieutenant-colonel Hodson et M. Darling. Ils venaient nous voir. Je les reconnus aussitôt; tous deux autrefois s'étaient montrés très bienveillants pour les Français. L'Empereur, lorsqu'il habitait Briars, avait eu un soir fantaisie de descendre dans une maison qu'il voyait au fond de la vallée : c'était celle de M. Hodson, alors major du régiment de Sainte-Hélène. Il y fut reçu avec la politesse la plus empressée; mais le gouverneur anglais fut ou feignit d'être très alarmé et prit des mesures pour que de semblables visites ne se renouvellassent plus. Je retrouvais cet excellent homme devenu lieutenant-colonel et membre du conseil législatif de l'Ile.

A onze heures, le prince commandant descendit à terre avec plusieurs de ses officiers. M. le lieutenant-colonel d'artillerie Trelawney lui présenta les diverses autorités civiles et militaires; ensuite nous partîmes tous pour *Plantation-House*, maison du gouverneur. Nous gravîmes le chemin qui serpente sur les flancs de Ladder-Hill; nous dépassâmes le fort. Tout ce que nous parcourions était aride, le vent était froid et désagréable, et de temps en temps accompagné de pluie. Cette partie de l'Ile était toute nouvelle pour moi. J'étais bien allé autrefois à *Plantation-House*, mais par un autre chemin. Après une heure, nous arrivâmes, et trouvâmes le gouverneur très souffrant.

Plantation-House, serait en tout pays une fort jolie maison de campagne. Elle est bâtie avec des matériaux apportés d'Europe; l'emplacement en a été choisi avec intelligence. L'Empereur y eut été bien et surtout convenablement; mais c'était la maison du gouverneur de l'Ile!... le climat n'y était pas destructeur comme à Longwood!...

Le commandant repartit bientôt. Il désirait se rendre au tombeau de Napoléon, dont nous n'étions guères qu'à deux lieues. A deux heures vingt minutes, nous entrions dans l'enceinte………. la tombe s'offrait à nos yeux…… là, sans doute, n'était plus que poussière celui dont la gloire et la puissance avaient étonné le monde!...

Le prince de Joinville s'était découvert. M. l'abbé Coquereau agenouillé à l'écart, à gauche de la porte d'entrée, au pied d'un cyprès, récitait une prière. C'était peut-être le premier prêtre catholique qui de ce lieu élevait son ame vers le ciel, depuis que Napoléon avait été rendu à la terre…. on voyait étendu sur le sol, le tronc d'un des deux saules pleureurs qui existaient lors de l'inhumation ; l'autre ombrageait encore le tombeau. Nous étions silencieux… chacun livré tout entier à ses émotions… nous contemplions de près ces dalles noires…… rien n'y était écrit… et nous ne pouvions en détacher nos regards… Le prince fit lentement le tour de la tombe ; il revint cueillir quelques feuilles des plantes bulbeuses que l'on avait fait pousser du côté où reposait la tête. Après avoir ordonné qu'on lui préparât des boutures du saule, il appella M. le commandant Hernoux, son aide-de-camp, et lui dit de donner au vieux soldat, gardien du tombeau, tout ce qu'il pourrait réunir d'argent. Ce fut une grosse poignée de napoléons, et nous partîmes.

Arrivé sur la hauteur, au lieu de suivre le chemin qui ramène à la ville, le prince prit à gauche. Evidemment il voulait aussi voir Longwood, cette demeure ou plutôt cet autre tombeau de Napoléon, où sous la garde de sir Hudson-Lowe, il avait mis cinq ans et demi à mourir.

Nous avions près de deux milles à parcourir. A mi-chemin nous passâmes devant Hut's-Gate, toute petite maison de trois ou quatre petites chambres. Autrefois le général Bertrand y avait demeuré pendant plusieurs mois avec sa famille, en attendant qu'on lui préparât une habitation auprès de Longwood. Je cheminais avec le commandant Hernoux et lui détaillais tout ce que me retraçaient mes souvenirs. Je lui montrais le précipice qui se trouvait à notre gauche, et que nous étions obligés de contourner. C'est un immense évasement de *Ruprt's-Valley* qui a plus de mille pieds de profondeur et près d'un quart de lieue de diamètre ; on n'y voit presqu'aucune végétation. La pente est tellement raide, qu'un jour un soldat ivre y étant tombé, il arriva au fond, en lambeaux. La forme de ce gouffre qui est un peu circulaire et en entonnoir, lui a fait donner le nom de Bol de Punch du Diable. (*Devil's Punch Bowl.*)

Nous arrivions à Longwood. Les deux baraques qui en forment l'entrée étaient dans le même délabrement qu'autrefois; leur vue me rappelait le jour où l'Empereur fut conduit à Longwood par l'amiral sir G. Cockburn. En cet endroit était alors un poste de soldats anglais commandés par un lieutenant nommé Fitzgerald. Ce jeune homme, d'une imagination ardente, fit présenter les armes et battre aux champs. Le cheval que montait l'Empereur ne voulait pas passer, il prit ombrage et fit un écart. L'empereur le maintint, rendit le salut à cet officier et lui adressa quelques mots. Celui-ci, dont la figure exprimait une vive satisfaction, lui répondit : « *Oui, monsieur l'Empereur;* » ce qui, nous dit-on, lui valut une réprimande de l'amiral. Ce lieutenant, qui était d'un caractère très indépendant, fut dans la suite, à ce qu'on m'a assuré, persécuté par sir Hudson Lowe et envoyé aux Indes où il est mort.

Entre les baraques dont je viens de parler et la maison de Longwood, est un espace d'environ sept à huit cents pas, autrefois planté d'arbres à gomme. Je remarquai que tous ceux qui étaient à gauche de la route étaient disparus et se trouvaient remplacés par quelques pins et des défrichements. Les fossés qui, anciennement marquaient les limites, avaient été comblés et remplacés par d'autres.

Le prince commandant mit pied à terre pour mieux examiner. Le général Bertrand et les autres compagnons d'exil lui donnaient des explications et répondaient à ses questions. L'extérieur de l'habitation avait subi de grands changements, et quels changements!.... on voyait partout des étables et des hangards à bestiaux!.. Les officiers anglais qui nous accompagnaient en éprouvaient visiblement de l'embarras, et même plus que de l'embarras. Le prince monta quelques marches qui conduisent à la première salle qu'avait habitée Napoléon. Il y entra en se découvrant, ce que firent aussi alors les Anglais qui étaient avec nous. A la vue de ce lieu, nous restâmes saisis d'un triste étonnement, et un profond silence s'établit. Cette salle ne tombait point en ruine, mais il n'y avait que les quatre murs, et tout y attestait l'abandon. Ce qui frappait ce n'était pas la destruction, effet du temps; c'était partout l'empreinte du délaissement le plus complet!......

Mais quand nous entrâmes dans la chambre suivante, celle où Napoléon avait rendu le dernier soupir, celle qui eut dû, par une telle mort, se trouver comme empreinte d'un caractère religieux et sacré ; grand dieu quelle flétrissure et qu'elle dégradation !................

C'était là que j'avais si souvent vu l'Empereur plein de vie, s'entretenant familièrement, discutant de sujets scientifiques et littéraires, ou racontant, avec une gaîté si enjouée et un esprit si fin, des anecdotes de son temps, ou développant avec feu ses hautes conceptions politiques; c'était là qu'il avait lutté contre la mort, que s'était passé son agonie, qu'avait reposé sa tête expirante. Le général Bertrand, M. Marchand, venaient de nous le dire : « Il était couché là,............ la tête tournée de ce côté......» Aujourd'hui, c'est à peine si l'on reconnaît qu'il y a eu là une chambre habitée !........ Un sale moulin à blé occupe les deux tiers de la pièce; le plafond a été détruit pour lui faire place; le plancher est à moitié pourri; les murs nuds laissent voir la boue et les cailloux dont ils sont construits; plus de portes, mais seulement un lambeau de porte; les fenêtres en partie brisées ; ce qui en reste n'offre plus que des morceaux de vitres cassées.... La douleur et l'indignation me saisirent.... ma poitrine se serra.... je ne pus étouffer mes sanglots.... je me hâtai de sortir... ce jour-là, je n'en vis pas davantage....

Cependant le prince de Joinville continua son exploration. Il avait accepté pour le soir un dîner dans la maison du gouvernement. Toutes les autorités civiles et militaires anglaises s'y trouvaient; je dus m'y rendre aussi. Les Anglais nous montraient, à tous, la prévenance la plus empressée. Mais le hideux et repoussant tableau de Longwood me poursuivait ; je le voyais encore, il était là, devant mes yeux..... Rien ne put dissiper la profonde mélancolie qui s'était emparée de moi. Dès qu'il me fut possible, je me retirai.

10 *Samedi*. J'allai revoir avec un vrai plaisir beaucoup de personnes que j'avais connues anciennement, et pour plusieurs desquelles je conservais de l'amitié. Bien qu'un espace de plus de vingt-ans séparât le moment actuel du temps de notre ancienne captivité, cependant, presque toutes vivaient encore.

J'étais très-frappé et les autres compagnons d'exil éprouvaient la même impression, du peu de changement que nous trouvions, soit dans les situations des personnes, soit dans celles des choses. Il nous semblait réellement que nous ouvrions les yeux après un sommeil de vingt-ans. En vingt-ans une localité d'Europe change presque totalement de face ; l'activité naturelle à l'Européen, les circonstances politiques ou autres qui agissent sur lui, font que tout se modifie promptement. Mais Ste-Hélène est un point au milieu de l'Océan ; là, pas de mouvements politiques, point de révolution, rien ne vient y alimenter les passions des hommes. On sait qu'il y a une Europe et surtout une Asie, parce que des bâtiments en arrivent et que les personnes qui y ont été en parlent, mais on s'inquiète bien peu de ce qui s'y passe. Si on s'en informe, ce n'est qu'une affaire de curiosité. Tout reste donc à-peu-près immobile. En un mot, à Ste-Hélène, on ne s'agite pas, on ne tourmente pas son existence, on vit et voilà tout.

Les Français étaient reçus avec la bienveillance la plus affectueuse et une hospitalité empressée. Bien que le général gouverneur fut très-malade, il avait néanmoins invité à dîner le prince de Joinville et quelques-uns de nous. Nous nous y rendîmes et nous reçumes du général Middlemore et de sa famille, l'accueil le plus aimable.

Le temps avait été mauvais toute la journée, le vent était fort et il avait plu souvent. Nous nous trouvions à Ste-Hélène au commencement du printemps, à l'époque qui correspond à notre 10 avril. Malheureusement nous ressentîmes cette influence de la saison, pendant tout le temps de notre trop court séjour.

11 *Dimanche.* Je connaissais le respect religieux des Anglais pour l'observance du dimanche. Je me trou-

vais chez eux. Je voulus me conformer à leur usage et m'abstins de sortir pendant la journée. Mais vers le soir, je ne pus résister au désir de visiter Briars. C'est un assez joli site à environ un mille de la ville où se trouve une petite maison et auprès un très-petit pavillon. Ce lieu était plein pour moi des plus chers souvenirs. C'était là que Napoléon, pour la première fois, avait daigné jeter les yeux sur moi et me faire travailler avec lui. C'était là, qu'avait commencé pour moi, cette époque qui est toute ma vie, auprès de laquelle tout le reste n'est rien.

Le 18 octobre 1815, l'Empereur avait quitté James' Town avant le jour, afin d'éviter les regards des curieux; il était allé accompagné du général Bertrand et de l'amiral Anglais, visiter la maison de Longwood qui lui était destinée. Briars était presque sur la route, il y entra en revenant. Il trouva cette maison habitée par un M. Balcombe, sa femme et ses deux filles; l'une de treize, l'autre de quinze ans, parlant assez bien le français. Au moment où il entrait, elles prenaient une leçon de géographie. Après avoir reçu les compliments des parents qui ne parlaient que l'anglais, l'Empereur s'assit à la table des jeunes personnes et se mit à causer gaiment avec elles. Il prit le livre qui s'y trouvait et voyant que c'était une géographie : est-ce que vous apprenez la géographie? — Oui, dit la plus jeune qui était vive, étourdie et nullement timide, et même cela m'ennuie beaucoup; mais maman le veut. Il faut obéir à ses parents, reprit l'Empereur, mais connaissez-vous bien vos capitales? — Oh oui, je viens de les apprendre. Sur quoi, il lui demanda le nom des principales capitales de l'Europe. Elle répondait avec beaucoup de vivacité et de gaîté. Et qu'elle est la capitale de la Russie? dit l'Empereur. Pour cette fois elle rougit un peu. — Autrefois, c'était Moscou. — Et pourquoi autrefois? — C'est que maintenant c'est Pétersbourg. — Et pourquoi cela ? — Elle rougit bien davantage, et après quelqu'hésitation, répondit que Moscou était brûlée. — Et qui l'a brulée? cette question la déconcerta tout-à-fait, elle baissa les yeux et marmotta qu'elle n'en savait rien. Le général Bertrand partit d'un éclat de rire. L'Empereur qui riait aussi, lui dit : voilà pourtant comme on instruit la jeunesse. Je suis certain que dans ce livre, que je ne puis lire (il était en anglais), je suis représenté brûlant Moscou, comme Néron incendiant Rome.

A cinquante pas de la maison était un petit pavillon inhabité. L'Empereur, qui ne voulait point séjourner en ville, demanda à s'y établir. Le général Bertrand rentra à James'Town, et mon père vint le remplacer. Pour moi, je rejoignis mon père le lendemain, et ne quittai plus Briars. C'était ce petit pavillon que je venais revoir. Il était encore inhabité. La porte était fermée; j'y entrai par une fenêtre, et considérai avec étonnement combien il était petit : il avait dix-huit pieds de long sur quinze de large.

C'était là que, pour la première fois, j'avais été admis à la table de l'Empereur... un 20 octobre!.. il n'y avait que l'Empereur et mon père. Je regardais de tous mes yeux, mais ne disais mot. L'Empereur était fort gai, causait très vivement avec mon père, et, pour lui expliquer quelque chose, il fit venir une boîte où se trouvaient un certain nombre de tabatières, toutes ornées de médailles. Mais les inscriptions étaient en caractères grecs; ce qui arrêta net l'explication. L'Empereur en riait : « Vous n'êtes donc pas plus fort que moi, » disait-il à mon père. Il vit sans doute dans mes yeux que je désirais parler; il me tendit la tabatière, en me disant : « Savez-vous lire cela. » Je lui lus l'inscription, ainsi que toutes les autres; puis il me questionna pendant assez longtemps; mais il ne m'employa point encore.

Seize jours après, j'étais couché, ainsi que mon père dans le petit bout de grenier qui est au dessus de la chambre de l'Empereur, lorsqu'au milieu de la nuit, Ali, un des chasseurs, vint nous réveiller et me dire de descendre. Nous crûmes d'abord qu'il y avait erreur ; mais l'Empereur savait que mon père souffrait beaucoup des yeux, et il avait bien dit qu'il voulait que ce fût moi. Je descendis au plus vite. Le cœur me battait, j'entrai. L'Empereur était debout, couvert d'une robe de chambre de piqué blanc, ayant sur la tête un madras mal arrangé. « *Mettez-vous là*, dit-il d'une voix forte et sévère ; *note....... écrivez.* » Il commença à dicter rapidement, d'une voix animée et accentuée (j'ai rarement entendu la même depuis) ; il marchait dans cette petite chambre, non précipitamment, mais d'un pas extrêmement ferme. On entendait nettement son pied se poser sur le plancher ; le mouvement de son bras droit, qui de temps en temps balançait avec force, faisait voler sa robe de chambre........

Voilà le tableau qui s'était ranimé devant mes yeux. Je le voyais, je le contemplais, lorsqu'un noir de la maison voisine vint m'arracher à cette illusion, ou pour mieux dire me réveiller....... On m'avait vu entrer par la fenêtre, on envoyait savoir qui j'étais.

Je continuai à visiter le pavillon si exactement décrit par mon père dans son *Mémorial*. La localité était bien la même : rien n'avait été changé ; mais il n'y avait pas l'ombre d'un meuble, et tout était un peu dégradé. Que cela me paraissait petit ! je ne comprenais pas comment l'Empereur, avec six de ses gens, mon père et moi, avait pu habiter dans ce trou pendant plus de sept semaines.

Aujourd'hui Briars était habité par le lieutenant colonel Trelawney, commandant l'artillerie. Ce galant homme nous avait comblés de toute espèce de prévenances. Je visitai avec lui le tout petit jardin où l'Empereur s'était tant promené. Le pied de vigne qui donnait de l'ombrage, le mauvais siége en bois sur lequel il s'asseyait, tout s'y trouvait encore !.. Le pauvre Tobie, le jardinier indien dont parle mon père, depuis longtemps n'existait plus.

12. *Lundi.* J'étais à Sainte-Hélène et j'avais passé un jour sans aller au tombeau. Je m'en faisais un reproche ; je trouvais qu'il me manquait quelque chose. Ce matin je me mis en route de bonne heure. Je voulais éprouver la mélancolique satisfaction d'étudier lentement ces tristes localités.

Si, partant des bords de la mer, on remonte la vallée

de Rupert (*Rupert's Valley*), qui court du nord au sud, on est étonné de son aridité et de ses pentes abruptes. Après avoir fait près de trois milles, on la voit s'évaser et former ce gouffre d'apparence à peu près circulaire, que l'on appelle dans le pays le Bol de Punch du Diable (*Devil's Punch Bowl*). Cette vue cause à l'ame une des sensations les plus tristes qu'elle puisse éprouver. D'immenses sillons nus et rougeâtres partent des bords du gouffre et descendent jusqu'au fond ; on ne voit d'autre végétation que quelques buissons de ronces particulières au pays. Il semble qu'un mauvais génie a lutté là avec la nature et l'a privée de sa vie. Partout c'est la matière inerte. Traversez le Devil's Punch Bowl, mais au lieu de continuer à remonter la vallée, lorsque vous êtes arrivé à la hauteur de la maison du docteur Kay, prenez à droite; vous découvrez avec surprise une véritable petite oasis. C'est une gorge très courte et très étroite séparée de Rupert's Valley par un mamelon assez prolongé. Au pied de ce mamelon est la maison du docteur Kay ; c'est l'entrée de la gorge. A l'autre extrémité, à sept cents pas, sur la hauteur, est Hut's gate, la petite maison qu'habita le général Bertrand; la gorge finit là. Une eau assez abondante et très limpide vient sourdir non loin de la maison du docteur, à 1800 pieds au dessus du niveau de la mer. Près de cette source reposent les restes mortels de Napoléon. Lors de l'inhumation, le gouvernement de l'Ile fit pratiquer un chemin qui part de la grande route de *Alarme house* à *Hut's gate* : c'est par là qu'on descend au tombeau. Lorsqu'on arrive auprès, on ne voit pas d'abord la maison du docteur Kay, qui est derrière sur la gauche ; on est frappé d'un aspect inattendu : la nature semble ressuscitée, les arbres n'y sont pas très grands, mais la végétation se montre vigoureuse; le demi-jour, la teinte de lumière douce que produit l'abri des montagnes, le silence profond, tout annonce la solitude, tout porte au recueillement : il semble que cet endroit ait été créé pour être un lieu de repos éternel!...,...

Involontairement je me laissai aller à la rêverie....... C'est donc là que dort Napoléon....... Nous allons réveiller sa cendre....... et pourquoi?..... Pour la reporter dans ce pays qui s'appropria sa grandeur tant qu'il maîtrisa la fortune....... qui se retira de lui et le sacrifia lorsque sonna l'heure des revers. Mais il va se retrouver ainsi au milieu des hommes, exposé à leurs passions qui ne respectent rien !....... Où sont les cendres de d'Alexandre, de César, d'Annibal, de Charlemagne? Où sont toutes celles qu'avaient reçues les caveaux de Saint-Denis? Où seront celles de Napoléon dans quelques siècles? Et le rocher de Sainte-Hélène lui-même n'est-il pas un monument?....... Ces cendres que recèle le vaste Océan, qu'il tient à l'abri de tout contact humain, n'est-ce pas là un des singuliers effets de la destinée de ce grand homme?.... Quelle destinée! D'où était-il parti pour arriver à un pareil tombeau!....... Jeune officier, vif partisan des idées politiques de son temps, il s'était levé pour leur défense comme l'avait fait plus d'un million d'hommes. Le concours était ouvert entre tous..... en quatre ans Napoléon n'avait déjà plus de rivaux; trois ans après, Napoléon gouvernait la France!.... Quel résultat de la supériorité de l'intelligence!....... Dans l'Europe du XIX⁰ siècle, un simple citoyen avait pu remplacer la plus ancienne des dynasties royales!...... Mais que de sang coûtent les révolutions!....... Cinq à six cent mille Français morts sur les champs de bataille, pour faire surgir environ cinq cents généraux, quinze maréchaux de France et un Imperator!!.... Mais cet Imperator! c'est lui qui a sauvé le pays!....... son bras victorieux chassait l'étranger, et en même temps sa profonde sagesse fermait le gouffre de l'anarchie.

Quelle époque que le début de son règne, que son consulat! Pourquoi n'a-t-il pu l'écrire lui-même. Jamais l'histoire n'a vu briller à un égal degré l'ensemble des qualités qui constituent le grand homme. Son consulat fait honneur à l'humanité.... La moralité en est peut-être le trait le plus caractéristique, le plus admirable! Lui, soldat, nourri dans les camps, sorti des convulsions révolutionnaires, il avait tout d'abord senti que la morale était la véritable, la solide base des sociétés. Il l'a par tout hautement honorée. Il a toujours et en tout donné l'exemple de la moralité. Toujours il a fait appel aux sentiments nobles et élevés; c'est lui qui, alors, a réveillé la mémoire du grand Corneille : « S'il vivait, di-
» sait-il, je le ferais prince.... » On admire Napoléon guerrier; mais combien l'administrateur, l'organisateur, l'homme d'état, n'est-il pas plus étonnant encore!... Et ces vastes pensées, et ces périls affrontés, et ces travaux incessants, tout est venu aboutir dans cette vallée....... là....... aux pieds de ces saules!.......
C'est là qu'est l'enveloppe mortelle de ce beau génie! c'est là qu'a trouvé le repos ce corps qui s'est tant agité, dont l'infatigable activité a remué tant d'hommes, a entraîné de si nombreuses populations à sa suite, qui bravait le

le soleil brûlant des Pyramides et du désert, qui subissait les glaces de Moscow, qui supportait les catastrophes les plus inouies, sans qu'un seul de ses cheveux en blanchît....... Et qui de nous ne se rappelle Napoléon, lorsque son aigle impériale semblait l'arbitre de la victoire, lorsque d'un mot il donnait ou retirait les royaumes, lorsque son étoile resplendissante était l'étoile polaire des princes de l'Europe, lorsque le diadème de la France était devenu sur son front la merveille de l'univers! on eut dit qu'il ne pouvait plus grandir, et nous l'avons vu sur ce rocher s'élever encore! Nous l'avons vu en butte aux coups redoublés de la fortune, qui n'a pu l'abattre; nous l'avons vu lutter corps à corps avec elle, et n'en être pas vaincu. Son ame, si fière, était restée indomptée ; c'est alors qu'il répondait à son geôlier... « J'ordonne ou je me tais... » Il épuisait un dernier genre de gloire, le seul qui lui eut manqué... la gloire du malheur !....... L'infortuné ! il l'a achetée par six années de martyre !....... il a bu le calice jusqu'à la lie !....... Napoléon était l'homme complet...... Et de de tant gloire, de tant de grandeur, que reste-t-il ?....... de la poussière !...... un souvenir !... à peine la trace que laisse après lui un météore qui vient de disparaître! . . . .

Dieu seul est grand!. . . . .

. . . .

Le tombeau de Napoléon est d'une extrême simplicité. A peu près au niveau du sol, trois dalles rapprochées l'une de l'autre et noircies par l'atmosphère, forment un carré long d'environ neuf pieds sur six. Ces dalles sont bordées de pierres blanches, autour desquelles est une bande de quelques pouces de terre végétale. C'est là que madame la comtesse Bertrand et plusieurs serviteurs de l'Empereur avaient planté des pensées et d'autres fleurs. Puis vient une grille très ordinaire en fer. Elle n'avait pas de portes et on ne pouvait entrer dans son enceinte qu'en défaisant un des barreaux.

Autrefois, deux saules pleureurs assez grands ombrageaient la tombe. Un seul reste encore; l'autre est mort. Mais dix-huit petits saules ont été plantés depuis. On dit que c'est par les soins de madame Dallas, femme du brigadier général Ch. Dallas, dernier gouverneur de l'île. Que grâces lui en soit rendues. Le gazon est très touffu. Le tombeau et les saules sont entourés d'un grillage en bois peu élevé, formant une enceinte irrégulière d'environ soixante-dix à quatre-vingt pieds de diamètre. Dans l'intérieur, et touchant presque au grillage, ont été plantés circulairement trente-quatre cyprès.

Tel est le tombeau de Napoléon. On n'y voit ni ornements, ni inscriptions; non que la grandeur de l'homme rendit leur choix ou leur composition difficile, mais c'est qu'alors la haine de ses ennemis le poursuivit jusque dans le cercueil. La seule inscription que sir H. Lowe crut pouvoir autoriser, fut considérée par les Français comme une inconvenance. On ne mit rien. Aujourd'hui, dit-on, le gouvernement anglais se propose de faire élever un cénotaphe.

J'étais avec M. Bazin, un des officiers de la frégate, qui voulut bien dessiner une vue du tombeau, tandis que j'en levai le plan. Je ne croyais pas pouvoir employer trop de moyens pour conserver l'image d'un tel lieu.

L'Empereur connaissait fort peu cette localité. Dans les premiers temps de son séjour à Longwood, il y descendit une fois et n'y resta qu'un moment. Il était tard, il craignait de n'avoir plus assez de jour pour remonter. Mais il dit à mon père d'entrer chez le vieux docteur Kay et de faire connaissance avec lui. L'eau de Longwood était mauvaise, même insalubre. Celle de la source du docteur était excellente.

Le colonel Skelton, qui y habitait avant nous, avait l'usage de ne point l'employer sans l'avoir fait bouillir. A partir de ce jour, tous les matins, un domestique Chinois alla y chercher l'eau nécessaire à l'usage particulier de l'Empereur; il la rapportait dans les deux flacons d'argent qui autrefois servaient en campagne. Pendant le temps que le grand maréchal demeura à Hut's gate, l'Empereur vint souvent y voir madame la comtesse Bertrand, et quelquefois il buvait un verre d'eau de la source. Dans sa dernière maladie, l'Empereur s'imagina qu'on lui avait changé son eau, et son piqueur Archambault se fit un devoir de venir la puiser lui-même. Un peu avant sa mort, lorsqu'il s'occupait déjà de son testament, il sut que son vœu de reposer en France ne serait pas écouté, et que même on lui destinait le cimetière de *Plantation House*. C'est alors qu'il pensa à la source du vieux docteur. Il envoya son chasseur Noverraz examiner l'emplacement, et dit au général Bertrand qu'il souhaitait d'y être inhumé, si on persistait à refuser d'exécuter l'article de son testament. Sir H. Lowe n'éleva aucune objection et ce dernier souhait fut accompli. Cet endroit se nommait alors la vallée du Geranium; aujourd'hui, on l'appelle vallée de Napoléon, ou vallée du tombeau. . . . . . .

. . . .

Le soir, plusieurs d'entre nous devaient dîner chez MM. les officiers du 91ᵉ régiment. MM. les officiers de l'artillerie et du génie s'y trouvaient. L'honorable lieutenant-colonel Trelawney et le capitaine Blackwell présidaient l'assemblée, suivant l'usage anglais. Nous avions trouvé chez ces officiers des manières amicales et prévenantes, un accueil plein de bienveillance et nous y étions extrêmement sensibles.

Autrefois, nous avions été reçus de même par les états majors des 53ᵉ et 66ᵉ régiments. Ces braves officiers, qui avaient longtemps fait la guerre, qui, au milieu de ses vicissitudes, avaient appris à connaître la fortune et ses caprices, nous témoignèrent toujours des égards qui les honoraient eux-mêmes ; toujours, ils surent allier à la rigueur que leur prescrivaient leurs ordres, les sentiments que leur inspiraient le malheur. Le seul sir Hudson Lowe, entouré de ses affidés, fit alors un bien étrange contraste ! Il est repoussé et renié par sa nation ; justice lui est rendue.

Après dîner, divers toasts furent portés. Un de nous, avec une véritable cordialité, proposa celui-ci : A l'union indissoluble de nos deux pays. Il fut reçu avec de vifs applaudissements.

13. *Mardi.* Le matin, je quittai la ville au lever de l'aurore. La cérémonie de l'exhumation était fixée au lendemain soir, et nous devions lever l'ancre immédiatement après. Nous ne faisions littéralement que passer à Sainte-Hélène. Pendant ces cours moments, la vue de Longwood était un besoin pour moi. Je ne saurais rendre ce que ce lieu me faisait éprouver. J'y sentais en même temps et ce que j'y avais été autrefois et ce que j'y étais maintenant; les mauvais traitements, d'alors, les égards et la bienveillance d'aujourd'hui; l'oppression passée et la liberté présente. Le mélange de ces diverses sensations faisait naître dans mon ame un sentiment de mélancolie qui n'était pas sans charme. Aujourd'hui, je voulais encore visiter avec détail cette habitation que j'allais quitter pour toujours.

Longwood est le seul plateau qu'il y ait dans l'île. Il peut avoir une petite demi-lieue de long et pas tout à fait un quart de lieue dans sa plus grande largeur. Il est à près de cinq milles de distance de la ville et s'élève à 1585 pieds (français) au dessus du niveau de la mer. Autrefois, comme on l'a vu plus haut, il était planté d'arbres à gomme, arbustes de 8 à 10 pieds de haut, dont le feuillage ressemble beaucoup à des bourgeons épanouis. Cette espèce de feuillage n'existe qu'aux extrémités des branches et par conséquent ne donne point d'ombre. C'est de cette plantation que vient le nom de Longwood (long bois). Je n'hésite pas à affirmer que c'est la partie la plus insalubre de l'île, et on le comprendra facilement.

Sainte-Hélène est située dans la région des vents dits généraux. Ces vents, provenant de la même cause que les vents alizés, ont la même régularité. Ils soufflent sans interruption pendant toute l'année, le plus souvent avec violence, et toujours du même point de l'horizon. Les parties de l'île qui sont abritées par les montagnes jouissent d'une température égale, généralement sèche, souvent très chaude et pourtant très salubre. Le séjour en est bon, même agréable. Mais celles qui sont exposées au vent en subissent tous les inconvénients sans répit ni relâche. En voyant Longwood, par exemple, on est immédiatement frappé de l'inclinaison des arbres, tous penchés du même côté. C'est le témoignage le plus expressif de l'effet des vents généraux. Une grande moitié de l'année, ces vents portent avec eux une pluie plus ou moins fine, qui fouette fortement au visage et dure quelquefois quatre, cinq, six jours de suite sans interruption. Si la pluie ne fouette pas, on est au moins au milieu des nuages et c'est une situation fort singulière que je n'ai jamais observée en Europe. Les officiers de nos bâtiments de guerre, qui ont parcouru tant de localités, en étaient étonnés et ne connaissaient rien de semblable. On voit de gros nuages, avec leurs formes bien déterminées, raser la terre, ou pour ainsi dire y rouler. Tout à coup, ils cachent les objets auprès desquels on se trouve, la personne avec laquelle on cause; ils vous enveloppent comme un épais brouillard. Assez souvent, on a en même temps et la pluie et cette espèce de nuages. Plus d'une fois, l'état de l'atmosphère de Longwood m'a rappelé Ossian et ses fantastiques conceptions. C'était sur des nuages semblables que devaient s'asseoir et voyager le vieux Fingal et l'ame de ses héros. J'avais apporté un Daguerréotype et je désirais bien vivement prendre une image de Longwood et du tombeau. Pendant les cinq jours que j'eus libres à Ste-Hélène, la pluie et les nuages ne me l'ont jamais permis un seul moment.

Lorsque le soleil brille, la température devient souvent extrêmement chaude, le vent alors est desséchant. L'évaporation de la peau se fait si rapidement, que les membres et les cheveux en sont arides et roides au toucher. La poitrine se resserre et respire moins librement. On souffre. Le crépuscule est de très-courte durée. On sait que c'est un effet commun à toutes les régions de la zône torride. Dès que le soleil a disparu, la chaleur du sol est promptement enlevée par les vents alizés, et dans l'espace de trois quarts d'heure ou d'une heure, à une forte chaleur tropicale succèdent l'atmosphère de la mer et son humidité pénétrante; le thermomètre (centig.) baisse alors presque subitement de vingt et même de vingt-cinq degrés. Voilà Longwood... la prison de Napoléon....

Cette localité avait-elle été choisie ou plutôt ce séjour avait-il été conservé à dessein? Moi, témoin oculaire des passions de 1815 et de leur violence qu'on désavouerait aujourd'hui, moi, qui ai su tout ce qu'avaient d'acerbe, de haineux et d'inattendu, les mesures prises contre l'Empereur, qui ai connu les injures calculées dont il a été l'objet, qui ai ressenti sur ma personne les effets destructifs de ce climat, qui ai vu son action presque immédiate sur la constitution robuste de Napoléon et sur plusieurs de ses serviteurs, en ame et conscience je crois pouvoir dire : oui. Toutefois des Anglais dont j'honore et respecte le caractère, ont vivement repoussé un pareil doute, disant qu'on ne devait pas même le former. Je désire qu'ils aient raison. L'histoire prononcera.

Anciennement, j'avais fait un plan de la maison de Longwood; il se trouve dans le mémorial de mon père. Depuis lors, il y a eu très-peu de changement. Vers la fin de 1819, Napoléon s'était beaucoup occupé de fortifications, et avait plusieurs fois, fait travailler ses fidèles serviteurs, à figurer sur le terrain les moyens de défense qu'il méditait. Cela donna l'idée de faire un petit jardin sous les fenêtres de l'Empereur. Lorsqu'il fut terminé, l'Empereur crut voir en cela un moyen d'exercice et d'occupation, et il traça le jardin qui fait pendant au premier, ainsi que les deux jardins latéraux, tels qu'ils sont figurés ici. Il y travailla lui-même. Ces jardins étaient soignés par ses gens; quelquefois il y déjeûnait. Après sa mort, Longwood fut loué pour devenir une ferme. Excepté un débris de fontaine et un pêcher, il ne reste plus vestige des jardins. Sur l'emplacement de l'un d'eux, se trouve le manége qui fait tourner le moulin à blé construit dans l'ancien salon.

Les environs de la maison sont complètement changés. A l'entour, on a établi des hangars et des parcs à bestiaux. La salle dans laquelle on entre d'abord, après avoir monté quelques marches, est entièrement nue et dégradée ; pas l'apparence d'un meuble; on voit la place de la petite glace qui, anciennement, ornait la cheminée ; tout y porte l'empreinte de l'abandon et du délaissement le plus complet. Sur les parois de cette pièce ainsi que sur celles des autres, sont tracés une multitude de noms et d'inscriptions.

De là on passe dans l'ancien salon où l'Empereur est mort; son lit de camp en fer était entre les deux croisées, le côté gauche touchant le mur, la tête tournée du côté de la salle à manger; vis-à-vis, et de manière à pouvoir être vus du lit, avaient été placés un buste et un portrait du roi de Rome. Aujourd'hui, un sale moulin à blé remplit presque la pièce, je le regardais comme une violation coupable du respect dû aux morts. Je n'en reparlerai pas davantage ici, je ne pourrais le faire sans amertume.

De là on va dans la salle à manger, c'est une chambre presque obscure dont il ne reste que les murs; ils sont en état de dégradation. Plus de porte, le plancher en partie pourri. Au plafond, est pratiqué un trou par lequel on jette le blé dans une coulisse, qui le fait glisser jusqu'au moulin de la pièce voisine, celle où Napoléon est mort.

De cette salle à manger, à gauche, on entre dans la bibliothèque; à droite, dans l'appartement de l'Empereur. La bibliothèque est comme les autres pièces, on n'en a conservé que les murs. La porte qui conduisait à l'appartement de l'Empereur a été murée ; il faut maintenant sortir par la cour pour entrer dans son ancien emplacement.

Pendant la vie de Napoléon, cet appartement consistait en une petite antichambre, une petite salle de bain, chacune de sept pieds de largeur, en un cabinet de travail de quatorze pieds de long sur douze de large, et une chambre à coucher de douze pieds sur douze pieds. Aujourd'hui les murs qui séparaient intérieurement ces quatre petites pièces, ont été détruits; l'ancienne porte et les anciennes fenêtres bouchées; une porte nouvelle et deux lucarnes étaient ouvertes. Ce lieu où pendant cinq ans et demi avait vécu Napoléon, où ce beau génie avait jeté ses dernières lueurs, où il avait dicté ces pages immortelles comme les actions qu'elles consacrent, où il avait supporté avec tant de grandeur les coups du sort, où il avait traîné sa longue agonie......; ce lieu qui avait entendu les seuls regrets qu'il ait proférés..... pour sa femme et pour son fils..... ce lieu qui avait vu une si grande existence lutter pendant si long-temps contre la destruction, puis s'affaiblir de jour en jour sous les progrès du mal...... enfin, s'éteindre...... ce lieu, dis-je, est devenu........ une écurie!!...... Les expressions manquent pour rendre l'indignation et le dégoût........

Tout ce qui existait du temps de l'Empereur a si complètement disparu, qu'il est impossible de ne pas voir qu'on l'a fait à dessein. Mais si on voulait anéantir des témoins muets, et pourtant trop éloquents encore d'actes barbares, il fallait jeter bas ces murs et non se borner à les salir.

Lorsque le prince de Joinville vint visiter Longwood, vendredi dernier, la gêne et l'embarras des officiers anglais qui l'accompagnaient étaient plus que visibles. On m'a raconté qu'après avoir traversé plusieurs pièces avec eux, le prince était entré dans l'écurie; que là il s'était retourné pour les questionner; mais qu'ils n'y étaient plus. Sans doute, ils n'avaient point voulu s'exposer à être témoins des sentiments que pouvaient faire éclater involontairement une pareille profanation.

Puis-je, après cela, parler des anciens logements des compagnons d'exil, de celui de mon père...... Tous existaient encore, mais avaient subi un sort à peu près semblable.

Que de souvenirs réveillait en moi cette triste habitation! que de sensations elle me faisait éprouver! que de sentiments venaient s'agiter en foule dans mon ame et dans mon cœur! Je revoyais ces lieux où l'Empereur causait avec tant d'enjouement et une si aimable familiarité, les endroits où il s'asseyait le plus habituellement, la place où il jouait ordinairement aux échecs, la fenêtre par laquelle il regardait, les allées où je l'avais vu se promener (car je ne m'étais jamais promené à pied avec lui), celles où je l'avais si souvent accompagné à cheval. Quoique tout fût bouleversé, cinq ou six arbres des environs de la maison avaient été épargnés; un, surtout, qui autrefois faisait un coin d'allée. Mon père, dans son *Mémorial*, raconte que quelques minutes avant d'être arraché de Longwood, il était auprès de l'Empereur avec les autres compagnons d'exil. L'Empereur venait de recevoir des oranges, envoyées par lady Malcolm : il les aimait; il en avait très rarement, et il eût été si facile de lui en faire avoir toujours! *Appuyé sur un arbre*, il les préparait gaiement. On parlait de la France : « Cette France, vous la reverrez, vous, mes chers amis, dit-il en souriant; mais moi........ » C'est cet arbre sur lequel il était alors appuyé qui existait encore! je le reconnaissais.........

Tout, jusqu'au moindre détail, était pour moi un objet d'émotion. J'avais passé une partie de mes premières années à Longwood, dans l'atmosphère de ce grand homme, l'aimant avec toute la ferveur de la jeunesse, l'adorant, lui étant parfois utile, recevant quelquefois des marques affectueuses de sa bonté, sentant le haut prix de la position qu'il me permettait d'occuper auprès de lui malgré mon âge, le contemplant dans les détails de sa vie privée, dépouillé de tout prestige, seul, isolé, déchu et toujours grand......... Cette époque, à elle seule, est toute ma vie; après elle, il n'est plus rien pour moi : ce que j'ai vu là de grand a fait que je suis resté sans illusion pour tout le reste.

J'avais commencé à écrire sous la dictée de l'Empereur à Briars; mais ce n'est qu'à Longwood que l'état de ses yeux ne permit plus à mon père de travailler lui-même, et je l'ai remplacé; seulement, presque toujours, il était présent lorsque l'Empereur me dictait. Mon père avait écrit jusqu'au douzième chapitre des campagnes d'Italie (1796 et 1797); j'ai écrit le reste, et de plus quelques notes.

L'Empereur dictait très rapidement : je mettais invariablement, et en écrivant très vite, trois heures à copier ce qu'il m'avait dicté en une heure. Son mode de composer a été si exactement décrit par mon père, dans *le Mémorial*, que je ne pourrais rien ajouter. Il avait besoin qu'on lui apportât tous les jours son travail avec régularité; alors il y prenait goût et s'y attachait. Sans cela, il prenait de l'ennui, ne se plaignait pas, mais laissait là l'ouvrage. J'étais si heureux d'être avec lui que j'aurais veillé plusieurs nuits, s'il l'avait fallu, plutôt que d'être en retard d'une heure. Sa manière de travailler était facile et agréable; tout en lui était si clair, si lucide et si précis, qu'on comprenait immédiatement sa pensée, et qu'on savait sur-le-champ ce qu'il voulait. Il laissait agir comme on l'entendait, trouvant bon qu'on eût sa manière de faire, n'imposant pas la sienne. Dans la composition, il recherchait toujours la clarté et la simplicité. Je l'ai vu bien souvent faire une barre sur une expression qu'on pouvait regarder comme un peu recherchée et la remplacer par une plus simple. Quand un sujet avait été dicté plusieurs fois, et que la rédaction paraissait en être définitivement arrêtée, lui-même alors relisait plusieurs fois la copie, cherchant et effaçant avec soin les mots inutiles. Je ne crois pas qu'on puisse en trouver un dans ses écrits. Il appelait cela *ribotter*. Il disait fréquemment : « Maintenant il faut » *ribotter* cela... cela n'est pas encore assez *ribotté*. » Je ne l'ai jamais entendu se servir de ce mot que quand il était gai; mais je le lui ai toujours entendu prononcer ainsi (1). Quelqu'un qui avait peu d'orthographe fut chargé de copier un morceau dicté par lui. La première fois que Napoléon le lut, il fit une barre sur la première faute d'orthographe, puis une barre sur la seconde, puis sur la troisième, puis sur une douzaine de mots. Enfin, il laissa là le papier et se leva en disant : cela n'est pas lisible, et il cessa le travail pour aller se promener. Or, lorsqu'il écrivait lui-même, il faisait souvent des fautes d'orthographe et des plus étranges. Dans la lettre qu'il adressa à mon père, prisonnier au secret dans l'île de Sainte-Hélène, les fautes d'orthographe et la ponctuation sont très soigneusement corrigées de sa main.

Lorsqu'un sujet était une fois coordonné et arrêté dans son esprit, il paraît que la mémoire s'en conservait au moins très longtemps. Un jour, il me dicta un morceau assez long sur le gouvernement du directoire. Il y discutait à fond les motifs que l'on pouvait faire valoir pour ou contre un gouvernement de cinq

---

(1) J'ai bien souvent cherché depuis quelle pouvait être l'origine de ce mot *ribotter*. Peut être fallait-il comprendre *rabotter*. Peut être aussi, cette expression venait-elle de quelque souvenir d'enfance. On dit ribotter le beurre; c'est-à-dire battre la crème pour en faire sortir le beurre, et plus la crème est ribottée plus le beurre est bien fait.

personnes. Ce morceau fut écrit trois ou quatre fois, et la rédaction en était définitivement arrêtée. Deux mois ou deux mois et demi après, il le demanda. Je l'avais égaré. Après l'avoir cherché longtemps, je vins dire que je ne pouvais le trouver : « Mettez vous là, dit-il; » écrivez. » Il me le dicta de nouveau. Depuis, je retrouvai les feuilles égarées; il n'y avait de différence que dans quelques expressions : c'était le même plan, la même série de raisonnements, le même arrangement d'idées, jusqu'aux mêmes tournures de phrases.

Lorsque mon père a été arraché d'auprès de lui par sir Hudson-Lowe, l'Empereur allait commencer à me dicter l'histoire civile de son consulat; j'avais déjà extrait du *Moniteur*, et de quelques autres ouvrages, une foule de dates et de notes à ce sujet. Il a eu aussi un moment l'intention de me dicter l'histoire d'Alexandre; il en parlait avec admiration, disant que son histoire avait été écrite par des rhéteurs qui ne le comprenaient pas, qu'elle était encore à faire.

Je me rappelle un moment où écrire l'histoire était pour lui une véritable passion. Il parlait constamment à mon père de toutes les qualités qu'il fallait réunir pour bien écrire l'histoire, du plaisir que devait y trouver un l'homme d'état, des difficultés que ce travail présentait quand on avait atteint un certain degré d'expérience. Evidemment, ce génie puissant ne pouvant plus agir lui-même, avait besoin de s'occuper ou de ses actions passées ou des actions des autres. Pendant son travail, il était habituellement grave et sérieux. Presque toujours il dictait en marchant. Son pas alors n'était point précipité, et dès que son attention était fixée, il devenait très régulier. Quand son attention se fixait plus fortement encore, son pas devenait ferme, on entendait son pied se poser nettement sur le plancher. Pour peu qu'il s'animât, sa respiration devenait haute et fréquente. J'ai toujours remarqué qu'il était entièrement et complètement à l'occupation à laquelle il se livrait. Je n'ai pas souvenir de l'avoir vu s'occuper en même temps de deux choses différentes. Un jour il se moquait de ce qu'on raconte, que César dictait à la fois à plusieurs secrétaires en diverses langues. Pendant qu'il travaillait, on faisait fréquemment beaucoup de bruit auprès de lui en jetant les portes; il ne paraissait pas s'en apercevoir. Souvent il était gai et enjoué, surtout en se mettant au travail. Plus d'une fois, lorsque j'étais assis à sa table, il lui est arrivé de s'approcher derrière moi; il appuyait alors sa poitrine sur mes épaules, me passait ses bras autour du corps et me faisait remuer le bras ou la tête en me disant : mais lisez donc.... mais écrivez donc.... cela finissait ordinairement par une forte tape sur ma joue ou un fort pincement d'oreille, après quoi il travaillait sérieusement.

Un jour, je lui lisais une de ses proclamations de 1796. Le *Moniteur* de cette époque est d'un papier et d'une impression détestables. Malgré toute l'application possible, j'anonnais beaucoup. « Ah *my son !* et les entrailles d'auteur !...... dit-il de l'accent en même temps le plus expressif et le plus comique. Il fut impossible à mon père de n'en pas rire, et l'Empereur se mit à rire aussi lui-même.

Dès les premières leçons d'anglais données par mon père, il m'avait appelé *my son* (mon fils), et ce nom m'est resté jusqu'à la fin ; il me tutoyait rarement.

Nous habitions Longwood depuis environ quelques mois, lorsqu'arriva une circonstance particulière que mon père n'a pas cru pouvoir confier au papier. L'Empereur eut absolument besoin de faire écrire quelque chose, et l'état des yeux de mon père lui rendait le travail impossible. Mon père proposa de me faire appeler :
« Mais....... êtes vous sûr de lui....... » dit l'Empereur. Je vins ne sachant pas de quoi il s'agissait ; je trouvai

préparée une petite table autre que celle sur laquelle j'écrivais habituellement; j'y étais établi, tenant la plume, lorsque l'Empereur, en robe de chambre, s'avança en face de moi, m'approchant de très près, et me regarda fixement avec cet œil que je ne lui avais pas encore vu. Il me sembla que son regard me pénétrait et que j'en éprouvais une espèce d'action. « Jeune » homme, dit-il, d'une voix sévère, je vous mets dans » ma confiance; qu'il ne soit pas dit, etc., etc...... » je fis une inclination de tête, puis il commença à dicter. Les premières lignes ne tardèrent pas à m'expliquer ce qui venait de se passer; à partir de ce jour, j'ai pu voir qu'il causait devant moi avec mon père comme si je n'avais pas été présent. J'ai regardé comme la suite de la confiance donnée alors l'article de son testament. « Nous nommons le comte de Las Cases, et à son défaut, » son fils, et à son défaut, le général Drouot, tréso- » rier » (du testament).

Jamais je n'oublierai la vie familière de ce grand homme, sa causerie, ses sentiments constamment nobles et élevés, quoique manifestés et exprimés toujours avec simplicité et naturel. Il est tel de ses mots, de ses gestes, qui sont restés à jamais gravés dans ma mémoire, que j'entends, que je vois encore en ce moment. Ce qu'il disait, ce qu'il faisait devant moi, les leçons qu'il daigna quelquefois me donner, ont déterminé le cours de mes idées, de mes opinions et de ma vie ; je lui dois tout.

J'ignore ce qu'a été l'Empereur aux Tuileries, sous l'influence de ses grandes préoccupations politiques, lorsqu'il dirigeait les affaires de l'Europe et balançait les destinées du monde ; mais je puis parler de Napoléon à Ste-Hélène. Je ne causais point avec lui ; mon âge ne le permettait pas. Pourtant il m'adressait la parole ou me questionnait très souvent et me permettait la plus grande liberté de réponse. Je l'entendais très fréquemment causer avec mon père dans le plus grand abandon. Pendant plusieurs mois, j'ai écrit à peu près tous les jours sous sa dictée. Durant le temps que j'ai vécu à Longwood, il ne s'est passé que sept jours pendant lesquels je ne l'ai point vu, et deux fois je suis resté avec lui plus de quinze heures de suite, parce qu'il m'avait fait venir la nuit pour me dicter : j'étais resté à son déjeûner et à son dîner, j'avais passé la journée presqu'entière et la soirée auprès de lui ; or, voici Napoléon tel que je l'ai vu.

Les lignes qui suivent sont en partie le résultat de mes souvenirs, mais bien plus encore le résumé des notes prises à Ste-Hélène même, où peu de temps après mon départ.

Qu'on n'oublie pas que je ne parle que de ce que j'ai vu à Longwood.

Napoléon avait alors quarante sept ans. De tous les portraits, de toutes les images que j'ai vues, bien peu ont répondu à mes propres impressions. Le seul portrait de David (1) et sa gravure m'ont bien rappelé les traits de l'Empereur. Sa taille était ordinaire, plutôt petite que grande. Il avait la poitrine large, le buste un peu long, en sorte qu'en le voyant à cheval, on l'aurait jugé un peu plus grand qu'il n'était en réalité. Le cou était court. Sa personne était très bien faite. Son pied et sa main, que j'ai vus nuds très souvent, eussent été un très joli pied et une très jolie main de femme. Toute sa peau était lisse et blanche. Sa tête était très grosse, et cette grosseur était la chose qui frappait le plus la première fois qu'on le voyait. Ses cheveux, châtain-foncé, étaient fins comme de la soie et assez clairsemés, surtout sur la partie supérieure de la tête (le sinciput). Sur le front, et à un pouce et demi ou deux pouces au-dessus du front, il

---

(1) On m'a dit que ce portrait avait été fait dans l'hiver de 1812 à 1813, pour le prince régent d'Angleterre.

n'en avait plus du tout : je ne lui en ai pas vu un seul blanc. Il se rasait de manière à ne pas porter de favoris. Les traits de son visage avaient une pureté et une régularité antiques. On peut en juger par les bustes de Chodet et les divers portraits de David, Gérard, Girodet, etc. Son front était remarquablement large et élevé. Pendant sa vie, on disait proverbialement en France, l'œil d'aigle de l'Empereur : il promenait fréquemment ses regards en faisant mouvoir le globe de l'œil, mais sans remuer la tête. J'ai vu des étrangers en être frappés. Dans la vie ordinaire, l'ensemble de sa physionomie, son œil, le mouvement de ses lèvres, le port de sa tête avaient une apparence ouverte, franche, naturelle; mais tout cela était de la plus grande mobilité et toujours en rapport avec la pensée qui l'occupait, ou la circonstance dans laquelle il se trouvait. Cette extrême mobilité m'a quelquefois rappelé la description d'Homère, lorsque le dieu, en touchant de son trident, produit à volonté le calme ou la tempête, tant les différentes expressions s'y succédaient alors avec rapidité. Le *Mémorial* de mon père et l'ouvrage du docteur O'Meara en citent plusieurs exemples. Je pourrais en ajouter d'autres. Voulait-il paraître irrité, tout en lui prenait subitement l'apparence de l'irritation et de la colère; éprouvait-il un sentiment de vive bienveillance, sa physionomie, son sourire, la pose de sa tête, son œil, tout devenait caressant. Voulait-il ne pas se laisser pénétrer, tout devenait terne, muet et impassible. Son pouls était de la régularité la plus parfaite. Le docteur O'Meara le lui a tâté souvent : il était presque toujours au-dessous de soixante pulsations. Des médecins m'ont dit tenir du docteur Hallé, qu'à trente et trente-cinq ans, son pouls était ordinairement entre cinquante et cinquante-cinq pulsations. Il disait un jour à mon père qu'il pouvait dormir à volonté, que lorsqu'il en sentait le besoin, il suspendait tout exercice de ses facultés physiques et morales et s'endormait. Il avait aussi la faculté extrêmement rare de se réveiller à heure fixe.

M. Meneval (1) me l'a souvent affirmé. Voilà ce qu'il m'a dit à ce sujet. « A Paris ou à Saint-Cloud, il m'est
» constamment arrivé que le soir je présentais à signer
» un travail. *Je ne le signerai pas à présent*, disait-il,
» *trouvez-vous cette nuit ici, à une heure ou à quatre*
» *heures, nous travaillerons*. Je me faisais toujours
» éveiller un peu avant l'heure. Comme en descendant,
» je passais devant la porte de son petit appartement,

(1) M. le baron de Meneval, secrétaire de l'Empereur.

» j'y entrais pour demander si l'Empereur était éveillé.
» On me répondait toujours : il vient de sonner Con-
» stant, et au même instant, je le voyais paraître en
» robe de chambre et coiffé de son madras. »

Dans l'habitude de la vie, l'Empereur était simple, naturel, ouvert ; il semblait ignorer sa supériorité ; il l'imposait, mais c'était pour ainsi dire à son insu. Il était gai quelquefois jusqu'à l'enfantillage. Cette gaité portait toujours avec elle une teinte de bienveillance, et lorsqu'elle s'exprimait par gestes, c'était avec une certaine grace et une certaine délicatesse de manières. Toutefois, il pinçait l'oreille très fortement. Généralement, il aimait beaucoup la causerie. Sa conversation était nourrie et spirituelle, les expressions en étaient toujours simples ; elle m'a paru quelquefois avoir ceci de bizarre que l'esprit et la logique semblaient pour ainsi dire y lutter ensemble. Le pittoresque de l'expression et la vivacité des images, s'y balançaient avec la rigueur de la logique et la force du raisonnement. Dans certains moments, rien ne pouvait égaler l'abondance de ses idées ; elles se succédaient avec une rapidité telle qu'elles semblaient jaillir. Il paraissait complètement maître des mouvements de son intelligence ; il la mettait en activité et la ramenait au repos, à volonté ; il

passait subitement d'un sujet à un autre, quelque différents qu'ils fussent; par exemple, des mathématiques à la littérature ou à la poésie, et aussitôt il y était tout entier, comme s'il s'en fût occupé depuis longtemps. Sa mémoire était prodigieuse. On pouvait croire qu'il n'avait rien oublié de ce qu'il avait lu. Un jour, ayant dîné seul dans son appartement, il en sortit comme nous étions au dessert, il s'assit et demanda le sujet de la conversation; on lui dit qu'on parlait du verre, de sa découverte et de son usage chez les anciens, que l'on avait énoncé telle et telle opinion. Vous êtes dans l'erreur, dit-il, et il fit avec détail l'histoire du verre. « Du reste, ajouta-t-il, cela doit être dans l'encyclo-
» pédie anglaise que nous venons de recevoir. *My son,*
» allez chercher. » J'apportai le volume et lus l'article. Tout ce qu'il avait raconté était exact, et sur l'étonnement qu'on lui exprima, il dit qu'il avait lu cela lorsqu'il était lieutenant d'artillerie.

Tout en lui annonçait l'esprit d'ordre. Il disait souvent, « je suis une bête d'habitude. » Il expliquait par cette tendance à l'habitude, comment il avait conservé si longtemps des personnes qui ne paraissaient pas être tout à fait à la hauteur de leur situation. Il était méthodique. J'ai eu souvent occasion de le remarquer dans sa manière d'arranger ses papiers pour le travail, de me faire faire les renvois et les corrections, etc. Mais, soit que ce fût chez lui défaut d'habitude ou autre chose, il manquait un peu d'adresse dans les doigts. Son esprit d'ordre et d'organisation se remarquait en tout. Chez lui, la conception en grand et l'esprit de détail semblaient exister à un égal degré, et ne pas se nuire. Quand il critiquait un ouvrage, il en considérait d'abord l'ensemble et venait ensuite aux détails. Quand il commençait à dicter, on pouvait voir que son plan était tout arrêté dans son esprit, ensuite il soignait l'exécution. Dans beaucoup de ses instructions, après avoir établi l'ensemble, avec quel soin minutieux il entre dans les détails ! Jamais il ne regardait le détail comme au dessous de lui.

Je crois que naturellement il aimait à donner. Toutefois, j'ai vu la réflexion venir immédiatement maîtriser et souvent modifier son premier mouvement à cet égard.

Son imagination était parfois extrêmement brillante : évidemment il était né poète ; il lisait très bien les vers et en savait un très grand nombre par cœur ; il en avait même composé dans sa jeunesse. J'ai entendu le comte de Ségur, l'ancien grand maître des cérémonies, en ré-

citer plusieurs, qui étaient fort jolis. Il me les a souvent promis ; mais il est mort sans me les donner. Qu'on se rappelle les proclamations ; quelle poésie noble et élevée! quelles images ! « Du haut de ces pyramides qua-
» rante siècles vous contemplent »....... « et mon aigle
» victorieuse volera de clocher en clocher pour ne s'ar-
» rêter que sur les tours de Notre-Dame. »

Il semblait y avoir deux hommes en lui : l'homme d'imagination et l'homme d'action. Ils étaient très distincts l'un de l'autre et ne se confondaient pas. L'homme d'imagination aimait passionnément la causerie jusqu'à devenir quelquefois bavard ; il aimait la discussion, le paradoxe, les jeux d'esprit, les idéalités, le surnaturel, même les histoires d'apparition. L'homme d'action, au contraire, était tout positif, tout net, tout logique, toujours dans la réalité.

Le sentiment religieux était profond chez lui : il ne comprenait pas l'athéisme. Un jour, on tint devant lui quelques propos irréligieux ; sa désapprobation fut visible ; il en reparla même le lendemain. Des personnes qui l'ont connu dans sa jeunesse m'ont dit qu'il avait toujours été de même.

Il était bienveillant et pensait presque toujours aux autres avant de penser à lui-même. Je pourrais en citer de bien nombreux exemples. Lorsqu'il reçut les premiers objets que lady Holland (1) lui adressa, il s'y trouva quelques boîtes d'eau de cologne. Il en était privé depuis bien longtemps, et une longue habitude la lui rendait presqu'indispensable. Il en envoya de suite la moitié à madame la comtesse Bertrand et à madame de Montholon. Son premier mouvement était toujours un mouvement de bienveillance ; mais la plupart du temps, à peine ce sentiment s'était-il manifesté qu'il le réprimait, le cachait même, comme si sa fierté s'en trouvait humiliée. Que de petits détails, que d'anecdotes je pourrais raconter à ce sujet ! Qu'on me pardonne si je choisis celle-ci : Il se promenait un jour en calèche, et j'étais au nombre des personnes qui l'accompagnaient à cheval. Mon cheval m'emporta dans les arbres. J'allais avoir la poitrine brisée par une grosse branche ; je la saisis et laissai aller le cheval, qui passa ventre à

---

(1) Lady Holland est nommée dans le testament de l'Empereur, à l'article 2, immédiatement après le roi de Rome et avant toute autre personne. Napoléon dit : « Je lègue à lady Holland le camée antique que le pape Pie VI m'a donné à Tolentino. »

Il avait connu l'illustre M. Fox qui était venu à Paris sous le consulat. Il éprouvait un grand penchant pour lui, et lui avait conservé de l'amitié.

Il a plusieurs fois témoigné son estime pour le beau caractère de lord Holland.

terre à la portière de la calèche. L'Empereur s'élança de sa place, la figure animée, et criant : « Arrêtez..... » arrêtez....... où est-il....... qu'est-ce qu'il a....... » Dans ce moment, je passai moi-même près de la calèche, courant après le cheval. Quand je revins, il m'accueillit froidement, m'appelant petit sot, petit imbécille, qui n'avait pas su conduire son cheval.

Le sentiment de justice était extrêmement actif chez lui, et ne l'abandonnait jamais. Je ne l'ai jamais vu commettre une injustice. Pour juger les personnes, il se mettait toujours à leur place, s'identifiait avec les circonstances dans lesquelles elles s'étaient trouvées et qui avaient dû agir sur elles. Deux personnes vinrent un jour auprès de lui; l'une violente, éprouvant un accès de colère; l'autre lui répondant vivement : il les calma. Lorsque la personne en colère fut sortie, il dit à l'autre : « Quelque juste que soit votre cause, vous » aviez plus tort que lui. Comment? vous allez contes- » ter quelque chose à un homme qui est dans un accès » de colère; mais ne savez-vous donc pas que l'homme » en colère est en état de maladie, et qu'il faut atten- » dre qu'il soit guéri? »

Il connaissait tous les inconvénients d'un premier mouvement. Plusieurs fois il a dit : Ne faites pas cela en ce moment, vous êtes de mauvaise humeur; attendez que la nuit ait passé là dessus : demain vous serez encore à temps.

Il avait un fond d'honnêteté et de moralité que l'on apercevait en lui dans les opinions qu'il énonçait et dans ses moindres actions. Il respectait la morale chez les autres, et croyait à la vertu. Il y a telle personne à laquelle il n'aurait jamais demandé de faire telle ou telle chose, ou bien il aurait trouvé tout simple d'être refusé. M. d'Hédouville, frère du général, avait été avec l'Empereur à l'école militaire et au régiment d'artillerie. En 1809, lors de la guerre d'Espagne, il était à Bayonne la seule personne qui sût vraiment bien l'espagnol. Appelé dans le cabinet de l'Empereur, au retour d'une mission à Burgos, il exprimait une opinion tout à fait opposée à celle de Napoléon sur la tournure que prenaient les affaires en Espagne, et ce dernier en éprouvait une mauvaise humeur très visible, lorsqu'on apporta une valise remplie de lettres particulières et de journaux. La correspondance particulière était évidemment la chose intéressante à connaître de suite. L'Empereur lui donna ordre de lire l'un et l'autre. « *Non pas les lettres*, dit M. d'Hédouville, d'un ton de voix significatif, *mais les journaux.* » Eh bien, oui, les journaux, répondit l'Empereur.

Peu d'instants après un des aides de camp de l'Empereur disait, dans le salon de service : *d'Hédouville a voulu faire le docteur avec l'Empereur, mais l'Empereur la lui garde bonne.*

Trois jours après M. d'Hédouville recevait les diplômes du titre de *comte* et d'une dotation, datés du même jour où il s'était trouvé dans le cabinet de l'Empereur, et où il avait refusé de lire les lettres.

Ce sens moral, Napoléon l'avait transporté de sa vie ordinaire dans sa vie politique. C'est à la moralité, sans aucun doute, qu'il dut sa principale force lorsqu'il fonda son gouvernement sous le consulat. Quand on le vit repousser hardiment et mettre complétement de côté cette foule de gens immoraux, tout puissants sous le directoire; quand on le vit retirer un portefeuille ministériel à son propre frère, tout ce qu'il y avait d'hommes honnêtes en France prirent confiance, se groupèrent autour de lui, et firent la base de la majorité qui le porta au consulat à vie et à l'empire. Il est plus que probable que les événements de 1813 eussent tourné différemment s'il n'eût pas tenu autant à ce qu'il appelait le respect de lui-même et la moralité de son gouvernement. C'est ce fond de moralité qui lui donnait un éloignement insurmontable pour le charlatanisme politique, ce charlatanisme avec lequel on croit gagner et on gagne en effet quelquefois une popularité d'un jour. Il a toujours dédaigné cette espèce de popularité ; mais il a servi avec moralité, conscience et talent, la nation qui lui avait confié ses destinées. Il a succombé dans une lutte de partis. Le parti qui l'a abattu est resté triomphant, maître du pouvoir, et pourtant, malgré un déluge de libelles, déjà même avant sa mort, quelle popularité était égale à la sienne!..

Tous ses sentiments étaient grands, nobles et élevés, quoiqu'il fut toujours simple. Il s'enthousiasmait facilement pour le beau et pour le bon ; il se trouvait là, pour ainsi dire, dans son élément. L'expression de nobles pensées plaisait à son ame. A Longwood, il lui arrivait parfois d'être ennuyé ; pendant le dîner, la conversation était languissante, et le soir il ne savait que lire. Il disait : « *My son*, allez chercher un livre. — Lequel, sire ? — Ce que vous voudrez. » Quelquefois alors j'apportais Corneille et le lui présentais, après avoir forcé d'avance la reliûre, en sorte que, dès qu'il le prenait, le volume s'ouvrait de lui-même à Cinna ou à Horace. Son premier mouvement était de dire : « Oh !

» du Corneille ! mais nous savons cela par cœur. » Puis il commençait à lire ; insensiblement il s'identifiait avec les pensées, il s'animait et avait passé une soirée agréable. C'est qu'il se retrouvait là dans son atmosphère naturelle de grandeur.

Les libellistes ont souvent dit qu'il méprisait les hommes. J'ai connu des personnes qui avaient passé leur vie dans les affaires publiques, et dont l'étonnement était qu'il ne les méprisât point. Plusieurs fois a exprimé ses principes là dessus : il disait qu'on ne devait pas procéder par règle générale avec les hommes, qu'agir ainsi était la marque d'un esprit petit et une preuve de la faiblesse de l'intelligence humaine ; qu'on ne devait voir que des individus ; qu'il y avait des hommes estimables, d'autres méprisables, comme il y en avait de bons et de mauvais ; qu'on ne devait pas, en généralisant, confondre les uns avec les autres ; qu'il avait même vu tel individu faire tel acte on ne peut pas plus coupable, et pourtant valoir mieux que son action. Il faisait une part étonnemment large à la faiblesse de la nature humaine. Je trouve dans un de mes journaux écrit à Longwood, et au sujet d'un de ses anciens maréchaux, un long monologue de l'Empereur, qui n'est autre chose que le développement de cette pensée. Il y montre comme d'habitude une indulgence inépuisable.

Voilà ce que j'ai vu de Napoléon.

Si à Sainte-Hélène, aigri par une position qu'on s'étudiait à rendre odieuse, son caractère fut devenu difficile, mille motifs ne devaient-ils pas le rendre excusable ; mais, il était sans contredit le plus facile à vivre, celui dont l'humeur était la plus égale. Je me suis souvent dit qu'un étranger qui se serait subitement trouvé au milieu des français de Longwood, sans les connaître, n'aurait pas pu découvrir que Napoléon était le seul pour qui il n'existât plus d'espérance, le seul qui habitât déjà son tombeau.

Pendant tout le temps que j'ai passé auprès de lui, jamais il ne m'a donné le plus léger motif pour me plaindre ; au contraire, j'ai eu constamment et sans cesse de nouveaux sujets de l'aimer. Au moment même où j'écris, le souvenir des marques de sa bienveillance remplit mon ame d'émotion. D'abord, je ne voyais en lui que le grand homme ; mais bientôt je l'ai aimé comme on aime le père le plus tendre. C'est le sentiment que j'éprouvais pour lui, lorsque j'en fus séparé.

14 *Mercredi*. C'était aujourd'hui, pour ainsi dire, le dernier jour que je passais à Sainte-Hélène. La journée du lendemain devait être consacrée à la céré-

monie, et le jour suivant la frégate faisait voile. Dans la journée, je me rendis à Longwood et au tombeau. J'adressai à ces lieux sacrés pour moi, des adieux éternels.

Cette nuit était l'époque fixée pour les travaux de l'exhumation des cendres de Napoléon. On supposait qu'ils seraient longs et difficiles. On les commençait la nuit, afin de pouvoir, dans la journée du lendemain, remettre le cercueil entre les mains de S. A. R. le prince de Joinville. Le moment du départ était arrivé; plusieurs de nos compagnons nous avaient déjà devancés. A dix heures et demie du soir, nous quittâmes la ville, MM. l'abbé Coquereau, le docteur Guillard, Charner, Guyet, Doret, Marchand, Arthur Bertrand, de Chabot et moi; nous gravissions lentement les montagnes; arrivés sur les hauteurs de *Rupert's Valley*, le froid devint assez vif. De temps en temps, nous avions à souffrir les effets d'une petite pluie très fine, ou plutôt d'un brouillard extrêmement intense; la lune se levait voilée ; d'épais nuages glissaient avec rapidité devant elle, tantôt la cachaient, tantôt la laissaient reparaître. La nature semblait vouloir répandre autour de nous une teinte de religion et de mystère bien en harmonie avec le pieux devoir que nous allions accomplir dans cette triste localité. Bientôt, dans le lointain, au fond de la vallée, à travers l'épaisseur de l'atmosphère, nous crûmes distinguer de la lumière : c'étaient les fanaux qui allaient éclairer les travailleurs. Nous quittâmes alors le grand chemin pour prendre la route qui descend le long des flancs de la montagne. Des postes militaires, commandés par M. le lieutenant Barney, avaient été placés de distance en distance dès le coucher du soleil ; nous les traversâmes. A minuit précis nous arrivions au tombeau.

15 *Jeudi.* Les commissaires des deux nations introduisirent dans l'enceinte les diverses personnes qui devaient être témoins de ce qui allait se passer.

M. le comte Ph. de Rohan Chabot, chevalier de l'ordre royal de la légion d'honneur, secrétaire d'ambassade, commissaire en vertu de pouvoirs reçus de S. M. le roi des Français, pour présider, au nom de la France, à l'exhumation et à la translation des restes mortels de l'empereur Napoléon, enseveli dans l'île de Sainte-Hélène, et à leur remise par l'Angleterre à la France, conformément à la décision des deux gouvernements, introduisit, du côté de la France :

M. le baron de Las Cases, membre de la chambre des députés, conseiller d'état ; M. le baron Gourgaud, lieutenant-général, aide-de-camp du roi; M. Marchand, l'un des exécuteurs testamentaires de l'Empereur ; M. le comte Bertrand, lieutenant-général, accompagné de M. Arthur Bertrand, son fils; M. l'abbé E. Coquereau, chanoine, aumônier de la frégate la Belle-Poule, et deux enfants de chœurs; MM. Saint-Denis, Noverras, Archambault, Pierron, anciens serviteurs de l'Empereur ; M. Guyet, capitaine de corvette, commandant la corvette la Favorite; M. Charner, capitaine de corvette, commandant en second la frégate la Belle-Poule ; M. Doret, capitaine de corvette, commandant le brick l'Oreste; M. le docteur Guillard, chirurgien-major de la frégate la Belle-Poule, suivi du sieur Leroux, ouvrier plombier.

M. le capitaine Alexander, officier député par S. E. le gouverneur de Saint-Hélène, introduisit, du côté de l'Angleterre :

Son honneur le grand juge W. Wilde, esquire, membre du conseil; l'honorable H. Trelawney, lieutenant-colonel, commandant l'artillerie et membre du conseil; l'honorable colonel Hodson, membre du conseil; M. W. H. Seale, esquire, secrétaire colonial du gouvernement de Sainte-Hélène et lieutenant-colonel de la milice; M. E. Littlehales, lieutenant de la marine royale, commandant la goëlette de S. M. B. *Dolphin*, représentant la marine; M. Darling, qui avait surveillé les travaux de la sépulture de l'Empereur.

A minuit un quart, les travaux commencèrent. Les ouvriers étaient des soldats Anglais. On enleva soigneusement les plantes bulbeuses et les geraniums qui se trouvaient à la tête et aux pieds de la tombe : le prince de Joinville les avait demandés. On ébranla et fit tomber successivement la grille latérale de l'Ouest et les deux grilles qui se trouvaient aux extrémités. Le plus profond silence régnait. On n'entendait de temps en temps que la voix du capitaine Alexander donnant brièvement ses ordres. Les mouvements de ces hommes, travaillant avec activité à la lueur des fanaux, dans le brouillard, se mouvant au milieu des cyprès et des saules, leur donnaient l'apparence d'ombres qui s'agitaient; le bruit des marteaux retentissant sur les grilles de fer; les cris fréquemment répétés des nombreuses sentinelles placées dans les montagnes environnantes, tout répandait sur cette scène une teinte lugubre

Les grilles enlevées, M. le comte de Chabot, commissaire du roi, prit la mesure extérieure du tombeau. On procéda alors à la disjonction des pierres qui le bordaient ; elles étaient fortement unies ensemble par des crampons ; on les défit avec effort ; on enleva ensuite celle des trois dalles noires qui se trouvait aux pieds, puis celle qui se trouvait à la tête, puis celle du milieu ; ces pierres ôtées, on vit la terre végétale. Elle était séparée de la surface inférieure des dalles noires par un espace d'environ un pied et demi qui restait vide. On remarquait sur ce sol une grande fissure, et au milieu un affaissement assez considérable, ce qui nous fit penser que nous trouverions le cercueil écrasé et détruit. Cette terre était humide ; on en retira jusqu'à la profondeur d'environ cinq pieds. Nous remarquâmes que l'humidité n'augmentait pas.

Le travail continuait toujours dans le même silence. Les hommes se relevaient à de cours intervalles, en sorte que l'activité était extrême. La terre ôtée, on arriva sur un lit de matière très dure ; on pensa d'abord que c'était la dalle que l'on savait recouvrir le tombeau. Les Français, qui autrefois assistèrent à l'inhumation de Napoléon (1), avaient bien vu sceller cette dalle, mais ils n'avaient rien vu de plus ; ils ignoraient ce qui

---

(1) Les Français qui assistèrent à l'inhumation de Napoléon sont :

s'était passé après. Il existait dans l'île plusieurs personnes témoins de ces derniers travaux, qui même y avaient participé ; elles étaient présentes, appellées par M. le capitaine Alexander. Mais dix-neuf ans et demi

Le lieutenant-général comte Bertrand, grand-maréchal du palais, etc., etc., etc.;

Madame la comtesse Bertrand ;

M. Napoléon Bertrand, alors âgé de douze ans, aujourd'hui capitaine-commandant aux spahis d'Oran. Il a servi en Afrique avec une grande distinction, et a fait les deux campagnes de Constantine ;

M. Henry Bertrand, aujourd'hui capitaine d'artillerie en second. Il commandait les deux pièces qui ont tiré sur les portes, au premier siège de Constantine ;

M. Arthur Bertrand, né à Sainte-Hélène ;

M{le} Hortense Bertrand, qui depuis est devenue la belle madame Thayer;

M. le maréchal-de-camp comte de Montholon ;

M. Marchand, premier valet de chambre de l'empereur, son exécuteur testamentaire, conjointement avec les comtes Bertrand et Montholon. L'Empereur dit dans son testament : « Les services qu'il m'a rendus sont ceux d'un ami. »

M. Saint-Denis (dit Ali), premier chasseur ;

M. Noverraz, second chasseur ;

M. Pierron, maître-d'hôtel ;

M. Archambault, piqueur ;

M. Coursot, maître d'office ;

M. Chandellier ;

L'abbé Vignali ;

Tous légataires de l'Empereur.

M. le docteur Antommarchi, médecin de l'Empereur.

J'ajoute ici le nom du docteur Arnott, Anglais, chirurgien du vingtième régiment, qui a donné des soins assidus à l'Empereur dans sa dernière maladie.

s'étaient écoulés et leurs souvenirs se trouvaient évidemment altérés, car elles étaient toutes d'opinions différentes.

M. de Chabot avait entre les mains un extrait d'un rapport du lieutenant-général sir Hudson Lowe sur l'inhumation de l'Empereur. Cette pièce disait : *que par dessus la dalle qui couvrait le cercueil, on avait établi deux couches de maçonnerie fortement cimentées et même fortifiées par des crampons.* MM. les commissaires descendirent pour s'assurer si la maçonnerie rencontrée par les ouvriers était bien celle qu'indiquait le rapport. C'était elle; ils la trouvèrent parfaitement intacte, sans la plus légère altération.

En ce moment, M. l'abbé Coquereau alla puiser de l'eau à la source et se rendit dans une des deux tentes voisines, pour préparer l'eau bénite et ce qui était relatif aux cérémonies du culte.

Cependant les ouvriers continuaient toujours en silence; ils reconnaissaient d'assez grands fragments de dalles joints entre eux par des barres de fer, et de forts morceaux de basalte liés par du ciment romain. Le ciment était devenu très dur; il fallut enlever cette maçonnerie avec la pioche et le ciseau, ce fut un travail considérable qui demanda des heures. Plusieurs fois, le ciseau ayant attaqué des fragments de pierre blanche, on crut être arrivé sur la dalle; on mesura; on était à deux mètres cinq centimètres de profondeur.

On n'avançait plus que très lentement, on était contrarié. D'après le texte du rapport de sir H. Lowe, le capitaine Alexander, pensait qu'on pouvait supposer aux couches de maçonnerie une épaisseur considérable; peut-être quatre pieds. Il aurait fallu employer au moins toute la journée pour la détruire. A cinq heures cinq minutes du matin, M. Alexander, fit commencer un fossé latéral à la tombe avec l'intention de creuser jusqu'au niveau du cercueil, qu'il retirerait ensuite par le côté, en perçant la muraille du caveau.

On travaillait toujours dans un profond silence ; le temps était mauvais; nous étions au milieu des nuages et souvent mouillés par une pluie fine et pénétrante que chassait un vent assez vif. Les ouvriers attaquaient toujours avec vigueur la maçonnerie en ciment romain. A huit heures, on découvrit une fente...A travers, on aperçut le cercueil........ Bientôt une autre fente le laissa mieux distinguer encore. Le capitaine Alexander, mu probablement par un sentiment religieux, que nous avons toujours vu paraître en lui, les fit couvrir avec des pierres. On s'occupa alors de dresser une chèvre;

et chacun de nous, anglais et français, alla revêtir son grand uniforme. A neuf heures, on établit autour du tombeau une haie de soldats de milice et de soldats du 91e régiment. La pluie était devenue très forte. On acheva de dégager au ciseau le ciment qui scellait la grande dalle, et on fit les travaux nécessaires pour y ajuster des crampons. Les personnes qui ne devaient pas assister à l'exhumation, même les ouvriers qui n'étaient pas absolument nécessaires, furent éloignés et durent se tenir en dehors de la haie de soldats. M. l'abbé Coquereau s'approcha, se plaça sur le bord de la tombe, du côté où reposait la tête; deux enfants de chœur portaient devant lui la croix et l'eau bénite. A neuf heures vingt-six minutes, la dalle fut enlevée; d'un mouvement spontané et unanime, tous les assistants se découvrirent........ on voyait un cercueil en acajou, isolé de toute part, excepté inférieurement. Il reposait sur une autre dalle que portaient huit montants en pierre. Le bois était humide, mais dans un état de conservation parfait. La planche inférieure, qui autrefois avait été extérieurement recouverte de velours, était la seule qui commençât à être un peu altérée. On apercevait encore la blancheur des têtes de vis qui avaient été argentées; l'argent n'avait pas disparu. On voyait à côté du cercueil les sangles et cordages qui avaient servi à le descendre. La dalle inférieure sur laquelle il reposait était assez humide.

Après que M. l'abbé Coquereau eut fait la levée du corps, M. le docteur Guillard, chirurgien major de *la Belle-Poule*, versa du chlore et MM. de Chabot et Alexander descendirent dans le caveau. Ils prirent les mesures du cercueil qui se trouvèrent être les suivantes; 1 mètre 91 cent. de long sur 65 cent. dans sa plus grande largeur; puis on procéda à l'extraction du cercueil.

A dix heures vingt-cinq minutes, le corps de Napoléon, rendu à la lumière, se trouva au milieu des vivants. Depuis dix-neuf ans et demi il dormait du sommeil de la mort, dans la nuit du tombeau!........

Le cercueil avait imprimé sa forme au fond du caveau, on la voyait très nettement marquée. Il fut déposé à terre, et le capitaine Alexander commanda douze hommes du 91ᵉ régiment, *sans capote et tête découverte*. Ils le transportèrent dans la tente la plus voisine, où M. l'abbé Coquereau, qui l'avait précédé en habit de chœur, termina les prières.

En cet instant, arriva M. Touchard, officier d'ordonnance du prince de Joinville. Dans sa sollicitude, le prince l'envoyait pour savoir à quel point en étaient les travaux. Cet officier s'était croisé avec une lettre de M. de Chabot, écrite au moment où le cercueil avait été découvert.

Cependant le sarcophage d'ébène, fait à Paris, était là; il devait recevoir ce qu'on trouverait dans le tombeau de Sainte-Hélène; mais on ne pouvait ouvrir l'espèce de serrure à secret qui le fermait. M. le commandant Charner, trois autres personnes, et M. le capitaine Alexander, essayèrent successivement et pendant longtemps, mais sans succès. La contrariété était extrême, car cet incident arrêtait toute la cérémomie. Je l'avais vu ouvrir une fois; j'essayai et je réussis.

On commença alors l'ouverture des anciens cercueils. Le premier, celui qui enveloppait tous les autres, était en acajou, épais de deux centimètres. On scia les deux côtés pour pouvoir faire glisser par la tête le cercueil en plomb qui était dedans. Retiré de son enveloppe, ce cercueil en plomb fut placé à midi un quart dans le sarcophage apporté de France. Puis on attendit S. E. le major général Middlemore, gouverneur de l'île; il était fort souffrant depuis plusieurs jours, le mauvais état de sa santé lui avait rendu impossible d'assister aux travaux de la nuit. Il arriva à une heure moins un quart, accompagné de son état-major, le lieutenant Barnes, major de place, et le lieutenant Middlemore, son aide-de-camp et secrétaire militaire.

On procéda alors avec recueillement à l'ouverture du cercueil en plomb. Dedans se trouvait un troisième cercueil en acajou, en parfait état de conservation. Il était si peu altéré, malgré le temps, que l'on put retirer plusieurs des vis qui le fermaient, en les dévissant. Celui-ci ouvert, on en vit un quatrième, en fer blanc, bien conservé : on savait que c'était le dernier. Le corps de l'Empereur y avait été déposé, revêtu de son habillement complet de colonel des chasseurs de la garde, si connu en France. Sa tête et sa barbe avaient été rasées ; son chapeau, placé près des genoux, et les deux vases qui, d'après le procès-verbal, contenaient le cœur et l'estomac, mis un peu au-dessus des pieds, entre les jambes. Les parois intérieures de ce cercueil avaient été entièrement garnies, selon la coutume des Indes, d'une épaisse soie ouatée.

Lorsque la feuille supérieure de ferblanc fut enlevée, on ne découvrit d'abord qu'une masse sans forme, et au bout, appuyés sur les talons, les pieds des bottes qui paraissaient blanc mat ; la couture s'était ouverte et avait laissé sortir l'extrémité des pieds ; on en voyait distinctement plusieurs doigts ; ils étaient pareillement d'un blanc mat.

On reconnut bientôt que cette apparence de masse informe venait de ce que le taffetas ouaté attaché aux parois intérieures, lors de l'inhumation, s'était détaché. Les parties latérales se trouvaient affaissées et le peu qui en était resté adhérent aux parois, présentait l'aspect de végétations blanches, floconneuses et frangées. La couche supérieure était tombée sur le corps. Le docteur l'enleva avec un soin religieux, en commençant par les pieds et en la roulant sur elle-même.

On vit alors le corps entier de Napoléon.

Je ne sais si cet effet tient à des parcelles de ouate ou de soie qui se seraient attachées à lui, mais il m'apparut, et plusieurs personnes présentes ont éprouvé la même sensation, comme s'il eut été vu à travers une gaze assez épaisse. Il était étendu exactement dans la même position dans laquelle il avait été placé. Le cuir des bottes autour des pieds ne se reconnaissait plus, mais il s'était maintenu noir sur le reste des jambes. Entre elles étaient les deux vases d'argent qui, selon le procès-verbal, contenaient le cœur et l'estomac. On pouvait observer l'aigle d'argent sur une des couvertures. Le chapeau placé obliquement sur les cuisses, s'était affaissé, pourtant il était bien conservé. La forme de son habit de chasseur ainsi que les boutons, se voyaient parfaitement. La plaque et à côté d'elle les deux décorations, la légion-d'honneur et la couronne de fer étaient sur la poitrine, la plaque presque noire, mais les décorations brillant encore. Les épaulettes petites, étaient à leur place, toutefois portées un peu en avant : l'or en était très-bruni. On distinguait très-bien la couleur rouge du parement du bras gauche, le fond vert du reste de l'habit, et, sortant de dessous l'habit, une partie du grand cordon de la légion d'honneur. La main droite était serrée contre le corps et presque tout-à-fait cachée ; la gauche paraissait entièrement. Elle n'était pas blanc mat comme les pieds, elle n'avait pas perdu la forme jolie qu'elle avait pendant la vie. Le docteur la toucha : elle était souple et céda sous son doigt. Le bas du visage avait conservé toute sa régularité. Le haut, particulièrement la place des pommettes était tuméfié et élargi, le nez seulement présentait de l'altération. Le docteur palpa le visage, il le trouva dur, ce qui lui fit dire qu'il était momifié. La bouche avait conservé sa forme, les lèvres étaient un peu entr'ouvertes ; entre elles paraissaient trois des dents supérieures d'une grande blancheur. La barbe un peu repoussée (peut être une demi-ligne), donnait une teinte bleuâtre prononcée. La tête était très-grosse : on voyait parfaitement sa forme, et elle semblait très-légèrement enduite d'une substance blanchâtre. Le front apparaissait large et élevé. Les sourcils n'étaient pas entièrement tombés. Les paupières étaient fermées : une partie des cils y tenaient encore....... C'était bien Napoléon !..... Napoléon privé de vie, mais non détruit !........ On eût presque dit qu'il était encore à ce dernier jour de sa carrière de travaux et de périls....... au premier jour de l'éternité !..........

A la vue de cette œuvre de mort, si voisine des apparences de la vie, malgré tant de temps écoulé, nous avions tous été soudainement saisis de sensations impossibles à rendre. Les sentiments produits étaient d'autant plus vifs, que le fait qui les causait était plus inattendu. Qu'eût éprouvé mon père avec sa chaleur de cœur, s'il eût assisté à ce spectacle ; la force lui aurait manquée pour supporter une pareille épreuve, il aurait succombé. Le général Bertrand regardait avec l'attitude de quelqu'un qui va se précipiter. Plusieurs sanglottaient d'une manière convulsive. D'autres restaient mornes, les yeux tout humides. Le jeune comte de Chabot avait le visage inondé de larmes..........

Pour moi, qui si souvent avais cherché à imaginer, à me représenter Napoléon mourant, tout ce qui m'entourait, tout ce que je voyais, me paraissait les formes matérielles d'un rêve céleste !........

Nous contemplions depuis environ une minute et demie à deux minutes !........ L'ouverture avait eu lieu afin qu'on put prendre les précautions sanitaires indispensables pour une longue traversée. Le docteur Guillard déclarait à M. de Chabot, que, vu l'étonnante conservation du corps, son opinion était qu'il fallait tout refermer immédiatement, ce qui fut autorisé. Le docteur, après l'avoir légèrement enduit de créosote, replaça le morceau de soie ouaté dans la même position où il avait été trouvé, et le cercueil fut clos. Il était une heure. On ne put resouder le fer-blanc, les ouvriers affirmaient qu'il était trop oxidé, que cela demanderait un travail de plusieurs heures et le temps ne le permettait pas. Mais on revissa le cercueil en acajou. M. le docteur Guillard fit resouder devant lui avec le plus grand soin l'ancien cercueil en plomb. On le plaça très-bien assujetti dans le nouveau cercueil en plomb qui fut fermé d'une immense plaque, sur laquelle était écrit en lettres d'or

NAPOLÉON,
EMPEREUR ET ROI,
MORT A SAINTE-HÉLÈNE,
LE V MAI
MDCCCXXI.

Cette plaque fut soudée, toujours avec les mêmes précautions. Le tout se trouva enfermé dans le sarcophage en ébène venu de France, dont la clef fut remise à M. de Chabot. Sur le couvercle de ce sarcophage était incrusté transversalement en lettres d'or :

NAPOLÉON.

M. le capitaine Alexander, en sa qualité d'officier député par S. Ex. le gouverneur de l'Ile, lut alors, et remit à M. de Chabot une déclaration d'où il résultait : qu'il était dûment constaté que les restes mortels de feu l'Empereur Napoléon avaient été déposés et renfermés avec soin dans le présent sarcophage, que lesdits restes mortels allaient être dirigés, sous les ordres personnels de S. Ex. le major-général Middlemore, gouverneur de l'Ile, vers le lieu d'embarquement, où ils seraient remis à la disposition du gouvernement Français.

M. le comte Ph. de Rohan Chabot, en sa qualité de commissaire nommé par S. M. le roi des Français, accepta le cercueil contenant les restes mortels de l'empereur Napoléon, et déclara qu'il était prêt, ainsi que les personnes qui composaient la mission française, à l'accompagner jusqu'au quai de Jame's Town, où S. A. R. le prince de Joinville, commandant supérieur de l'expédition, devait se trouver pour le recevoir au nom de la France.

C'est vers ce moment qu'arriva le major-général Churchill, avec deux officiers, probablement ses aides-de-camp. Il était en grand deuil, découvert malgré la pluie, et montrant un recueillement touchant.

Les formalités terminées, il fallut transporter le cercueil sur une espèce de char funèbre que le gouvernement de l'Ile avait fait préparer. Sa pesanteur était extrême : on l'évaluait à plus de deux milliers (1). Quarante trois hommes parvinrent avec peine à le placer. Il fut recouvert du manteau impérial que présenta le com-

---

(1) Le poids réel est de 2,400 livres.

missaire du roi des Français, et à trois heures trente-cinq minutes, on se mit en mouvement sous le commandement de S. Exc. le gouverneur de Ste-Hélène. Le capitaine Alexander continuait à tout surveiller avec ce soin, cette précision, cette activité calme et ce sentiment des convenances qu'il avait montrés pendant toute la nuit précédente. Il y avait environ quatre milles à faire pour se rendre à la ville ; il fallut gravir la pente rapide d'environ neuf cents à mille pas, ouverte sur le flanc de la montagne et qui va joindre la grande route : on le fit à force de bras plutôt qu'à l'aide des chevaux. Les troupes nous attendaient sur la hauteur : de là le cortège s'avança dans l'ordre qu'il devait conserver.

Deux cent vingt miliciens, appelés *volontaires*, ouvraient la marche sous les ordres du lieutenant-colonel Seale. Après eux venaient cent quarante soldats du 91° régiment, sous les ordres du capitaine Blackwell; c'était réellement tout ce dont on avait pu disposer; puis la musique des volontaires; ensuite M. l'abbé Coquereau, précédé de deux enfants de chœur, l'un portant la croix, l'autre l'eau bénite. Venait alors le char funèbre. Il était à quatre roues, traîné par quatre chevaux : la configuration des routes eût rendu dangereux d'en avoir un plus grand nombre : ils étaient entièrement caparaçonnés de drap noir, et chacun tenu à la main par un homme en grand deuil. Le cercueil avait été couvert d'une espèce de baldaquin sur lequel s'étendait le manteau impérial apporté de France. C'était un immense carré de velours violet, traversé d'une large croix tissue en argent et parsemé d'abeilles d'or. Ce fond était entouré d'une large bordure de broderie d'or, où l'on voyait des N et l'aigle impériale surmontée de la couronne; le tout s'encadrait dans une magnifique hermine. Les glands étaient tenus par MM. Bertrand, Gourgaud, de Las Cases et Marchand. Le comte de Las Cases ne s'y trouvait pas : sa mauvaise santé l'avait retenu en France. Immédiatement après se tenaient les fidèles serviteurs de l'Empereur : MM. St-Denis, Noverraz, Pierron et Archambault. Le long du char étaient deux files d'artilleurs ; derrière marchaient environ quarante miliciens ou artilleurs, pour le retenir dans les pentes qu'il avait à descendre. Le brave lieutenant-colonel Trelawney avait voulu les commander en personne : il était avec eux, à pied, dirigeant tous leurs mouvements.

Venait alors M. de Rohan Chabot, commissaire du roi, conduisant le deuil, ayant à ses côtés MM. les capitaines Guyet et Charner, M. Arthur Bertrand, MM. le capitaine Doret et le docteur Guillard; puis les autorités civiles, militaires et maritimes de l'Ile. Par suite d'un sentiment dont nous appréciâmes toute la délicatesse, elles avaient voulu que les Français occupassent le premier rang auprès du cercueil de Napoléon. C'étaient S. Exc. le major-général Middlemore, C. B., gouverneur de l'Ile, ayant à sa droite Son Honneur W. Wilde, esquire, chef de la justice, et l'honorable lieutenant-colonel Hodson, membre du conseil; et à sa gauche le major-général Churchill et ses officiers; puis, derrière lui, les principaux habitants de l'Ile en grand deuil. Le cortège était fermé par une compagnie d'artillerie royale et un détachement de *volontaires* que suivait une nombreuse population. Un certain nombre de miliciens, armés seulement de leur baïonnette, selon la coutume anglaise, se mettait en haie pour le passage du char et, dès qu'il était passé, ils profitaient des sentiers et chemins détournés pour courir et venir se remettre en haie; ils ont répété cette manœuvre jusqu'à la ville.

Là, nous trouvâmes rangés en haie, depuis l'entrée jusqu'à la porte près de la mer, le détachement de miliciens qui ouvrait la marche. Tous avaient le bout du canon de fusil appuyé sur le pied gauche, les deux mains jointes sur la base de la crosse, l'arme présentant la platine, la tête appuyée sur les mains. Le temps pluvieux jusque-là s'était amélioré. Le cortège défilait lentement. Les boutiques avaient été fermées. Les fenêtres et les balcons étaient garnis de personnes habillées de la manière la plus élégante ; le fort et la frégate ne cessaient de tirer de minute en minute depuis le départ ; les pavillons flottaient à mi-mât; tout donnait à cette marche l'apparence de la douleur religieuse que nous portions dans nos cœurs.

La population intérieure de l'Ile nous avait escortés ou suivis depuis *Alarm House*. Les divers chemins qui serpentent sur les deux montagnes presqu'à pic qui forment *James'-Valley* en étaient couverts : on la voyait disparaître et reparaître avec rapidité dans les sinuosités de la montagne, suivant les mouvements du cortège. A la porte de la ville commençait une haie de soldats du 91ᵉ régiment, l'arme placée comme celle des miliciens. Elle s'étendait jusqu'au débarcadère.

C'est là que le commandant de la frégate la *Belle Poule*, S. A. R. le prince de Joinville, remplissant la noble mission que lui avait confiée son père, attendait sous le pavillon national la dépouille mortelle du héros; c'était dans ses mains, déjà éprouvées, que l'Angleterre devait remettre à la France ces saintes et nationales reliques.

Le prince venait de débarquer à la tête des états-majors réunis de sa frégate, de la corvette la *Favorite* et du brick l'*Oreste*. Ces états-majors s'étaient formés en double haie. Dès que le char apparut, chacun se découvrit et les hommes de tous les canots mâtèrent leurs avirons. En même temps, dans le lointain on vit les trois bâtiments de guerre français hisser leurs couleurs, redresser leurs vergues qui depuis huit heures du matin étaient en pantenne, et se pavoiser comme par enchantement. La musique fit entendre des marches funèbres.

Arrivé au débarcadère à cinq heures et demie, le cortège s'arrêta. M. l'abbé Coquereau présenta l'aspersoir à son altesse royale, puis S. E. le major-général Middlemore, gouverneur de l'Ile, qui malgré son état de souffrance avait absolument voulu suivre à pied le char funèbre, s'avança vers le prince commandant et lui dit qu'il avait été chargé par son gouvernement de lui remettre les cendres de l'Empereur Napoléon; qu'il avait pris toutes les mesures nécessaires à cet effet et qu'il espérait que le prince partirait satisfait. Son altesse royale répondit qu'elle recevait au nom de la France les restes mortels de l'Empereur Napoléon; qu'elle était très satisfaite des mesures qui avaient été prises et qu'elle en remerciait les autorités anglaises.

Ces formalités remplies, et tout étant prêt pour le transport dans la chaloupe, on découvrit le cercueil. Le prince, immobile, le regarda fixement. Une profonde émotion se peignit sur son visage et dans toute sa personne. On y voyait des sensations diverses; la douleur, la fierté. Il semblait dire en même temps : voilà donc ce qui reste de tant de grandeur !...... Je vais donc enfin remettre à la France les cendres de Napoléon !........ Puisse ce jeune prince conserver toujours la pureté et l'élévation de sentiments qu'il a montrés dans cette solennelle circonstance.

Cependant la chaloupe a reçu le cercueil. Elle s'est enfoncée sous son noble poids. Les cendres de Napoléon sont entre nos mains, en France, au milieu des Français !... Le prince commande en personne. Près de lui, à sa droite, est M. le comte Ph. de Chabot, commissaire du roi; à sa gauche, M. le commandant Hernoux, son aide-de-camp : le maître d'équipage Le Magnent tient la barre, le commandant Guyet est sur l'avant. M. l'abbé Coquereau et les compagnons d'exil ont repris leur place. Le pavillon en soie aux trois couleurs, figurant le pavillon impérial, est hissé.

Aussitôt de la frégate, de la corvette et du brick part à un très court intervalle une triple salve, en feu de file, de toute l'artillerie. On eût dit le bouquet d'un feu d'artifice. Vingt et un coups de canon retentissent au même instant dans les forts. L'Angleterre et la France s'unissaient pour saluer ensemble l'Empereur et Roi.

La pluie avait déjà cessé depuis quelque temps et le soleil semblait lutter contre les nuages. Il apparut brillant en ce moment et darda ses derniers rayons sur cette pompe funèbre ou plutôt sur cette marche triomphale. C'était au soleil couchant que la mort avait soustrait Napoléon à son martyre ; c'était au soleil couchant que la France le recevait dans ses bras.

Deux canots de la *Favorite*, marchant de front, précèdent la chaloupe. Deux canots de la *Belle-Poule*, sont à chacun de ses flancs. Deux canots de l'*Oreste* la suivent, tous les hommes tête nue et crêpe au bras. Leur attitude, leur front levé montre combien ils sont glorieux et fiers du devoir qu'ils remplissent. La musique est dans le lointain faisant entendre des sons funèbres.

La chaloupe s'avance avec une lenteur majestueuse. Un profond silence, témoignage de respect, ne cesse de règner. A la voix ou plutôt au geste du prince, on entend de loin en loin un seul bruit d'avirons qui communiquent un faible mouvement à ce nouveau cortège.

On arrive à bord de la frégate. Une partie de l'équipage était monté debout sur les vergues. Soixante hommes commandés par le capitaine Penanros étaient sous les armes à babord. Les trois états majors formaient la haie, le sabre à la main. Lorsque le cercueil passa, on battit aux champs, et la musique se fit entendre. Une chapelle ornée de trophées avait été préparée sur le pont par les soins du prince lui-même. Le cercueil y fut déposé à six heures trente-huit minutes. Circonstance singulière! C'était le 15 octobre 1815, que Napoléon, captif, avait mouillé en rade de Sainte-Hélène, pour commencer sa longue agonie; c'était le 15 octobre, à vingt-cinq ans de distance, qu'il rentrait en rade de Sainte-Hélène, pour être reporté en triomphe dans sa patrie.

Il faisait presque nuit, on essaya inutilement d'allumer les nombreuses bougies préparées. Des fanaux furent rangés autour du catafalque. Chacun reprit sa place, et M. l'abbé Coquereau fit encore entendre de nouvelles prières. Après l'absoute, quatre factionnaires furent placés autour du cercueil.

Ces dispositions terminées, le prince dit : Messieurs, tout est fini ; à demain. Mais telle était l'impression produite sur les matelots, sur ces hommes habituellement si remuants et si distraits, que près de cinq minutes s'étaient déjà écoulées et tous étaient encore à leur place, immobiles et regardant.

16 *Vendredi*. Pendant la nuit, l'officier de quart avait conservé la grande tenue. La frégate était restée pavoisée et le corps avait été maintenu en chapelle ardente. M. l'abbé Coquereau ne l'avait pas quitté, quoique ce fût sa troisième nuit de veille. A dix heures, devait commencer une cérémonie religieuse.

L'autel était dressé sur l'emplacement de la roue du gouvernail, appuyée au mât d'artimon ; il était surmonté de pavillons français et d'un trophée d'armes. A droite et à gauche s'élevaient deux faisceaux de fusils, au-dessus desquels était attachée une couronne de chêne. Au-devant étaient deux obusiers. Entre l'autel et le cabestan, s'étendait un immense drap noir, brodé d'argent, sur lequel reposait le cercueil, recouvert de son magnifique manteau et surmonté de la couronne Impériale voilée de crêpe. Des cassolettes suspendues faisaient fumer l'encens.

Des soixante hommes commandés par le capitaine Penanros, trente étaient à tribord sous ses ordres immédiats, et trente à babord sous les ordres de

M. Jauge. Les compagnons d'exil de l'Empereur avaient repris leur place; près d'eux étaient les fidèles serviteurs et les quatre plus anciens sous-officiers de la division; au pied du cercueil se tenait le prince commandant, en grande tenue; à sa droite, le commandant Hernoux, son aide de camp; à sa gauche, M. le comte de Chabot, commissaire du roi; derrière lui étaient les commandants Guyet et Doret et l'agent consulaire de France; puis les états-majors, chacun à son rang; puis les capitaines des navires marchands français et leurs passagers (1). Venaient enfin tous les matelots en tenue. La *Favorite* et l'*Oreste* avaient envoyé leurs maîtres et une députation de soixante hommes chacun. Il n'y avait aucun étranger. C'était une cérémonie toute nationale.

A dix heures, M. l'abbé Coquereau commença l'office divin. Pendant toute sa durée, la corvette et le brick, qui depuis huit heures du matin avaient le pavillon à mi-mât et les vergues en patenne, tirèrent alternativement un coup de canon de minute en minute.

Rien ne saurait rendre le recueillement et la majesté qui présidèrent à cette cérémonie. Pour ceux qui

---

(1) M. Gillet, Jean-Michel, capitaine de la *Bonne-aimée*, de Bordeaux, et M. Truquetil, capitaine de l'*Indien*, du Hâvre.

avaient vécu familièrement à Sainte-Hélène avec Napoléon déchu, c'était la cendre du plus attachant des hommes sur laquelle ils pleuraient ; pour ceux qui ne l'avaient pas connu, c'était la tombe du plus grand des hommes, qui, en comprimant l'anarchie, avait élevé jusqu'aux nues la gloire de la patrie ; pour tous, c'était l'ombre du grand Napoléon, qui reparaissait au milieu des Français, après un quart de siècle d'exil.

Les cérémonies terminées, le corps fut déposé dans le caveau préparé, avec les prières et les formes prescrites par l'Église catholique.

Tout était accompli : le pavillon de soie, garni de crêpe noir, flottait toujours en tête du grand mât. L'officier de service vint demander au prince commandant des ordres à ce sujet : « Qu'il y reste, répondit-il, » jusqu'à ce que nous ayons perdu la terre de vue ; » on doit bien cela à l'Empereur !... » (1)

17 *Samedi*. Ce dernier jour passé en rade de Sainte-Hélène fut perdu pour moi. Une chute m'avait mis hors d'état de pouvoir marcher.

(1) Ce pavillon, qui figurait le pavillon impérial avait été préparé par les mains des principales dames de l'île. Le prince de Joinville avait donné ordre qu'il y eût au milieu, un N couronné, brodé en or, mais on ne put trouver ce qui était nécessaire pour remplir cette intention.

A neuf heures du matin on apporta à bord la grande dalle de pierre blanche qui fermait immédiatement le cercueil de Napoléon, et les trois dalles qui couvraient la tombe.

18 *Dimanche.* De bonne heure, tout fut en mouvement à bord; les commandants Guyet et Doret vinrent prendre congé du prince. On entendit bientôt la voix de ce dernier prononçant le commandement : *Chacun à son poste d'appareillage!*

Depuis le moment de mon débarquement à Sainte-Hélène, j'avais pour ainsi dire vécu dans un autre monde; le bruit, les manœuvres du bord, me rappelèrent à moi-même. Le rêve qui durait depuis huit jours s'évanouissait; je rentrais dans la vie réelle.

Au coucher du soleil on voyait encore Sainte-Hélène : nous en étions à vingt-deux lieues. L'île n'apparaissait plus que comme une légère vapeur à l'horizon. J'adressai un dernier adieu à ce séjour d'amertume, où pourtant je venais d'être heureux.

19 *Lundi.* Le cercueil de Napoléon était désormais maintenu en chapelle ardente. Tous les jours M. l'abbé Coquereau allait y réciter des prières. Les compagnons d'exil et les fidèles serviteurs portaient le deuil.

Ce soir, de quoi pouvions-nous parler, si ce n'est de

Napoléon et de ce qui venait de se passer sous nos yeux? Voici une des anecdotes qui vinrent dans la conversation, et que je cite parce qu'elle est nouvelle pour moi : elle était contée par un témoin oculaire.

Le jour de la bataille de Ligny, au moment où le comte d'Erlon débouchait sur la gauche, plusieurs jeunes officiers, formant un groupe à quelques pas de l'Empereur, riaient assez haut pour attirer l'attention non seulement des personnes qui composaient l'état-major, mais encore de l'Empereur lui-même. Napoléon se retourna, et dit d'un ton sévère, s'adressant à un jeune officier d'ordonnance : *Monsieur, on ne doit pas rire, lorsqu'on voit tant de braves qui s'égorgent.*

Depuis la cérémonie de l'exhumation, nous avions eu des détails exacts sur la manière dont avait été construite la tombe de l'Empereur ; les voici :

On creusa une fosse dont toutes les parois intérieures furent revêtues d'une muraille de deux pieds d'épaisseur. Elle eut alors onze pieds de profondeur, sept pieds de long et quatre pieds six pouces de large. Au fond on prépara un lit en maçonnerie. Sur cette fondation, et soutenu par huit pierres presque cubiques, ayant chacune un pied de haut, on mit une dalle en pierre blanche d'environ cinq pouces d'épaisseur. Quatre autres dalles de même épaisseur, placées debout sur leur côté, formèrent une espèce de caveau ou sarcophage en pierre ayant la forme d'un carré long, et les angles en furent soigneusement liés entre eux par du ciment romain. C'est là que l'on déposa le cercueil.

Ce sarcophage en pierre fut ensuite couvert et fermé par une large dalle aussi en pierre blanche, et on boucha toutes les fentes et interstices avec du ciment romain.

Sur la dalle en pierre blanche qui fermait le sarcophage en pierre, on établit deux couches de maçonnerie, fortement cimentées et même fortifiées par des crampons, de manière à ce qu'elles pussent s'unir avec le mur épais de deux pieds qui soutenait les parois intérieures de la fosse. L'espace vide d'environ sept pieds de profondeur qui se trouva entre ce dernier lit de maçonnerie et la surface du sol, fut ensuite rempli de terre. Le tout fut couvert de trois dalles, dont l'épaisseur s'élevait un peu au dessus du niveau du sol, et qui couvraient un espace de douze pieds de long sur neuf de large.

Lors de l'ouverture du cercueil, nous avions été très surpris de voir que l'Empereur avait les paupières fermées, en voici la raison. Peu de jours avant sa fin, l'Empereur avait dit au grand-maréchal : « Bertrand, quand je serai mort, vous me fermerez les yeux; car vous savez que naturellement ils restent ouverts. » Lorsque Napoléon eut cessé de vivre, le général Bertrand se mit à genoux auprès de son lit, et accomplit ce désir de l'Empereur.

19, 20 *mardi*. Nous continuons notre route avec bon vent; mais chose extraordinaire, il fait réellement froid et l'humidité est extrême.

Aujourd'hui, exercice de la grenade; le commandant y préside lui-même.

21 *mercredi*. Une espèce de caveau funèbre avait été préparé dans l'entrepont, le cercueil de l'Empereur y était déposé. Ce caveau était entièrement tendu de velour noir, parsemé d'étoiles d'argent et richement garni de franges et de glands du même métal ; un autel y était dressé, il s'y trouvait de nombreuses bougies. Le cercueil était recouvert du manteau impérial et surmonté de la couronne.

L'état de la mer permettant de dire la messe, M. l'abbé Coquereau la fit entendre dans ce caveau. L'état-major et la partie de l'équipage qui n'était pas de service y assistèrent dans un profond recueillement.

Pendant le reste de la traversée, cette cérémonie se renouvela aussi souvent que le temps le permit.

A deux heures, branle bas de combat.

22 *jeudi.* Nous avons le soleil au zénith : nous pouvons dire que nous avons eu aujourd'hui notre premier jour de chaleur.

23 *vendredi.* — 27 *mardi.* Nous n'avons d'autre diversion à la monotonie de la mer que les exercices répétés que fait faire le commandant.

28 *mercredi.* Nous repassons la ligne, la chaleur est excessive.

31 *samedi.* Dans la nuit nous recevons un grain violent; il tombe à bord une masse d'eau énorme. Dans la journée, nous apprenons avec plaisir qu'il y a trois bâtiments en vue. M. Touchard, officier d'ordonnance du commandant, est envoyé à bord de l'un d'eux. C'était le navire le *Hambourg*, venant de Hambourg. Le capitaine n'était pas fort sur la politique; cependant un journal anglais qu'il donna, nous fit croire qu'il ne serait pas impossible qu'à notre retour en Europe, nous trouvassions la guerre déclarée entre l'Angleterre et la France.

Entre autres nouvelles qu'il nous apprenait était celle-ci : « Le bruit courait aussi au moment de mon départ, dit-il, que le gouvernement français allait envoyer à Sainte-Hélène deux bâtiments pour y chercher les cendres de l'Empereur. »

Novembre. 2 *lundi*. Aujourd'hui 2 novembre, nous entendîmes la messe des morts dans le caveau impérial.

Depuis plusieurs jours, les grains se succédaient sans discontinuer, et la pluie était assez fréquente pour nous rendre difficile l'accès du pont.

Vers le milieu de la journée, on aperçut une goëlette qui hissa bientôt le pavillon hollandais : c'était l'*Egmont* qui se rendait à Batavia. On envoya à son bord un officier qui revint bientôt avec deux journaux hollandais et des nouvelles de Paris du 5 octobre. Nous fûmes obligés, quant aux journaux, de nous en rapporter à la traduction de deux hommes de l'équipage. Nous y trouvâmes une masse de nouvelles qui nous étonnèrent d'autant plus que nous ignorions les antécédents; c'étaient : la condamnation du prince Louis; le bombardement de Beyrouth et sa reprise par Soliman Pacha; l'appel de la flotte russe de la mer Noire; le blocus des côtes de Syrie par les Anglais; l'offre de démission faite unanimement par le cabinet français, si, dans les vingt-quatre heures, la guerre n'était pas déclarée à l'Angleterre, etc., etc.

En faisant une large part à l'inexactitude et à l'exagération, l'attaque de Beyrouth et le blocus de la Syrie étaient deux faits significatifs. Le commandant prit aussitôt son parti : il donna liberté de manœuvres à la corvette, dont la marche inférieure le retardait, et les deux bâtiments, selon l'usage, se séparèrent aux cris trois fois répétés de : *Vive le roi!*

Deux heures après, les cloisons et autres dispositions intérieures de l'appartement du commandant étaient détruites, et les caronades placées aux sabords. Après avoir ainsi donné l'exemple, il vint nous dire, en riant, qu'il en était désespéré; mais qu'il fallait que nous lui rendissions ses canons. Il avait, en effet, permis qu'on nous construisît des chambres dans la batterie, et chacune d'elles occupait la place d'un canon qui se trouvait ainsi supprimé.

3 *Mardi*. Immédiatement après déjeûner commença la démolition de nos chambres. Nous assistâmes gaîment, mais, il faut l'avouer, non sans regret, à leur destruction. Le matelot est un homme bon à tout : quand il s'agit de construire, il travaille bien ; mais quand il s'agit de détruire, on ne sait où il va encore chercher un supplément de forces, d'adresse et d'activité. D'ailleurs, le commandant, assis sur une table,

animait par sa présence l'ardeur des travailleurs ; aussi ce ne fut pas long : la hache et le marteau eurent bien vite fait place nette. Les débris inutiles furent jetés à la mer; nous les vîmes flotter au loin; et si, dans la journée, quelque bâtiment les a rencontrés, on aura dû être persuadé qu'un sinistre était arrivé dans ces parages. Il fallait voir ensuite l'ardeur de ces matelots, remontant leurs pièces, les frottant pour en faire disparaître la rouille et la poussière : leur donnant, à la lettre, des marques de tendresse.

Désormais toutes les bouches à feu étaient en état ; les charges avaient été visitées, et, comme disent les marins, la frégate était *parée* (1).

Depuis quatre mois que j'étais à bord, j'avais appris à connaître le commandant. A la manière calme et précise dont il faisait ses dispositions, au soin avec lequel il entrait dans tous les détails, même minutieux, il était plus qu'évident que nous avions à faire à un homme dont le parti était pris, et qui, dans aucun cas, ne se serait rendu, dût-il se faire ou couler ou sauter.

Tous ces derniers jours, la chaleur fut extrême ; et,

(1) C'est à dire prête à tout évènement.

le vendredi 6, nous eûmes dans le sud le spectacle d'un magnifique orage.

9 *Lundi.* Au jour, on avait en vue deux navires. Les matelots envoyés en vigie dirent qu'ils pensaient que ces navires avaient changé de route après nous avoir aperçus. Cette circonstance nous fit croire encore davantage à la guerre.

10 *Mardi.* Nous repassons le tropique du Cancer ; la chaleur, qui jusqu'ici a été excessive, commence à diminuer un peu.

12 *Jeudi.* Au coucher du soleil, nous vîmes un aspect de vigie (1), tellement naturel et tellement vrai, que l'on aurait juré voir une vigie véritable : c'était un effet de nuages. Nul doute que la quantité de vigies qui couvrent les cartes n'ont pas d'autre fondement que des apparences semblables.

15 *Dimanche.* Insensiblement, nous retrouvions notre climat d'Europe. Pendant la soirée le vent devint *bon frais* ; nous filions dix nœuds ; il y avait beaucoup d'éclairs dans le nord, le temps était à grains ; on dut serrer les perroquets et prendre trois ris.

16 *Lundi.* La nuit le mauvais temps avait augmenté ;

---

(1) On nomme *vigie* des pointes de rocher qui paraissent à fleur d'eau au milieu de la mer.

nous avions eu forte brise par rafale et grosse mer ; on avait dû dégréer les perroquets, la voile appelée le grand hunier s'était déchirée. Le commandant avait passé la nuit sur le pont.

Le mauvais temps en mer est une chose vraiment pénible, parce qu'il rend tout travail et toute occupation impossible ; c'était désormais notre sort.

17 *Mardi*. Le mauvais temps continue. Dans la nuit, nous eûmes grande pluie, forte brise, éclairs et tonnerre ; mais nous n'étions plus qu'à 500 lieues de Cherbourg.

18 *Mercredi*. Aujourd'hui nous vîmes Sainte-Marie, l'une des Açores, à la distance de 16 lieues. Nous entrons dans les latitudes d'Europe, et le froid devient très vif. Il y a six jours la chaleur était encore insupportable.

20 *Vendredi*. La nuit, le ciel s'était chargé dans le nord. Il y avait eu éclairs, tonnerre, forte brise et grosse mer. Le commandant avait passé une partie de la nuit sur le pont.

Nous devions, selon nos prévisions, rencontrer des navires dans ces parages, qui sont considérés comme une des grandes routes des Antilles. Nous n'en rencontrions point; nous pensions que la guerre les empêchait de sortir.

Dans la journée, une grive vint se percher sur les vergues et y resta long-temps. On ne la prit pas. Ce malheureux oiseau a sans doute été emporté par quelque coup de vent; il aura péri de fatigue.

Nous étions encore à trois cent cinquante lieues de Cherbourg.

21 *Samedi.* Forte brise, grosse mer.

22 *Dimanche.* Le matin, les matelots font envoler un hibou qui avait passé la nuit dans les vergues. Il venait probablement des côtes de Portugal. Nous sommes encore à trois cents lieues de Cherbourg.

26 *Jeudi.* Un gros oiseau de nuit vole longtemps autour du bâtiment.

Dans la journée une alouette vient tomber à bord; elle est prise par le capitaine Fabre.

27 *Vendredi.* Aujourd'hui on fait le premier sondage. On trouve le fond par 95 brasses. Nous ne sommes plus qu'à quatre-vingt quinze lieues de Cherbourg.

C'était ici qu'en cas de guerre, nous nous attendions à un combat. L'absence de croisières anglaises nous fait présumer que la paix est maintenue. Toutefois nous n'avons rencontré jusqu'ici aucun bâtiment qui puisse nous en donner la certitude.

28 *Samedi*. A midi on voit les sorlings et point de croisière anglaise.

L'eau de la mer, ordinairement claire et transparente, est devenue trouble et verdâtre. Nous voyons beaucoup de bâtiments, mais sans parler à aucun.

29 *Dimanche*. Ce jour était le quarante-troisième de notre traversée depuis Sainte-Hélène, et le cent cinquante-unième depuis notre départ de Toulon.

Nous avions enfin devant les yeux la terre de France.

En haute mer, les fonctions du capitaine-commandant sont toujours délicates à bien remplir ; car c'est lui qui donne la direction et qui surveille. Toutefois en haute mer, le bâtiment peut être considéré comme en sûreté. Mais à l'attérage, c'est là que commencent les dangers de toute espèce : les vents qui jettent à la côte, les bancs, les courants, les roches, les barres, les brisants, les vigies, les haut-fonds, les marées, etc., etc. C'est là que la responsabilité du commandant devient immense, car il doit tout faire par lui-même ; tout, absolument tout, pèse sur lui. C'est là que les officiers apprennent à se juger et à se classer mutuellement.

Depuis l'attérage, le commandant paraissait sur le pont souvent pendant la nuit. Il attaqua franchement la terre. Comme à Bahia, il montra réunies, à un égal degré, l'audace et la prudence.

Nous entrons dans le *raz Blanchard*, filant dix nœuds, ce que, me dit-on, font bien rarement les bâtiments, à cause des dangers qui s'y présentent. A quatre heures du soir, il était passé. A six heures, nous n'étions plus qu'à deux lieues de Cherbourg; mais depuis longtemps la nuit était venue.

Le soir, le commandant eut un très fort accès de fièvre; c'était probablement le résultat du froid, de la fatigue et du mauvais temps. Néanmoins, il avait résolu de mouiller cette nuit, si les circonstances atmosphériques ne le rendaient pas impossible. Aucun lit, aucun hamac n'avait été dressé : l'équipage entier était debout, prêt à la manœuvre. C'est dans ces moments que l'on voit combien est dur et pénible le métier de marin.

30 *Lundi*. Vers trois heures du matin, les circonstances du vent et de la marée permettaient de tenter l'entrée de Cherbourg. Le commandant était déjà prêt et donnait ses ordres. A quatre heures, nous vîmes venir à nous le bateau à vapeur la *Normandie*. La fré-

gate avait été aperçue de terre au coucher du soleil, et le préfet maritime de Cherbourg, M. le baron de Martining, l'envoyait au devant de nous dans le cas où il aurait pu nous être utile. A cinq heures dix minutes du matin, nous entendions le commandement de *mouillez.* Nous entrions en France, dans le port, dans la patrie,......

Le reste de notre nuit fut employée à parcourir la masse de journaux que nous ne tardâmes pas à recevoir. Nous en avions été complètement privés depuis notre départ. Comme il arrive toujours au retour d'une longue navigation, tout était pour nous un sujet d'étonnement.

Après le mouillage, le pavillon en soie, accompagné de son crêpe funèbre, avait été hissé. Au lever du soleil, les forts saluèrent de cent et un coups de canon.

Telle était l'importance des évènements qui se passaient à Paris que, M. le commandant Hernoux, membre de la chambre des députés, et moi, nous regardâmes, comme notre premier devoir, de nous rendre à la chambre. Notre départ fut immédiatement autorisé; et, dans la journée, nous quittâmes la frégate.

Quand on habite cinq mois ensemble dans une maison flottante, il est naturel de s'attacher, lorsque l'on trouve des qualités attachantes. Je ne pus me séparer sans regret de ce jeune prince, dont la bienveillance, l'esprit de justice et l'égalité d'humeur, ne s'étaient jamais démentis un seul moment ; de ces officiers qui nous avaient tous comblés d'égards, de prévenances et d'attentions aimables ; mais surtout, je quittais avec une vive émotion le cercueil de l'Empereur, ce cercueil qui allait être reçu aux acclamations de tout un peuple, ce cercueil qui renfermait les restes mortels de celui dont le souvenir remplissait mon existence, de celui que j'avais aimé plus que ma vie.

FIN.

PIÈCES OFFICIELLES.

I.

Paroles prononcées par le capitaine du génie Alexander, commissaire de S. M. Britannique, en remettant au commissaire du Roi des Français, le 15 octobre 1840, le cercueil de Napoléon.

Monsieur,

En ma qualité d'officier député par son excellence le gouverneur, major-général Middlemore, Companion du Bain, et commandant les forces à Sainte-Hélène pour exhumer et pour remettre à vous, M. le comte Philippe de Chabot, commissaire du roi des Français, en présence des principales autorités navales, civiles et militaires, ce cercueil contenant, comme il vient de l'être dûment constaté, les restes mortels de feu l'empereur Napoléon, j'ai terminé, conjointement avec vous, l'exhumation, et vu les restes déposés et renfermés avec soin dans le sarcophage envoyé à cet effet à Sainte-Hélène. Je n'ai plus, monsieur, pour accomplir les devoirs de ma commission, qu'à vous déclarer que lesdits restes seront à la disposition du gouvernement français, au moment où ils auront atteint le lieu d'embarquement vers lequel ils vont être dirigés sous les ordres de son excellence le major-général Middlemore, gouverneur, companion du Bain, et commandant des forces de sa majesté de Sainte-Hélène.

Signé CH. ALEXANDER,
Capitaine au corps royal du génie.

II.

Réponse du Commissaire français.

Monsieur,

En ma qualité de commissaire nommé par sa majesté le roi des Français, pour présider, en son nom, à l'exhumation et à la translation des restes mortels de l'empereur Napoléon, j'accepte de vos mains ce cercueil contenant la dépouille mortelle de Napoléon, inhumée à Sainte-Hélène le 8 mai 1821. Je suis prêt, quand vous le jugerez convenable, ainsi que toutes les personnes composant la mission française, à le suivre, avec vous, jusqu'au quai de Jame's-Town, où son altesse royale monseigneur le prince de Joinville, commandant supérieur de l'expédition, est dans l'intention de se présenter pour le recevoir et le conduire solennellement à bord de la frégate la *Belle-Poule*, chargée de le rapporter en France.

Signé Ph. de Rohan-Chabot.

III.

Ordre du jour de S. A. R. le prince de Joinville, en date du 13 octobre 1840.

(EXTRAIT DES JOURNAUX DE LA BELLE-POULE.)

Frégate la *Belle-Poule*, au mouillage de Jame's-Town, île Sainte-Hélène.

Le jour de l'exhumation des restes de l'Empereur ayant été fixé au jeudi 15 de ce mois, les dispositions suivantes seront prises à l'occasion de cette grande solennité.

1° MM. les capitaines des bâtiments sur rade et M. le capitaine de corvette Charner, se rendront jeudi, à une heure du matin, au lieu de l'inhumation, afin d'y assister en qualité de témoins.

Ils prendront ensuite dans le cortége la place qui leur sera assignée par M. le commissaire du Roi ; arrivés à la plage, ils rallieront leurs états-majors respectifs.

M. l'abbé Coquereau, aumonier de la frégate, et M. le docteur Guillard, chirurgien-major, se mettront aussi à la disposition de M. le commissaire du Roi ; ils emmèneront avec eux deux des hommes de l'équipage qui pourront être nécessaires à leur service.

Nul autre personne appartenant aux bâtiments de la division ne pourra se rendre à terre.

Il est important de constater que la cérémonie qui se fait à terre est toute anglaise, et que, d'après les ordres du gouvernement du Roi, les honneurs dus aux têtes couronnées ne seront rendus par nous aux restes de l'Empereur Napoléon que lorsque, remis entre nos mains, ils seront placés sous le pavillon français.

2° Jeudi, à huit heures du matin, les bâtiments hisseront sans coups de fusil : 1° le pavillon de poupe à mi-corne ; 2° un pavillon national à chaque mât, amené jusqu'aux barres de perroquet ; les vergues seront mises en pantenne, c'est-à-dire que le phare de l'avant sera apiqué sur tribord ; les balancines de babord pesées de manière que les vergues fassent avec le mât un angle de près de 45° ; le ou les phares de l'arrière seront apiqués sur babord. Les vergues apiquées, on les fera rectifier, afin de les tenir parallèles. (Les balancines devront être disposées de manière qu'au signal donné, on puisse remettre en croix sans tâtonnement).

3° A partir du moment ou le cortége quittera le tombeau, un coup de canon sera tiré de minute en minute par la frégate seule.

4° Lorsque le cercueil arrivera dans la ville, la chaloupe destinée à recevoir les restes de l'Empereur Napoléon poussera du bord précédée de deux canots, contenant MM. les officiers et élèves de la frégate; deux canots partiront alors de chaque navire et transporteront à la plage MM. les officiers et élèves de ces bâtiments, un seul officier restant à bord de chaque navire. (A bord de la frégate, il y aura un officier et un élève.)

La chaloupe s'amarrera au moyen de grapins mouillés à l'avance, l'arrière à la cale par où l'on doit embarquer le cercueil : les canots, après avoir débarqué les officiers, iront former une ligne parallèle au quai ; dix brasses de l'avant de la chaloupe, l'arrière présenté au quai, les canots de la *Belle-Poule* au centre, ceux de la *Favorite* à tribord, et ceux de l'*Oreste* à babord.

MM. les officiers se formeront en double haie, à l'approche du cercueil, sur le chemin qu'il aura à parcourir pour arriver à la cale. La musique de la frégate, conduite par un canot de service, sera débarquée derrière MM. les officiers.

Lorsque le cercueil arrivera, tout le monde se découvrira ; les canonniers mâteront les avirons, et le plus grand silence sera observé.

Le cercueil sera alors descendu du char funèbre ; il sera porté à bras jusqu'à la chaloupe par l'équipage de la chaloupe, et déposé dans la chambre.

MM. les officiers se rembarqueront dans les canots qui les auront amenés.

Dans la chaloupe, M. le commandant Guyet se placera devant ; seront seuls admis dans la chambre de la chaloupe, aux côtés du cercueil : MM. le général Bertrand, le général Gourgaud, de Las-Cases, Marchand, de Chabot, et M. l'abbé.

Je serai à la barre avec M. le commandant Hernoux. MM. Denis, Archambauld, Noverraz et Pierron s'embarqueront avec MM. les officiers.

Alors la chaloupe, au mât de laquelle on aura hissé le pavillon royal, se mettra en marche pour le bord, précédée des deux canots de la *Favorite*, flanquée de ceux de la *Belle-Poule* et suivie de ceux de l'*Oreste*.

On nagera avec la plus grande lenteur.

5° Lorsque l'on verra des navires le cercueil arriver au quai, on veillera la frégate avec soin.

Au moment où le cercueil s'arrêtera à la plage, la frégate hissera ses couleurs, croisera ses vergues et pavoisera.

Les pavois, composés exclusivement de pavillons de signaux, iront au capelage de perroquet, bridés au bout de chaque vergue; les pavillons 3, 5, 13 et 15 de la tactique ne seront pas employés non plus que la flamme 4. On passera les garde-corps sur les vergues et on fera descendre tout le monde; tous les mouvements de la frégate seront aussitôt imités.

Dès que le pavillon sera arboré au mât de la chaloupe, on se disposera à saluer; lorsque la frégate sera parée, elle amènera son pavillon du mât d'artimon au capelage de perroquet, les autres navires en feront autant pour indiquer qu'ils sont parés. (L'*Oreste* fera un signal avec le pavillon du grand mât.)

La frégate rehissera son pavillon; elle enverra, on fera de même; les saluts seront de toute l'artillerie, tirés en feu de file aussi vite que possible, en faisant le tour du bâtiment, c'est à dire que les chefs et chargeurs, tenant les cordons des deux bords, on commande: « A tribord devant, commencez le feu! »

La première pièce tribord envoie son coup, immédiatement suivi de celui de la seconde tribord, et ainsi de suite; de la dernière pièce tribord, le feu passe à la dernière babord et remonte par babord; pour la frégate, lorsque le feu arrivera à trois pièces de l'avant, on commande le feu dans la batterie; mieux vaut un coup double qu'une lacune.

On rechargera, et lorsqu'on sera paré, on amènera encore les pavillons; dès qu'ils seront tous les trois amenés, on rehissera et l'on enverra encore; la troisième fois, même répétition.

A ce moment, on enverra les hommes sur les vergues, où, en commandant face à l'avant ou face à l'arrière, on les maintiendra suivant l'évitage du bâtiment, le visage tourné vers la chaloupe; lorsque la chaloupe accostera la frégate, les hommes feront face au cabestan lorsque le commandement en sera fait;

on ne criera point et l'on dégarnira les vergues en même temps que la frégate.

6° Lorsque la chaloupe approchera, les canots la devanceront, accosteront à bâbord, et MM. les officiers et élèves monteront à bord. Ils se formeront en double haie à tribord, couverts et le sabre à la main, depuis la coupée jusqu'au catafalque disposé sur le panneau du dôme. Ces messieurs se rangeront par ordre de grade et d'ancienneté.

A bâbord, une garde de 60 hommes commandés par M. Tendros (ordre du ministre) présentera les armes; on battra aux champs, la musique placée à la droite de la garde jouant en même temps, lorsque le cercueil, embarqué sur le pont, sera porté à bras de la coupée au catafalque. Le cercueil déposé, MM. les officiers rengaîneront, et, se plaçant derrière le cabestan, ils assisteront à l'absoute. Moitié de la garde passera sur le gaillard d'arrière de bâbord, la musique se placera sur la dunette; lorsque l'absoute sera finie, on fera rompre; quatre factionnaires seront placés aux coins du catafalque, et l'officier de quart restera en grande tenue. MM. les officiers retourneront à leurs bords respectifs.

Les pavois et les couleurs ne seront pas amenés par la frégate, qui les gardera toute la nuit; au jour, on les rectifiera. La *Favorite* et l'*Oreste* amèneront les pavois, mais ils garderont les couleurs et les pavillons en tête de mât.

Le corps restera ainsi en chapelle ardente jusqu'au lendemain; le gaillard d'arrière sera évacué, et l'officier de quart maintiendra le silence sur le pont.

Journée du 16.

Au jour, on ne lavera pas le gaillard d'arrière. A dix heures, les états-majors, les maîtres et une députation de soixante hommes de chaque navire se réuniront à bord de la frégate pour assister au service funèbre solennel. Chacun sera placé par les soins de M. Touchard, mon officier d'ordonnance. Après la messe on se retirera ; le cercueil sera descendu dans la chapelle, et tout reprendra son cours accoutumé.

La *Favorite* et l'*Oreste* mettront leurs vergues en pantenne et leur pavillon à mi-mât à huit heures, et, à partir du commencement de la messe, ils tireront un coup de canon de minute en minute alternativement.

Favorite, un coup de canon ; intervalle d'une minute.

Oreste, un coup de canon ; nouvel intervalle d'une minute, et ainsi de suite pendant toute la messe.

Après la messe on cessera le feu.

Lorsque le corps aura été descendu dans son caveau, la frégate amènera ses pavois et ne conservera qu'un pavillon garni de crêpe au grand mât. Les autres navires feront alors une dernière salve de toute leur artillerie, croiseront, rehisseront les pavillons de poupe et amèneront ceux des mâts.

Tous ces mouvements, les seuls que l'on aura à faire, seront indiqués au moyen du pavillon du mât d'artimon.

1° Huit heures. Amener le pavillon du mât d'artimon et le rehisser ; 2° commencement de la messe ; 3° cesser le feu. 4° saluer, croiser et amener le pavillon du mât d'artimon.

Signifie : (Préparez-vous.)

Amener les pavois, signifie : (Envoyez.)

Dans toutes ces cérémonies, MM. les officiers seront en grande tenue, habits boutonnés, pantalons bleus à bandes, crêpe au bras, au sabre et au gland du chapeau ; MM. les élèves seront également en grande tenue et chapeau, crêpe au bras et au sabre.

Les équipages de canots qui iront à terre seront en blanc, pantalon et chemise, chapeau noir, avec le crêpe au bras, sur la chemise ; le reste des équipages sera en grande tenue, dite paletot n° 1, pantalon blanc, cravate et chapeau noirs.

Le capitaine de vaisseau, commandant,
F. d'Orléans.

Supplément à l'ordre du jour du 12 octobre 1840.

Frégate la *Belle-Poule*, 14 octobre 1840.

S. A. R. monseigneur le prince de Joinville, commandant l'expédition, désirant associer les deux navires de commerce français qui se trouvent sur la rade de Jame's-Town à la solennité de la translation des restes de l'Empereur Napoléon à bord de la frégate la *Belle-Poule*, MM. les capitaines sont invités à observer les dispositions suivantes :

Demain 15 octobre, à huit heures du matin, on hissera le pavillon de poupe à mi-corne, et un pavillon national à chaque mât, amené jusqu'aux barres ; les vergues seront mises en pantenne.

On croisera les vergues et l'on pavoisera en même temps que la frégate. Les couleurs seront hissées à joindre.

On conservera les couleurs hautes pendant toute la nuit.

Le lendemain 16, à huit heures du matin, on remettra les vergues en pantenne, et l'on amènera les pavillons à mi-mât.

Après le service funèbre, les vergues seront croisées et les pavillons de poupe hissés à joindre, on amènera ceux des mâts.

MM. les capitaines, avec leurs officiers et passagers de chambre français, sont invités à assister à la cérémonie funèbre du 15 ; ils porteront le crêpe au bras et au chapeau ; ils auront soin de se trouver à bord avant l'arrivée de la chaloupe qui portera le cercueil ; ils accolleront à babord et feront pousser leurs canots au large.

MM. les capitaines sont aussi invités à assister au service funèbre du 16 qui commencera à dix heures ; ils pourront amener pour cette cérémonie une députation des hommes de leurs équipages en grande tenue.

Par ordre de S. A. R. monseigneur le prince de Joinville,
L'aide de camp de service, Touchard.

Quartier général de Sainte-Hélène. Plantation,
le 13 octobre 1840.

IV.

Ordres généraux du gouverneur de l'Ile.

Quand les opérations de l'ouverture du tombeau seront terminées, et dès que l'officier commandant le corps royal du génie aura annoncé que toutes les dispositions sont prises, pour la translation des restes mortels de feu l'Empereur Napoléon, sur un char préparé à cet effet, l'exhumation et la translation du tombeau au quai auront lieu dans l'ordre suivant, le jeudi 15 de ce mois :

Un détachement composé d'un sous-officier et de douze soldats de l'artillerie royale sera stationné pour la conduite des chevaux et du char : quatre pour les chevaux, et huit sur les côtés du char.

Le détachement du 91e régiment de S. M. se formera sur la route de Longwood par sections de compagnies, la droite à la hauteur du point d'intersection avec la route qui conduit au tombeau.

Quand le cercueil renfermant les restes mortels de feu l'Empereur Napoléon aura été placé sur le char, le cortége suivra la route qui conduit à celle de Jame's-Town.

Le canon sera tiré de minute en minute du moment où le cortége aura quitté le tombeau et sera devenu visible pour l'officier stationné à High-Knoll. Quand le cortége sera parvenu à l'entrée de la ville, le canon des remparts de Jame's-Town tirera de minute en minute. Ce feu cessera dès que le cortége aura atteint le quai, et quand le cercueil sera descendu dans la chaloupe de S. A. R. le prince de Joinville, l'artillerie royale tirera le salut des remparts.

La milice de Sainte-Hélène se formera devant le char. Le détachement du 91e régiment suivra la milice.

Les personnes qui doivent assister à la cérémonie et suivre le cortége, au nom de la France, seront priées de prendre les places qui leur seront indiquées par le comte Philippe de Chabot.

Toutes les autorités militaires, civiles et navales de l'Ile sont

invitées à accompagner le major-général. Les officiers porteront le crêpe noir au bras gauche.

Les officiers se placeront par quatre auprès de la dernière section du 91ᵉ régiment; les officiers supérieurs fermeront la marche.

Toutes les personnes de l'Ile (*gentlemen*) qui désirent suivre le cortége sont invitées à paraître en deuil.

Le cortége s'arrêtera à l'entrée de la ville, et le régiment de milice formera la haie en s'étendant vers la porte des Remparts, les hommes appuyés sur leurs armes renversées.

Le 91ᵉ régiment traversera les rangs et se formera sur les remparts.

Le char s'avancera à travers les rangs, et passera la porte des Remparts. Alors le 91ₑ formera la haie, à partir du corps-de-garde (*sea gat guard*), les hommes appuyés sur leurs armes renversées, et le cortège s'avancera vers le quai.

La musique de la milice de Sainte-Hélène précédera le char à travers la ville, en jouant une marche funèbre. Les tambours seront voilés de crêpe.

Par ordre de Son Excellence le major-général Middlemore, C. B., commandant les forces, etc., etc.

G. Barnet,
Major de la place.

V.

Acte d'exhumation et de remise des restes de Napoléon.

COPIE NOTIFIÉE.

Nous, soussignés, Philippe-Ferdinand-Auguste de Rohan-Chabot, chevalier de l'ordre royal de la Légion d'honneur, secrétaire d'ambassade, commissaire, en vertu de pouvoirs reçus de Sa Majesté le roi des Français, pour présider, au nom de la France, à l'exhumation et à la translation des restes mortels de l'Empereur Napoléon, ensevelis dans l'île de Sainte-Hélène, et à leur remise par l'Angleterre à la France, conformément aux décisions des deux gouvernements,

D'une part;

Et Charles Corsan Alexander, capitaine commandant le corps royal du génie à Sainte-Hélène, député de Son Excellence le major général Middlemore, companion du bain, gouverneur commandant en chef les forces de S. M. B. à Sainte-Hélène, pour présider, au nom de Son Excellence, à ladite exhumation,

De l'autre part.

Nous étant préalablement communiqué nos pouvoirs respectifs, trouvés en bonne forme, nous sommes rendus, ce jourd'hui, 15 du présent mois d'octobre de l'année 1840, au lieu de la sépulture de l'Empereur Napoléon, pour surveiller et diriger personnellement toutes les opérations de l'exhumation et de la translation.

Arrivés à la vallée dite de Napoléon, nous avons trouvé le tombeau gardé, d'après les ordres de Son Excellence le gouverneur, par un détachement du 91ᵉ régiment d'infanterie anglaise, commandé par le lieutenant Barney, chargé d'en écarter toute personne qui n'aurait pas été désignée par l'un de nous comme devant assister à la cérémonie ou prendre part aux travaux.

Sont alors entrés dans l'enceinte réservée ainsi autour du tombeau :

Du côté de la France :

M. le baron de Las-Cases, membre de la chambre des députés, conseiller d'Etat; M. le baron Gourgaud, lieutenant général, aide de camp du Roi; M. Marchand, l'un des exécuteurs testamentaires de l'Empereur; M. le comte Bertrand, lieutenant général, accompagné de M. Arthur Bertrand, son fils ; M. l'abbé Félix Coquereau, aumônier de la frégate la *Belle-Poule*, et deux enfants de chœur; MM. Saint-Denis, Noverraz, Archambauld, Pierron, anciens serviteurs de l'Empereur; M. Guyet, capitaine de corvette, commandant la corvette la *Favorite;* M. Charner, capitaine de corvette, commandant en second de la frégate la *Belle-Poule*; M. Doret, capitaine de corvette, commandant le brick l'*Oreste*; M. le docteur Guillard, chirurgien-major de la frégate la *Belle-Poule*, suivi du sieur Leroux, ouvrier plombier;

Et du côté de l'Angleterre :

Son honneur le gouverneur-juge William Wilde, membre du conseil colonial de l'île de Sainte-Hélène; l'honorable Hamelin-Trelawnay, lieutenant-colonel, commandant l'artillerie et membre du conseil; l'honorable colonel Hodson, membre du conseil; M. H. Seale, secrétaire colonial du gouvernement de Sainte-Hélène et lieutenant-colonel de la milice; M. Edward-Littlehales, lieutenant de la marine royale, commandant la goëlette de S. M. B. *Dolphin*, représentant la marine; M. Darling, qui avait surveillé les travaux de la sépulture de l'Empereur. Les personnes destinées à diriger et à exécuter les travaux ont été ensuite admises.

Alors, en notre présence, et en celle des seules personnes ci-dessus désignées, il a été constaté que le tombeau était parfaitement intact; et, dans le plus grand silence, les premiers travaux ont commencé entre minuit et une heure du matin.

Nous avons fait d'abord enlever la grille en fer qui entourait le tombeau avec les fortes couches de pierres crampomnées sur lesquelles elles étaient scellées; on a pu entamer alors la surface extérieure de la tombe, laquelle recouvrant un espace de 3 mètres 46 centimètres (11 pieds 6 pouces anglais) de longueur, sur 2 mètres 42 centimètres (8 pieds 1 pouce) de largeur était composée de trois dalles de 15 centimètres (6 pouces) d'épaisseur, encadrées dans une seconde bordure de maçonnerie. A une heure et demie cette première couche était entièrement enlevée.

Il s'est présenté alors un mur rectangulaire formant, comme nous avons pu le vérifier plus tard, les quatre faces latérales d'un caveau, ayant 3 mètres 30 centimètres (11 pieds) de profondeur, et 1 mètre 40 centimètres (4 pieds 8 pouces) de largeur, et 2 mètres 40 centimètres (8 pieds) de longueur. Ce caveau était entièrement rempli de terre jusqu'à une distance de 15 centimètres (6 pouces) environ de la couche de dalles déjà enlevée. Après avoir creusé dans ce caveau et en avoir retiré la terre, on a rencontré à une profondeur de 2 mètres 5 centimètres (6 pieds 10 pouces) une couche horizontale de ciment romain s'étendant sur tout l'espace compris entre les murs du caveau auxquels elle adhérait hermétiquement. Cette couche ayant été, à trois heures, complétement découverte, les soussignés commissaires sont descendus dans le caveau, et l'ont reconnu parfaitement intact de toutes parts et sans lésion aucune ; la couche de ciment susmentionnée ayant été percée, on s'est assuré qu'elle en couvrait une autre de 27 centimètres (10 pouces) d'épaisseur, en moellons liés ensemble par des tenons de fer, et qui n'ont pu être entièrement enlevés qu'après quatre heures et demie de travail.

L'extrême difficulté de cette opération a décidé le soussigné commissaire anglais à faire creuser une fosse sur le côté gauche du caveau et à en abattre le mur correspondant, à l'effet de parvenir ainsi jusqu'au cercueil, dans le cas où la couche supérieure opposerait une trop forte résistance aux efforts tentés simultanément pour la percer. Mais celle-ci se trouvant entièrement enlevée vers huit heures du matin, les travaux du fossé latéral, parvenus à la profondeur de 1 mètre 50 centimètres (5 pieds), furent abandonnés. Immédiatement au-dessous de la couche ainsi démolie, nous avons trouvé une forte dalle ayant 1 mètre 98 centimètres (6 pieds 7 pouces 1|2) de long, 90 centimètres (13 ponces) de large, et 12 centimètres (5 pouces) d'épaisseur, formant, comme nous en avons acquis la certitude plus tard, le recouvrement du sarcophage intérieur en pierres de taille contenant le cercueil. Cette dalle, parfaitement intacte, était encadrée dans une bordure de moellons et de ciment romain, fortement liée aux parois du caveau. Cette dernière maçonnerie ayant été défaite avec soin, et deux boucles ayant été fixées sur la dalle, à neuf heures et demie tout a été prêt pour l'ouverture du sarcophage. Alors le docteur Guillard a purifié la tombe au moyen d'aspersions de chlorure, et la dalle a été, par ordre du soussigné commissaire anglais, soulevée à l'aide d'une chèvre et déposée sur le bord de la tombe. Dès que le cercueil a paru, tous les assistants se sont découverts, M. l'abbé Coquereau a répandu l'eau bénite et récité le *De profundis*.

Les soussignés commissaires sont ensuite descendus pour visiter le cercueil, qu'ils ont trouvé bien conservé, sauf une petite portion de la partie inférieure, laquelle, quoique reposant sur une forte dalle, elle-même appuyée sur des pierres de taille, était légèrement altérée. Quelques précautions sanitaires ayant été de nouveau prises par le chirurgien, un exprès fut alors envoyé à son excellence le gouverneur pour l'informer des progrès de l'opération, et le cercueil a été retiré avec des crochets et des bricoles, et transporté avec soin sous une tente dressée pour le recevoir. A ce moment, M. l'aumônier a fait la levée du corps, conformément aux rites de l'église catholique.

Les soussignés commissaires sont ensuite descendus dans le sarcophage qu'ils ont reconnu être dans un état parfait de conservation et entièrement conforme aux descriptions officielles de la sépulture.

Vers onze heures, le soussigné commissaire français s'étant assuré préalablement que Son Excellence le gouverneur avait autorisé l'ouverture des cercueils de l'Empereur, conformément à des arrangements déjà arrêtés à l'avance, nous avons fait enlever avec précaution le premier cercueil dans lequel nous avons trouvé un cercueil de plomb en bon état que nous avons fait placer dans celui qui était envoyé de France. Son Excellence le gouverneur, accompagné de son état-major, le lieutenant Middlemore, aide-de-camp et secrétaire militaire, et le capitaine Barnes, major de la place, sont entrés dans la tente pour être présents à l'ouverture des cercueils intérieurs. On a coupé alors et soulevé avec le plus grand soin la partie supérieure du cercueil de plomb dans lequel on a trouvé un nouveau cercueil de bois, lui-même en très bon état et répondant aux descriptions et aux souvenirs des personnes présentes qui avaient assisté à la sépulture. Le couvercle du troisième cercueil ayant été enlevé, il s'est présenté une garniture de fer-blanc légèrement oxidé ; laquelle ayant été également coupée et retirée, a laissé voir un drap de satin blanc ; ce drap a été soulevé avec la plus grande précaution par les mains seules du docteur, et le corps entier de Napoléon a paru. Les traits avaient assez peu soufferts pour être immédiatement reconnus. Les divers objets déposés dans le cercueil ont été remarqués dans la position exacte ou ils avaient été placés, les mains singulièrement bien conservées ; l'uniforme, les ordres, le chapeau, fort peu altérés; toute la personne enfin semblait attester une inhumation récente. Le corps n'est resté exposé à l'air que pendant les deux minutes au plus nécessaires au chirurgien pour prendre les mesures prescrites par ses instructions à l'effet de les préserver de toute altération ultérieure.

Le cercueil en fer-blanc et le premier cercueil en bois ont été immédiatement renfermés ainsi que le cercueil en plomb ; celui-ci a été ressoudé avec le plus grand soin, sous la direction de M. le docteur Guillard, et fortement fixé par des coins dans le nouveau cercueil de plomb envoyé de Paris, lequel a été également soudé hermétiquement. Le nouveau cercueil en ébène a été alors fermé, et la clef remise au commissaire français.

Alors le soussigné commissaire anglais a déclaré au commissaire français que, les travaux de l'exhumation étant terminés, il était autorisé, par Son Excellence le gouverneur, à le prévenir que le cercueil contenant, comme il venait de l'être dûment constaté, les restes mortels de Napoléon serait considéré comme à la disposition du gouvernement français, du moment où il aurait atteint le lieu du débarquement vers lequel il allait être dirigé sous les ordres personnels de Son Excellence le gouverneur.

Le soussigné commissaire français a répondu qu'il était chargé d'accepter ce cercueil au nom de son gouvernement, et qu'il était prêt, ainsi que toutes les personnes composant la mission française, à l'accompagner jusqu'au quai de Jame's-Town, où S. A. R. Mgr. le prince de Joinville, commandant supérieur de l'expédition, était dans l'intention de se présenter pour le recevoir des mains de Son Excellence le gouverneur, et le conduire solennellement à bord de la frégate française la *Belle-Poule*, chargée de le ramener en France.

Le cercueil a été placé sur un char funèbre recouvert lui-même d'un manteau impérial présenté par le soussigné commissaire français, et à trois heures et demie de l'après-midi, le cortège s'est mis en marche dans l'ordre suivant, sous le commandement de Son Excellence le gouverneur, auquel une grave indisposition n'avait pas permis d'assister aux travaux de la nuit :

Le régiment de milice de Sainte-Hélène, sous les ordres du lieutenant colonel Seale.

Le détachement du 91° régiment d'infanterie anglaise, commandé par le capitaine Blackwell; la musique de la milice, M. l'abbé Coquereau avec deux enfants de chœur.

Le char conduit par un détachement de l'artillerie royale; les coins du drap mortuaire portés par MM. le lieutenant général comte Bertrand, le lieutenant général baron Gourgaud, le baron de Las-Cases et Marchand.

MM. Saint-Denis, Noverraz, Archambauld, Pierron.

Le soussigné commissaire français conduisant le deuil, ayant à ses côtés MM. les capitaines Guyet et Charner.

M. Arthur Bertrand, suivi de M. Coursot, ancien serviteur de l'Empereur, MM. le capitaine Doret et le docteur Guillard.

Les autorités civiles, maritimes et militaires de l'Ile, d'après leur rang.

S. E. le gouverneur, accompagné de Son Honneur le grand juge et du colonel Hodson, membres du conseil.

Une compagnie d'artillerie royale.

Les principaux habitants de l'Ile en grand deuil.

Pendant toute la marche, les forts ont tiré le canon de minute en minute.

Parvenu à Jame's-Town, le char a défilé lentement entre deux haies de soldats de la garnison, appuyés, en signe de deuil, sur leurs armes renversées, qui s'étendaient depuis l'entrée de la ville jusqu'au lieu de l'embarquement.

A cinq heures et demie, le cortège est arrivé à l'extrémité du quai. Là, S. A. R. Mgr. le prince de Joinville, accompagné de son aide de camp, M. le capitaine de vaisseau Hernoux, membre de la chambre des députés, et entouré des états-majors des trois bâtimens de guerre français, la *Belle-Poule*, la *Favorite* et l'*Oreste*, a reçu de S. Exc. le gouverneur le cercueil impérial, qui a été immédiatement embarqué sur la chaloupe disposée à l'avance pour cette cérémonie, et conduit solennellement à bord de la *Belle-Poule*, par le prince, avec tous les honneurs souverains.

En foi de quoi, nous commissaires susdénommés, avons dressé le présent procès-verbal, et l'avons revêtu du cachet de nos armes.

Fait double entre nous à Sainte-Hélène, le 15 du mois d'octobre de l'an de grâce 1840.

Ph. de Rohan-Chabot, L. S. Alexander.
Confirmé, Middlemore.

Les commissaires susdénommés ayant arrêté définitivement et signé cet acte, le commissaire anglais a consenti, sur la demande expresse du commissaire français, à ce que les principales personnes qui ont assisté, de la part de la France, à l'exhumation de l'Empereur Napoléon, fussent invitées à attacher leurs signatures comme témoins au présent exemplaire.

Les témoins ont signé : Bertrand, le lieutenant-général Gourgaud, baron de Las-Cases, Marchand, Coquereau, Arthur Bertrand, Guyet, Charner, Doret, Guillard.

Pour copie conforme,
Chabot.

VI.

Procès-verbal du docteur Guillard.

Je soussigné Guillard (Remy-Julien), docteur en médecine, chirurgien-major de la frégate la *Belle-Poule*, m'étant rendu, dans la nuit du 14 au 15 octobre 1840, sur l'invitation de M. le comte de Rohan-Chabot, commissaire du Roi, à la vallée du Tombeau, île de Sainte-Hélène, pour assister à l'exhumation des restes de l'Empereur Napoléon, en ai dressé le présent procès-verbal :

Pendant les premiers travaux, il n'a point été pris de précautions sanitaires, aucune exhalaison méphitique n'est sortie des terres que l'on remuait, ni du caveau dont on faisait l'ouverture.

Le caveau ayant été ouvert, j'y suis descendu : au fond était le cercueil de l'Empereur ; il reposait sur une large dalle, assise elle-même sur des montants en pierre. Les planches en acajou qui le formaient avaient encore leur couleur et leur dureté, excepté celles du fond qui, garnies de velours, présentaient un peu d'altération dans les couches superficielles. On ne voyait à l'entour aucun corps solide ni liquide. Quant aux parois du caveau, elles n'offraient pas la plus légère dégradation, çà et là quelques traces d'humidité.

M. le commissaire du Roi m'ayant engagé à ouvrir les cercueils intérieurs, j'ai dû les soumettre d'abord à quelques mesures sanitaires ; immédiatement après j'ai procédé à leur ouverture. La caisse extérieure était fermée par de longues vis, il a fallu les couper pour enlever le couvercle ; dessous était une caisse en plomb, close de toutes parts, qui enveloppait une autre caisse en acajou parfaitement intacte ; venait enfin une quatrième caisse en fer-blanc dont le couvercle était soudé sur les parois qui se repliaient en dedans. La soudure a été coupée lentement et le couvercle enlevé avec précaution; alors j'ai vu un tissu blanchâtre qui cachait l'intérieur du cercueil et empêchait d'apercevoir le corps ; c'était du satin ouaté, formant une garniture dans l'intérieur de cette caisse. Je l'ai soulevé par une extrémité, et, le roulant sur lui-même des pieds à la tête, j'ai mis à découvert le corps de Napoléon, que j'ai reconnu aussitôt, tant son corps était bien conservé, tant sa tête avait de vérité dans son expression.

Quelque chose de blanc qui semblait détaché de la garniture couvrait, comme d'une gaze légère, tout ce que renfermait le cercueil. Le crâne et le front, qui adhéraient fortement au satin, en étaient surtout enduits ; on en voyait peu sur le bas de la figure, sur les mains, sur les orteils. Le corps de l'Empereur avait une position aisée; c'était celle qu'on lui avait donnée en le plaçant dans le cercueil ; les membres supérieurs étaient allongés, l'avant-bras et la main gauche appuyant sur la cuisse correspondante, les membres inférieurs légèrement fléchis. La tête un peu élevée, reposait sur un coussin; le crâne volumineux, le front haut et large se présentaient couverts de téguments jaunâtres, durs et très adhérents. Tel paraissait aussi le contour des orbites, dont le bord supérieur était garni de sourcils. Sous les paupières se dessinaient les globes oculaires, qui avaient perdu peu de chose de leur volume et de leur forme. Ces paupières, complètement fermées, adhéraient aux parties sous-jacentes et se présentaient dures sous la pression des doigts. Quelques cils se voyaient encore à leur bord libre. Les os propres du nez et les téguments qui les couvrent étaient bien conservés, le tube et les ailes seuls avaient souffert. Les joues étaient bouffies. Les téguments de cette partie de la face se faisaient remarquer par leur toucher doux, souple et leur couleur blanche ; ceux du menton étaient légèrement bleuâtres. Ils empruntaient cette teinte à la barbe qui semblait avoir poussé après la mort. Quant au menton lui-même, il n'offrait point d'altération et conservait encore ce type propre à la figure de Napoléon. Les lèvres amincies étaient écartées, trois dents incisives, extrêmement blanches, se voyaient sous la lèvre supérieure qui était un peu relevée à gauche. Les mains ne laissaient rien à désirer ; nulle part la plus légère altération. Si les articulations avaient perdu leurs mouvements, la peau semblait avoir conservé cette couleur particulière qui n'appartient qu'à ce qui a vie. Les doigts portaient des ongles longs, adhérents et très blancs. Les jambes étaient renfermées dans les bottes ; mais par suite de la rupture des fils, les quatre derniers orteils dépassaient de chaque côté. La peau de ces orteils était d'un blanc mat et garni d'ongles. La région antérieure du thorax était fortement déprimée dans la partie moyenne, les parois du ventre dures et affaissées. Les membres paraissaient avoir conservé leurs formes sous les vêtements qui les couvraient ; j'ai pressé le bras gauche, il était dur et avait diminué de volume. Quant aux vêtements, ils se présentaient avec leurs couleurs : ainsi on reconnaissait parfaitement l'uniforme de chasseurs à cheval de la vieille garde, au vert foncé de l'habit, au rouge vif des parements ; le grand cordon de la Légion-d'Honneur se dessinant sur le gilet, et la culotte blanche cachée en partie par le petit chapeau qui reposait sur les cuisses. Les épaulettes, la plaque et les deux décorations attachées sur la poitrine n'avaient plus leur brillant, elles étaient noircies. La couronne d'or de la croix d'officier de la Légion-d'Honneur seule avait conservé son éclat. Des vases d'argent apparaissaient entre les jambes ; un d'eux, surmonté d'un aigle, s'élevait entre les genoux ; je le trouvai intact et fermé. Comme il existait des adhérences assez fortes entre ces vases et les parties voisines qui les couvraient un peu, M. le commissaire du Roi n'a pas cru devoir les déplacer pour les examiner de plus près.

Tels sont les seuls détails que m'ait permis d'enregistrer, sur les restes mortels de l'Empereur Napoléon, un examen qui n'a duré que deux minutes. Ils sont incomplets, sans doute, mais ils suffisent pour constater un état de conservation plus parfait que je n'étais fondé à l'attendre d'après les circonstances connues de l'autopsie et de l'inhumation. Ce n'est point ici le lieu d'examiner les causes nombreuses qui ont pu arrêter à ce point la décomposition des tissus ; mais nul doute que l'extrême solidité de la maçonnerie du tombeau et les soins apportés à la confection et à la soudure des cercueils métalliques n'aient contribué puissamment à produire ce résultat. Quoi qu'il en soit, j'ai dû redouter pour ces restes le contact de l'air atmosphérique, et, convaincu que le meilleur moyen d'en assurer la conservation était de les soustraire à son action destructive, je me suis rendu avec empressement aux invitations de M. le commissaire du Roi, qui demandait que l'on fermât les cercueils.

J'ai remis à sa place le satin ouaté, après l'avoir légèrement enduit de créosote ; j'ai fait fermer hermétiquement les caisses en bois, et souder avec le plus grand soin les caisses en métal.

Les restes de l'Empereur Napoléon sont aujourd'hui dans six cercueils.

1° Un cercueil en fer-blanc ;

2° Un cercueil en bois d'acajou ;

3° Un cercueil en plomb ;

4° Un second cercueil en plomb, séparé du précédent par de la sciure et des coins de bois ;

5° Un cercueil en bois d'ébène ;

6° Un cercueil en bois de chêne, qui protège le cercueil en ébène.

Fait à l'Ile de Sainte-Hélène, le 15 du mois d'octobre 1840.

REMY GUILLARD, docteur médecin.

Le commissaire du Roi,

PH. DE ROHAN-CHABOT.

VII.

Rapport de M. de Rohan-Chabot.

A bord de la *Belle-Poule*, le 19 octobre 1840.

MONSIEUR LE PRÉSIDENT DU CONSEIL,

J'ai déjà eu l'honneur de vous annoncer, dans ma dépêche précédente, que dès le lendemain de notre arrivée je m'étais mis en rapport, d'après les ordres de monseigneur le prince de Joinville, avec le général Middlemore, gouverneur de l'Ile, pour arrêter d'avance la série des travaux de l'exhumation et de la translation du cercueil de Napoléon. J'avais trouvé dès l'abord, et je n'ai cessé de rencontrer chez le général Middlemore, comme chez les diverses autorités de l'Ile, un empressement sincère à consulter nos désirs et nos sentiments dans toutes les dispositions qui devaient être prises de leur côté. Mais il n'en fallut pas moins plusieurs entretiens subséquents pour faire coïncider entièrement avec nos propres vues les plans arrêtés d'avance par le gouverneur, et pour bien régler la part qui, d'après nos instructions respectives, devait revenir à chacun de nous dans l'exécution de ces deux opérations. Il serait inutile de parler aujourd'hui des difficultés et des objections qui ont été successivement écartées dans les conversations que j'ai eues jour par jour avec le général Middlemore et les autres autorités. Tout a pu en définitive être réglé d'une manière qui m'a semblé répondre entièrement aux instructions que j'avais reçues de votre excellence, et aux sentiments des personnes illustres auxquelles j'avais l'honneur d'être associé.

Dès le premier jour, monseigneur le prince de Joinville avait proposé au gouverneur de charger ses équipages des travaux de l'exhumation et de la translation que son altesse royale eût, dans ce cas, dirigés en personne. Mais le général Middlemore étant, d'après les instructions formelles de son gouvernement, chargé lui-même et responsable de toutes les opérations jusqu'à l'arrivée du cercueil impérial au lieu d'embarquement, a dû décliner les offres du prince ; je ne me suis pas cru, de mon côté, autorisé à mettre aucune insistance sur ce point, et rien n'a été ajouté de notre part à cette simple proposition. Monseigneur le prince de Joinville a pensé alors, malgré son désir personnel d'assister à l'exhumation, qu'en sa qualité de commandant supérieur de l'expédition, il n'était pas convenable pour lui d'être présent à de longues opérations conduites par des soldats étrangers, et auxquelles il ne pourrait imprimer aucune direction. Son altesse royale s'est décidée, en conséquence, à ne paraître sur la terre anglaise qu'à la tête des états-majors de nos bâtiments et dans une position qui lui permît de présider elle-même à tous les honneurs qu'elle était chargée de rendre au cercueil de Napoléon.

Nous avions fixé pour cette cérémonie mémorable le 15 octobre, 25ᵉ anniversaire de l'arrivée de l'auguste exilé à Sainte-Hélène sur le *Northumberland*. Il avait été décidé que nos travaux commenceraient avec le jour légal, afin qu'ils pussent être entièrement terminés dans une journée.

Le 14, à dix heures du soir, je quittai la *Belle-Poule* avec MM. les généraux Bertrand et Gourgaud, M. de Las-Cases, M. Marchand, M. Arthur Bertrand, M. l'abbé Coquereau et ses deux enfants de chœur, MM. Saint-Denis, Noverraz, Pierron, Archambault, MM. les capitaines de corvette Guyet, Charner et Doret, et M. le docteur Guillard, chirurgien-major de la *Belle-Poule*, suivi d'un ouvrier plombier. Conformément à vos ordres, monsieur le président du conseil, aucune autre personne n'a été introduite, au nom de la France, dans l'enceinte réservée autour du tombeau pendant la durée des travaux. Sur rade et dans la ville le temps était fort beau; mais parvenus dans les hauteurs, nous trouvâmes un vent froid et une pluie battante qui ne cessèrent que le lendemain durant la marche du cortège. La vallée du tombeau, située à près d'une lieue et demie de la ville, était gardée, depuis le coucher du soleil, par un détachement des soldats de la garnison, ayant ordre d'en écarter toute personne qui n'aurait point été désignée par l'un des commissaires pour assister ou pour prendre part aux travaux. M. le capitaine du génie Alexander, chargé de les diriger, nous attendait sur les lieux avec les cinq principales autorités de l'Ile. L'état de santé du général Middlemore ne lui permit pas d'assister aux travaux de la nuit.

Vous trouverez ci-joint, monsieur le président du conseil, copie certifiée d'un acte d'exhumation et de remise que j'ai dressé et signé avec le capitaine Alexander et le gouverneur de l'Ile. J'aurai l'honneur de vous remettre en mains propres l'expédition officielle. L'état successif des lieux et la série de nos opérations sont consignés dans cette pièce avec des détails auxquels il ne me reste rien à ajouter. J'y joins une section verticale et horizontale du caveau et du sarcophage intérieur qui renfermait le cercueil, faite, sur des mesures que j'ai prises moi-même, par M. Chedeville, commis d'administration de la *Belle-Poule*. Ces deux pièces mettront votre excellence à même d'apprécier très exactement l'extrême solidité des diverses maçonneries de la sépulture.

Commencés à minuit et demi, les travaux ont été poussés sans relâche et avec une grande activité pendant plus de neuf heures. Nous avions pu craindre qu'en dépit de tous les efforts et malgré les deux opérations tentées simultanément pour arriver jusqu'au cercueil, la plus grande partie de la journée ne s'écoulât avant que l'exhumation ne fût terminée et que nous ne fussions forcés de remettre la translation au lendemain; dès le jour, toute inquiétude avait cessé sur ce point. Il n'y a eu qu'une voix parmi nous, monsieur le président du conseil, pour rendre hommage à l'admirable entente déployée par le capitaine Alexander pendant ces opérations souvent très délicates et à son empressement à contenter nos moindres désirs. Trop d'éloges ne sauraient également être donnés à l'excellente tenue des ouvriers et des soldats réunis sous ses ordres, et qui, tout en poursuivant leurs travaux avec un zèle infatigable, semblaient vouloir aussi s'associer à nos sentiments par leur recueillement et leur silence respectueux.

A neuf heures et demie du matin, la terre avait été entièrement retirée du caveau, toutes les couches horizontales démolies, et la grande dalle qui recouvrait le sarcophage intérieur détachée et enlevée à l'aide d'une chèvre. Les forts travaux en maçonnerie cimentée qui entouraient de toutes parts le cercueil, et auxquels les dix-neuf années déjà écoulées n'avaient porté aucune atteinte, l'avaient tellement préservé des effets de l'atmosphère et de la source voisine, qu'à la première vue, il ne semblait en aucune façon altéré. Les bricoles qui avaient servi à le descendre étaient restées dans le sarcophage; et une personne étrangère aux travaux, qui serait survenue dans ce moment, eût pensé, sans doute, qu'il venait d'être déposé dans la tombe par nos ouvriers mêmes. Le sarcophage en dalles, lui même parfaitement conservé, était à peine humide. Dès que M. l'abbé Coquereau eut terminé la récitation des premières prières, le cercueil fut retiré avec le plus grand soin, et porté par des soldats du génie, nu-tête, dans une tente dressée pour le recevoir auprès du tombeau.

Après la cérémonie religieuse de la levée du corps, j'ai demandé, monsieur le président du conseil, que, sous ma responsabilité, les cercueils intérieurs fussent ouverts, afin que M. le docteur Guillard pût prendre les mesures prescrites par une commission de la faculté de Paris pour garantir les restes mortels de Napoléon de toute décomposition ultérieure. Aux termes de la législation anglaise, quelques formalités préliminaires sont requises pour l'ouverture d'un cercueil exhumé. Le « chief justice » de l'Ile, présent, en fit la remarque; mais sur ma réponse et celle du capitaine Alexander, que le cas avait été prévu et réglé d'avance avec le gouverneur, M. Wilde se contenta de réclamer l'insertion de ses observations dans notre procès-verbal : il m'a semblé inutile de donner suite à cette demande.

En examinant de près le premier cercueil extérieur, nous en trouvâmes la partie supérieure altérée, ce qui m'a décidé à le faire entièrement enlever et à faire déposer le second cercueil de plomb, qui se trouvait en bon état, dans celui que nous avions apporté de France, et que dès la veille j'avais fait placer dans la tente. C'est là qu'avec le plus grand soin nous avons procédé à l'ouverture. Sur ces entrefaites, M. le gouverneur de l'Ile est arrivé avec son état-major, ainsi que M. Touchard, officier d'ordonnance de monseigneur le prince de Joinville : envoyé par le prince, auquel j'avais déjà eu l'honneur d'écrire, pour l'informer des progrès de nos travaux.

Le cercueil de plomb renfermait, conformément aux relations officielles de 1821, deux autres cercueils, l'un en bois, l'autre en fer blanc, dont les recouvrements ont été successivement enlevés avec le plus grand soin. Le dernier cercueil avait été doublé intérieurement d'une garniture de satin blanc, qui, détaché par l'effet du temps, était retombée sur le corps, et l'enveloppait comme un linceul, en y adhérant légèrement. Je n'essaierai pas de décrire, monsieur le président du conseil, dans quelle muette inquiétude nous attendions le moment qui devait nous révéler tout ce que la mort nous avait laissé de Napoléon. Malgré le singulier état de conservation de la tombe et des cercueils, à peine pouvions-nous, en nous rappelant les circonstances de l'inhumation, espérer trouver quelques restes informes dont les parties les moins périssables du costume eussent seuls assuré l'identité. Mais quand, par les mains du docteur Guillard, le drap de satin fut soulevé, un mouvement universel de surprise et d'attendrissement a eu lieu, et plusieurs des assistants fondirent en larmes. L'Empereur lui-même était devant nous ! Les traits de la figure, bien qu'altérés, étaient parfaitement reconnaissables, les mains merveilleusement belles ; le costume si connu, si souvent reproduit, avait peu souffert, et les couleurs en étaient facilement distinguées ; les épaulettes, les décorations, le chapeau semblaient entièrement conservés ; la pose, elle-même, était pleine d'abandon, et sauf les débris de la garniture de satin, qui recouvraient, comme d'une gaze très fine, plusieurs parties de l'uniforme, nous aurions pu croire Napoléon étendu encore sur son lit de parade. M. le général Bertrand, M. Marchand et les autres personnes présentes, qui avaient assisté à l'inhumation, nous indiquèrent rapidement les divers objets déposés par eux dans le cercueil : chacun était demeuré dans la position exacte qu'ils lui avaient assignée. On remarqua même que la main gauche, que le grand maréchal avait prise pour la baiser une dernière fois, au moment où l'on fermait le cercueil, était restée légèrement soulevée. Entre les jambes, auprès du chapeau, on apercevait les deux vases qui renferment le cœur et l'estomac ; mais, M. le docteur Guillard s'étant assuré qu'ils adhéraient assez fortement aux parties voisines qui les recouvrent presque entièrement, je n'ai point osé troubler ce repos paisible de la mort pour les soumettre à un examen sans objet.

Je joins à cette dépêche, monsieur le président du conseil, un rapport plus détaillé sur l'état actuel de la dépouille mortelle de Napoléon, qui, sur ma demande, a été dressé par le docteur Guillard. Cette pièce aurait contenu des renseignements encore plus minutieux, si avant tout il n'eût importé de soustraire au plus tôt le corps au contact de l'air atmosphérique. Dans un espace de moins de deux minutes, les mesures de conservation jugées nécessaires ont été prises, et cette vérification sommaire terminée.

Les deux cercueils intérieurs ont été soigneusement refermés ; l'ancien cercueil de plomb a été fortement assujetti dans le nouveau avec des coins de bois, et les deux ont été soudés avec les précautions les plus minutieuses, sous la direction du docteur Guillard. Ces diverses opérations terminées, le sarcophage en ébène a été fermé, ainsi que son enveloppe de chêne.

En me remettant la clef du sarcophage d'ébène, le capitaine Alexander m'a déclaré, au nom du gouverneur, que ce cercueil, renfermant les restes mortels de l'empereur Napoléon, serait considéré comme à la disposition du gouvernement français dès ce jour, et du moment où il serait arrivé au lieu d'embarquement vers lequel il allait être dirigé sous les ordres de S. Exc. le général Middlemore. J'ai répondu que j'étais chargé par mon gouvernement d'accepter, en son nom, ce cercueil des mains des autorités britanniques, et que j'étais prêt, ainsi que les diverses personnes composant la mission française, à le suivre jusqu'au quai de Jame's-Town, où Mgr. le prince de Joinville, commandant supérieur de l'expédition, était dans l'intention de venir le recevoir pour le conduire solennellement à bord de sa frégate. Copie signée des paroles prononcées de part et d'autre a ensuite été échangée entre nous : votre excellence en trouvera ci-joint une expédition certifiée.

Avant notre arrivée, un char funèbre à quatre chevaux, orné autant que le comportaient les ressources de l'Ile, avait été préparé pour recevoir le cercueil, ainsi qu'un beau drap mortuaire et un harnachement de deuil complet. Quand le sarcophage eut été placé sur le char, je fis couvrir entièrement ce dernier du magnifique manteau impérial envoyé de Paris, et dont les quatre coins furent remis à MM. les lieutenants généraux Bertrand et Gourgaud, au baron de Las-Cases et à M. Marchand. A trois heures et demie, le char funèbre s'est mis en marche, précédé d'un enfant de chœur portant la croix, et de M. l'abbé Coquereau. J'ai conduit le deuil, comme commissaire accrédité du gouvernement français : le reste du cortège a suivi l'ordre indiqué dans l'acte ci-joint d'exhumation et de remise. Votre excellence remarquera que toutes les autorités de l'Ile, tous les principaux habitants et la garnison entière ont suivi la marche funèbre depuis le tombeau jusqu'au quai. Mais, sauf l'escorte d'artilleurs nécessaires pour conduire les chevaux et pour soutenir par moments le char lui-même dans les descentes difficiles, les places les plus rapprochées du cercueil avaient été réservées pour la mission française. Le général Middlemore, malgré l'état fort affaibli de sa santé, a voulu suivre toute la marche à pied, ainsi que le général Churchill, chef d'état-major de l'armée des Indes, arrivé depuis deux jours de Bombay. L'immense poids du cercueil et l'extrême difficulté de la route rendaient nécessaire pendant presque tout le trajet une surveillance de tous les instants. M. le colonel Trelawnay voulut commander en personne le petit détachement d'artillerie chargé de conduire le char, et, grâce à ses soins, la translation a pu s'effectuer sans le moindre accident.

Depuis le moment du départ jusqu'à notre arrivée sur le quai, le canon des forts et les batteries de la *Belle-Poule* ont tiré de minute en minute. Après une heure de marche la pluie cessa pour la première fois depuis le commencement des travaux; et arrivés en vue de la ville, nous trouvâmes un ciel brillant et un temps magnifique.

Dès le matin, nos trois bâtiments de guerre, la *Belle-Poule*, la *Favorite* et l'*Oreste* avaient pris le grand deuil royal, les vergues en pantenne, et les pavillons en berne. Deux navires de commerce français, la *Bonne-Aimée*, capitaine Gillet, et l'*Indien*, capitaine Triquetil, qui se trouvaient en rade depuis deux jours, s'étaient mis sous les ordres du prince, et ils ont imité, pendant toute la cérémonie, les mouvements de la *Belle-Poule*. Les forts de la ville et les maisons des consuls avaient également descendu leurs pavillons à mi-mât.

J'ai l'honneur de joindre à cette expédition copie des ordres du jour de son altesse royale le commandant supérieur et du général Middlemore. Ces pièces vous donneront, monsieur le président du conseil, une connaissance exacte des excellentes dispositions prises de part et d'autre pour assurer à cette imposante journée un caractère de solennité qui en rendra le souvenir impérissable dans la mémoire de tous les assistants.

Parvenues à l'entrée de la ville, les troupes de la garnison et de la milice se sont déployées en deux lignes jusqu'à l'extrémité du quai, en prenant la position de deuil de l'armée anglaise, les soldats appuyés sur leurs armes renversées, les officiers le crêpe au bras et la tête posée sur le pommeau de leur épée. Tous les habitants avaient été consignés dans leurs maisons, ou garnissaient les terrasses qui dominent la ville, et les rues n'étaient occupées que par les troupes, le 91ᵉ tenant la droite, et la milice la gauche. Le cortège s'est avancé lentement entre ces deux haies de soldats, au son d'une marche funèbre et au bruit du canon des forts, de la *Belle-Poule* et du *Dolphin*, répété mille fois par les échos des immenses rochers qui s'élèvent au-dessus de Jame's-Town.

A l'extrémité du quai, monseigneur le prince de Joinville s'est présenté, en grand uniforme, à la tête de l'état-major des trois bâtiments français. Après une heure de marche, le cortège s'est alors arrêté. Les plus grands honneurs officiels avaient été rendus par les autorités anglaises à la mémoire de l'Empereur : des hommages éclatants avaient signalé les adieux de Sainte-Hélène à son cercueil ; dès ce moment la dépouille mortelle de Napoléon allait appartenir à la France.

Quand le char s'est arrêté, j'ai quitté le cortège pour me placer auprès de monseigneur le prince de Joinville. Son altesse royale s'est alors avancée seule, en présence de tous les assistants découverts. Elle a reçu solennellement le cercueil des mains du général Middlemore, et elle l'a remercié, au nom de la France, de tous les témoignages de sympathie et de respect dont les autorités et les habitants de Sainte-Hélène avaient entouré cette cérémonie mémorable.

Une chaloupe d'honneur avait été disposée pour recevoir le cercueil. Pendant l'embarquement, que monseigneur le prince de Joinville dirigea lui-même, sa musique joua des airs funèbres, et toutes les embarcations se tinrent à l'entour, les avirons mâtés. Quand le sarcophage toucha la chaloupe, un m gnifique pavillon royal, que les dames de Jame's-Town avaient voulu broder elles-mêmes, fut élevé, et dès lors la frégate redressa ses vergues et déploya ses pavois. Tous les mouvements de la *Belle-Poule* furent imités sur-le-champ par nos autres bâtiments. Notre deuil avait cessé avec l'exil de Napoléon, et la division française se parait de tous ses ornements de fête pour recevoir le cercueil impérial sous le drapeau de la France.

Le sarcophage fut recouvert dans la chaloupe du manteau impérial. Monseigneur le prince de Joinville se plaça lui-même à la barre, M. le commandant Guyet sur l'avant, MM. les généraux Bertrand et Gourgaud, M. de Las-Cases, M. Marchand et l'abbé Coquereau occupèrent, auprès du corps, la même place que dans le cortège. Je me tins avec M. le commandant Hernoux sur l'arrière, un peu devant le prince.

Dès que la chaloupe s'est éloignée du quai, la terre a tiré le grand salut de vingt et un coups de canon, et nos bâtiments ont envoyé la première salve de toute leur artillerie. Les deux autres furent tirées pendant le trajet du quai à la frégate, la chaloupe nageant très-lentement, entourée de toutes les autres embarcations. A six heures et demie nous accostâmes la *Belle-Poule*. Tous nos bâtiments avaient les hommes sur les vergues, le chapeau à la main.

Monseigneur le prince de Joinville avait fait disposer sur le pont de la frégate une chapelle parée de drapeaux, de faisceaux d'armes et d'ornements funèbres, dont l'autel avait été élevé au pied du mât d'artimon. Porté par nos matelots, le cercueil passa entre deux haies d'officiers, l'épée nue, et fut placé sur les panneaux du gaillard d'arrière, recouvert toujours du manteau impérial. L'absoute fut faite le soir même par M. l'abbé Coquereau.

Le corps est resté en chapelle ardente pendant toute la nuit gardé par des factionnaires et par l'officier de quart en grande tenue, et veillé par M. l'abbé Coquereau. La *Belle-Poule* a porté pendant la nuit ses couleurs, ses pavois et le pavillon royal voilé de crêpe au grand mât.

Le lendemain, à dix heures, une messe solennelle a été dite, sur le pont, en présence des états-majors et d'une portion des équipages de nos cinq bâtiments. S. A. R. le commandant supérieur était aux pieds du corps, les diverses personnes de la mission occupant les mêmes places que la veille dans la chaloupe : le canon de la *Favorite* et de l'*Oreste* a tiré de minute en minute. La cérémonie a été terminée par une absoute solennelle, à laquelle ont pris part, en venant jeter l'eau bénite sur le cercueil, monseigneur le prince de Joinville, la mission et les premiers maîtres des bâtiments.

A onze heures, toutes les cérémonies de l'Église étaient accomplies, tous les honneurs souverains avaient été rendus à la dépouille mortelle de Napoléon. Le cercueil fut descendu avec soin dans l'entrepont et placé dans la chapelle disposée à Toulon pour le recevoir. Alors nos bâtiments tirèrent une dernière salve de toute leur artillerie ; puis la frégate serra ses pavois en ne conservant que le pavillon de poupe et le drapeau royal au grand mât.

Dans la journée, M. le prince de Joinville est allé à Plantation-House pour faire ses adieux au gouverneur. Constamment retenu à Jame's-Town, je n'ai pu avoir l'honneur d'accompagner son altesse royale. Dans l'après-midi, le brik de guerre anglais *Phantom* est arrivé sur rade venant de la côte d'Afrique.

L'appareillage avait été fixé pour le 17 dans la journée ; mais quelques retards étant survenus dans l'expédition des pièces officielles anglaises, j'ai été contraint de prier monseigneur le prince de Joinville de le remettre jusqu'à la nuit.

En me séparant du général Middlemore, je lui ai promis de solliciter de votre excellence, en faveur du capitaine du génie Alexander, une marque spéciale de distinction. Chargé, par suite de l'état de santé du gouverneur, des principales fonctions de commissaire, le capitaine Alexander a su les remplir de manière à s'assurer l'approbation et la reconnaissance de toute la mission française.

Le dimanche 18, nos trois bâtiments de guerre ont quitté Sainte-Hélène à huit heures du matin. A la sortie de la rade, l'*Oreste* a salué le prince aux cris de *vive le Roi*, et s'est dirigé vers la Plata.

Pendant tout notre séjour à Jame's-Town, monsieur le président du conseil, les meilleures relations n'ont cessé d'être maintenues entre les autorités et les habitants de Sainte-Hélène, et la mission française. La nouvelle, sans doute exagérée, d'un grave dissentiment entre les cabinets de Paris et de Londres, nous était parvenue par l'*Oreste*; mais elle a eu peu de retentissement dans l'Ile, et n'a porté aucune atteinte à la bonne intelligence mutuelle qu'il était si désirable de conserver durant ces circonstances solennelles. J'ai parlé ailleurs des dispositions prises à l'avance, d'après les ordres du gouvernement anglais, pour recevoir monseigneur le prince de Joinville avec tous les honneurs et les égards dus à sa haute position, et pour accueillir avec les plus grandes prévenances les illustres compagnons d'exil de Napoléon et les diverses personnes de l'expédition. Pendant toute la relâche, nous avons trouvé un même empressement à consulter nos désirs et à s'associer hautement à nos sympathies. Le profond regret qu'ont éprouvé les autorités et les habitants, en voyant enlever à leur Ile le précieux dépôt qui l'a rendue si célèbre, a été dissimulé avec une rare courtoisie; et il n'est aucun de nous qui n'emporte un souvenir reconnaissant de leur hospitalité simple mais cordiale.

J'ai l'honneur d'être avec respect, monsieur le président du conseil,

Votre très humble et très obéissant serviteur,
Ph. de Rohan-Chabot,
Commissaire du Roi.

Rapport de monseigneur le prince de Joinville.

En rade de Cherbourg, 30 novembre 1840.

« M. le ministre,

» Ainsi que j'ai eu l'honneur de vous l'annoncer, je suis parti le 14 septembre de la baie de Tous-les-Saints. J'ai prolongé la côte du Brésil avec des vents d'est qui, ayant hâlé le nord-est et le nord, m'ont permis d'atteindre promptement le méridien de Sainte-Hélène, sans que j'aie eu à dépasser le parallèle de 28°S. Arrivé sur ce méridien, des calmes et des folles brises m'ont causé quelque retard. Le 8 octobre je mouillais sur la rade de Jame's-Town.

» Le brik l'*Oreste*, détaché par M. le vice-amiral de Mackau, pour remettre à la *Belle-Poule* un pilote de la Manche, était arrivé la veille. Ce bâtiment ne m'apportant aucune instruction nouvelle, je me suis occupé immédiatement des ordres que j'avais précédemment reçus.

» Mon premier soin a été de mettre M. de Chabot, commissaire du roi, en rapport avec M. le général Middlemore, gouverneur de l'Ile. Ces messieurs avaient à régler, selon leurs instructions respectives, la manière dont il devait être procédé à l'exhumation des restes de l'Empereur, et à leur translation à bord de la *Belle-Poule*; l'exécution des projets arrêtés fut fixé au 15 octobre.

» Le gouverneur voulut se charger de l'exhumation et de tout ce qui devait avoir lieu sur le territoire anglais : pour moi, je réglai, par l'ordre en date du 13 octobre, dont je vous envoie ci-jointe copie, les honneurs à rendre dans les journées du 15 et du 16, par la division placée sous mes ordres. Les navires du commerce français la *Bonne-Aimée*, capitaine Gillet, et l'*Indien*, capitaine Triquetil, s'associèrent à nous avec empressement.

» Le 15, à minuit, l'opération a été commencée en présence des commissaires français et anglais, M. de Chabot et le capitaine Alexander, R. E. Ce dernier dirigeait les travaux. M. de Chabot rendant au gouvernement un compte circonstancié des opérations dont il a été le témoin, je crois pouvoir me dispenser d'entrer dans les mêmes détails ; je me bornerai à vous dire qu'à dix heures du matin le cercueil était à découvert dans la fosse. Après l'en avoir retiré intact, on procéda à son ouverture, et le corps fut trouvé dans un état de conservation inespéré. En ce moment solennel, à la vue des restes si reconnaissables de celui qui fit tant pour les gloires de la France, l'émotion fut profonde et unanime.

« A trois heures et demie le canon des forts annonçait à la rade que le cortège funèbre se mettait en marche vers la ville de Jame's-Town. Les troupes de la milice et de la garnison précédaient le char recouvert du drap mortuaire, dont les coins étaient tenus par les généraux Bertrand et Gourgaud, et par MM. de Las-Cases et Marchand ; les autorités et les habitants suivaient en foule. Sur rade, le canon de la frégate avait répondu à celui des forts, et tirait de minute en minute ; depuis le matin les vergues étaient en pantenne, les pavillons à mi-mâts et tous les navires français et étrangers s'étaient associés à ces signes de deuil. Quand le cortège a paru sur le quai, les troupes anglaises ont formé la haie, et le char s'est avancé lentement vers la plage.

» Au bord de la mer, là où s'arrêtaient les lignes anglaises, j'avais réuni autour de moi les officiers de la division française. Tous, en grand deuil et la tête découverte, nous attendions l'approche du cercueil ; à vingt pas de nous, il s'est arrêté, et le général-gouverneur, s'avançant vers moi, m'a remis, au nom de son gouvernement, les restes de l'Empereur Napoléon.

» Aussitôt le cercueil a été descendu dans la chaloupe de la frégate, disposée pour le recevoir, et là encore l'émotion a été grave et profonde : le vœu de l'Empereur mourant commençait à s'accomplir; ses cendres reposaient sous le pavillon national. Tout signe de deuil a été dès lors abandonné; les mêmes honneurs que l'Empereur aurait reçus de son vivant ont été rendus à sa dépouille mortelle, et c'est au milieu des salves des navires pavoisés, avec leurs équipages rangés sur les vergues, que la chaloupe, escortée par les canots de tous les navires, a pris lentement le chemin de la frégate.

» Arrivé à bord, le cercueil a été reçu entre deux rangs d'officiers sous les armes, et porté sur le gaillard d'arrière, disposé en chapelle ardente. Ainsi que vous me l'aviez prescrit, une garde de soixante hommes, commandée par le plus ancien lieutenant de la frégate, rendait les honneurs. Quoiqu'il fût déjà tard, l'absoute fut dite, et le corps resta ainsi exposé toute la nuit; M. l'aumônier et un officier ont veillé près de lui.

» Le 16, à dix heures du matin, les officiers et équipages des navires de guerre et de commerce français étant réunis à bord de la frégate, un service funèbre solennel fut célébré; on descendit ensuite le corps dans l'entrepont, où une chapelle ardente avait été préparée pour le recevoir.

» A midi tout était terminé, et la frégate en appareillage; mais la rédaction des procès-verbaux a demandé deux jours, et ce n'est que le 18 au matin que la *Belle-Poule* et la *Favorite* ont pu mettre sous voiles. L'*Oreste,* parti en même temps, a fait route pour sa destination.

» Après une traversée heureuse et facile, je viens de mouiller sur rade de Cherbourg, à cinq heures du matin.

» Veuillez, amiral, recevoir l'assurance de mon respect.

« *Le capitaine de la* Belle-Poule,
F. D'ORLÉANS.

Discours de M. Emm. de Las Cases sur la négociation avec Haïti.

Extrait du Moniteur du 1ᵉʳ mai 1840.

M. LE PRÉSIDENT. La parole est à M. de Las-Cases.

M. EMMANUEL DE LAS-CASES. Je viens demander à la chambre la permission de répondre à plusieurs des assertions peu exactes qui se trouvent dans le discours de l'honorable préopinant. Mais il est nécessaire, pour me faire comprendre de la chambre, de reproduire l'ensemble des faits. Je tâcherai d'être court.

Dès 1814, Pétion, qui était alors président de la république haïtienne, fit l'offre d'une indemnité, et en posa le principe. Le général Boyer, qui lui succéda, réitéra cette offre et proposa une indemnité raisonnablement calculée. Ce sont les termes dont il se servit. Lorsqu'on voulut savoir ce qu'il entendait par une indemnité raisonnablement calculée, il fut répondu, qu'on entendait par là une année des revenus du pays. En échange de l'indemnité, il demandait que la France reconnût l'indépendance de la république. La France, de son côté, demandait : d'abord, une souveraineté absolue sur son ancienne colonie ; puis, une souveraineté constitutionnelle ; ensuite, elle demandait un droit de suzeraineté ou de protection semblable à celui que l'Angleterre exerce sur les îles Ioniennes ; puis enfin elle demanda un droit de souveraineté extérieure. Sur des bases aussi différentes, il était impossible de s'entendre. Il n'y avait qu'une manière de résoudre la question, c'était de la part de la France d'envoyer une flotte et une armée.

Telle était la situation des choses, lorsqu'en 1825 parut, dans la rade du Port-au-Prince, la *Circé*, commandée par M. le baron de Mackau ; il était porteur de l'ordonnance du 17 avril 1825. Cette ordonnance disposait que les ports de la république seraient ouverts au commerce de toutes les nations, que toutes les nations paieraient un droit égal à l'entrée et à la sortie, excepté la France, qui ne paierait que le demi-droit ; que la république paierait une indemnité de 150 millions ; enfin qu'à ces conditions les habitants actuels de l'ancienne partie de Saint-Domingue seraient libres, etc.

Des commissaires haïtiens furent nommés ; mais lorsqu'ils vinrent à connaître le texte de l'ordonnance, ils la repoussèrent, bien qu'ils sussent que le commandant français était suivi et appuyé par une escadre de quatorze bâtiments de guerre portant 6 à 700 pièces de canon, et qu'en cas de refus la guerre commençait. Ils la repoussèrent par les motifs suivants : une indemnité de 150 millions, disaient-ils, dépassait, et pour une somme considérable, tous les calculs faits jusqu'à ce jour, toutes les prévisions et toutes les ressources du pays. Le privilège du demi-droit que s'était réservé la France allait amener une diminution très notable dans les revenus de la république ; de sorte qu'en même temps que d'un côté on leur demandait une indemnité énorme, de l'autre côté on leur ôtait la possibilité d'y satisfaire. On ne leur accordait qu'une indépendance conditionnelle, et parmi les conditions il y en avait qui pouvaient être des conditions impossibles ; car dépendait-il de la république d'avoir toujours ses ports ouverts au commerce de toutes les nations ? et si elle venait à être en guerre avec l'une d'elles, pouvait-elle lui ouvrir encore ses ports ? et si elle les fermait, l'ordonnance se trouverait-elle annulée pour cela ? Enfin, pourquoi ne parlait-on que des *habitants actuels* de l'ancienne partie française ? On se demandait si les générations futures seraient exclues du bienfait de la liberté.

La position devenait très délicate ; les talents et la loyauté du négociateur en triomphèrent. Il vit le président Boyer. « Je connais, dit-il, l'esprit dans lequel a été rendue l'ordonnance. Le roi de France, dans sa magnanimité, a voulu accorder une indépendance véritable, et il a entendu l'accorder sans condition. Je garantis qu'une déclaration du gouvernement du roi expliquera l'article 1er de l'ordonnance dans ce sens. Je m'en rends garant à tel point que je vous offre de rester ici en ôtage, jusqu'à ce que cette déclaration soit rendue. » Il est vrai que M. de Mackau ne parla en rien de la diminution de l'indemnité ; mais les Haïtiens disaient qu'ils espéraient que le roi de France, instruit par lui de la position de leur pays, diminuerait l'indemnité, qu'ils étaient dans l'impossibilité de payer.

A ces conditions, l'ordonnance fut acceptée. Des commissaires haïtiens partirent même pour la France avec M. le baron de Mackau, et y contractèrent un emprunt qui produisit 24 millions de francs pour payer le premier cinquième de l'indemnité qui s'élevait à 30 millions.

C'est là que naît une première complication dans cette affaire, complication dont j'aurai occasion de parler par la suite.

Cependant après l'acceptation de l'ordonnance, tout annonçait que le gouvernement haïtien était de bonne foi pour payer l'indemnité.

Ainsi que vient de dire l'honorable M. Estancelin, qui descend de cette tribune, le gouvernement haïtien réunit cette année là (en 1826) ses chambres législatives beaucoup plus tôt qu'à l'ordinaire. Les 150 millions furent déclarés dette nationale ; on établit un nouvel impôt sur le pays pour la payer en dix ans. Mais bientôt les commissaires haïtiens envoyés en Europe par le bâtiment de M. de Mackau revinrent, n'apportant avec eux qu'une convention commerciale. La ratification de cette convention fut refusée par le gouvernement haïtien ; et le motif de ce refus était que ces commissaires ne rapportaient pas de France ce qu'ils avaient été chargés d'y demander et d'obtenir, c'est à dire une clause explicative de l'art. 1er de l'ordonnance de 1825, et ensuite une diminution du chiffre de l'indemnité.

Néanmoins, ce refus de ratification n'interrompit pas les bons rapports établis entre le gouvernement haïtien et la France, et c'est même à cette époque que le gouvernement haïtien envoya en France une somme de 6 millions, pour compléter le premier cinquième de l'indemnité. Toutefois, quand vint l'échéance du deuxième cinquième, le gouvernement haïtien n'envoya pas d'argent; il se contenta d'envoyer une simple obligation qui fut déposée à la caisse des dépôts et consignations.

Les deux années 1823 et 1824 avaient été les années les plus prospères pour la république d'Haïti. A dater de 1825, la décroissance financière commença. Le demi-droit stipulé en faveur de la France avait privé la république d'une partie notable de ses revenus; car sur un budget de 7 millions environ, elle lui enleva pendant dix ans un terme moyen de 1,600,000 fr. par an.

On avait été bientôt obligé de combler ce déficit par une création de papier-monnaie; et le même état de choses s'était renouvelé pour chaque exercice. L'impôt extraordinaire de 30 millions de piastres n'avait pour ainsi dire rien rendu, et sa levée avait été l'occasion et le prétexte de plusieurs mouvements insurrectionnels. A partir de la fin de 1825, chaque année avait vu éclater une conspiration, soit contre le gouvernement, soit contre la personne du président. Le prétexte était toujours le motif absurde que le président Boyer livrait le pays à la France. Le prix du café, principal produit d'Haïti, avait éprouvé d'année en année sur les marchés une baisse considérable : de 2 fr. 86 c. le kilogramme, il tombait successivement jusqu'à 1 fr. 30 c.; et comme le café est pour ainsi dire la seule fortune de la république, cette fortune se trouvait éprouver ainsi une diminution de plus de moitié. Toutes ces causes réunies avaient complètement trompé les espérances de la république. Elle avait cru que la reconnaissance de son indépendance allait occasionner chez elle un grand développement commercial, et bien au contraire le commerce était resté stationnaire, si même, il n'avait pas décru. Peu instruite en économie politique, la république ne savait pas que l'importation dans un pays est toujours réglée par l'exportation que ce pays peut donner. Elle pensait que ce mauvais état des choses tenait à l'équivoque des termes de sa reconnaissance par la France, qui maintenait les nations étrangères dans les mêmes défiances qu'auparavant, eu égard à son état politique. Elle fut fortifiée et confirmée dans cette opinion par un passage du message du président des Etats-Unis, M. Q. Adams, où on lisait ces mots :

« *On trouve de nouvelles raisons contre la reconnaissance de la république d'Haïti dans ce qui s'est passé dernièrement, quand ce peuple a accepté de la France une souveraineté nominale, accordée par un prince étranger, sous des conditions parfaitement convenables à un état de vasselage colonial, et ne laissant de l'indépendance rien que le nom.* »

On voit que la situation des choses était notablement changée.

Haïti disait à la France : Je vous ai demandé une reconnaissance *pleine et entière*, telle que l'Angleterre l'avait accordée aux Etats-Unis d'Amérique par le traité de 1783. Au lieu de cela, vous m'avez accordé une indépendance *conditionnelle*, sous des conditions que je puis être hors d'état d'accomplir. Je vous ai offert une indemnité *raisonnablement calculée*, proportionnée aux ressources de mon pays ; au lieu de cela vous m'avez demandé une indemnité de 150 millions, qui sont autant pour moi que 10 à 12 milliards seraient pour la France. A cela la France répondait : Vous avez accepté l'ordonnance, il faut l'exécuter.

La conséquence fut que, tout en protestant de sa bonne foi, tout en cherchant et présentant des combinaisons pour effectuer le paiement, Haïti ne paya plus rien. Elle alla plus loin ; elle trouva moyen d'escamoter pour ainsi dire le bénéfice du demi-droit que s'était réservé la France par l'ordonnance de 1825. Elle alla jusqu'à dire qu'à moins de conditions subséquentes, et réciproquement avantageuses, toutes les nations seraient traitées, à partir de 1830, sur un pied de parfaite égalité.

Je n'entrerai pas devant la chambre dans des détails circonstanciés sur les différentes négociations entamées depuis 1826 jusqu'en 1830. Il est bien évident qu'on était si éloigné de s'entendre sur les bases, qu'on ne pouvait rien conclure, et qu'Haïti, dans toutes les combinaisons qu'elle a présentées, n'a cherché qu'à gagner du temps. Toutefois il est une négociation qui doit être remarquée, c'est celle de 1829, qu'avait négociée M. Mollien, consul-général. Dans ce traité, en 1829, la France *renonçait au bénéfice du demi-droit* stipulé par l'ordonnance de 1825, et posait comme base principale la réciprocité tant pour le commerce que pour la navigation.

Lorsque la révolution de Juillet vint changer le gouvernement qui régissait la France, la république crut évidemment pouvoir profiter de la circonstance pour se libérer de sa dette. Un des commissaires haïtiens l'exprima même lors des conférences en 1838. Certes, c'était bien mal apprécier le grand acte que venait d'accomplir la France; c'était pour le maintien *du droit* que la nation française venait de changer une dynastie : comment pouvait-on supposer qu'elle laisserait s'annihiler ses droits sur quelque point du globe qu'ils se trouvassent? L'indemnité que la France demandait à Haïti n'était pas le prix de son indépendance, c'était la représentation des biens des anciens colons, et la nation française ne pouvait ni ne voulait laisser péricliter les droits d'aucun de ses sujets.

A cette époque le gouvernement d'Haïti en agit assez mal avec le consul de France au Port-au-Prince pour que ce dernier crût devoir quitter le pays, et le Gouvernement français prit des mesures pour envoyer une flotille bloquer les ports de la république ; mais une lettre du gouvernement haïtien fit abandonner ces mesures de rigueur et rentrer dans la voie de la négociation. C'est aussi vers cette époque que le cabinet du Roi exprima pour la première fois l'opinion que l'indemnité demandée à la république d'Haïti pourrait bien être diminuée.

Jusqu'en 1837, il n'y eut qu'un échange de notes verbales,

faites à de longs intervalles; mais la question ne fit pas le plus léger progrès.

A cette époque, le cabinet prit la résolution d'envoyer à Haïti une mission avec des pouvoirs suffisants pour conclure un arrangement définitif, et à son défaut établir le blocus de l'île.

Dans les deux premiers mois qui précédèrent son départ de France, la mission s'occupa, avec le soin le plus scrupuleux, à réunir des documents vrais sur l'état intérieur de la république. Elle parvint à s'en procurer, et depuis sur les lieux elle a pu vérifier promptement leur exactitude. C'est la manière dont l'affaire avait été préparée, qui explique sa marche et sa solution rapide ; et ce n'est pas sans étonnement qu'on a vu cette rapidité de solution si singulièrement caractérisée par un membre de l'autre chambre, qui ne s'est pas même donné la peine de s'informer des faits.

Que la chambre veuille ne pas perdre de vue les questions principales dans cette affaire. Je laisse de côté les points secondaires, qui ne feraient que produire la confusion. Les questions principales sont celles-ci : 1° Les termes dans lesquels serait reconnue l'indépendance de la nouvelle république; 2° Le chiffre de l'indemnité à donner aux colons.

Une troisième question avait surgi, qui ne devait pas être négligée, c'était les intérêts des porteurs de l'emprunt de 1825.

Quant aux termes dans lesquels l'indépendance de la république serait reconnue, le chef du cabinet qui envoyait la mission, pensant qu'un pays fort et puissant comme la France devait être franc et loyal autant que ferme, était résolu à faire disparaître l'ambiguité des termes de l'ordonnance de 1825. Quant au chiffre de l'indemnité, il voulait que la mission se rendît compte, par une juste et rigoureuse appréciation, des possibilités de la république, afin que les intérêts des colons fussent défendus le mieux qu'il serait possible ; il voulait aussi que l'intérêt des porteurs de l'emprunt de 1825 ne fût pas négligé.

Quant au chiffre de l'indemnité, la république offrait 45 millions payables en quarante-cinq ans. Elle annonçait ce chiffre comme la limite de toutes ses possibilités. Elle paraissait complètement résolue à n'y rien ajouter ; car, à deux reprises différentes, en 1835 et 1837, elle avait fait rendre par son sénat deux déclarations dans ce sens, avec toutes les paroles et toutes les formes propres à monter et exciter l'opinion publique du pays.

Quant aux porteurs de l'emprunt de 1825, la république disait qu'elle ne niait pas la dette, qu'elle voulait la payer, mais que c'était une affaire tout-à-fait particulière et pour ainsi dire toute personnelle entre elles et les porteurs de l'emprunt, que le Gouvernement français n'avait pas le droit de s'y immiscer.

Lorsque la mission arriva à Haïti, elle trouva le pays tout disposé à la guerre.

Après de nombreuses conférences, tant particulières qu'officielles, la mission obtint, non pas 45 millions en quarante-cinq ans, mais 60 millions payables en trente ans, ce qui, joint aux trente millions déjà payés en 1826, portait le chiffre de l'indemnité à 90 millions.

Quant à l'intérêt des porteurs de l'emprunt de 1825, la mission, bien que le gouvernement d'Haïti ait d'abord refusé de négocier sur ce sujet, disant que la France n'avait aucun droit d'intervenir; la mission, dis-je, obtint qu'un million de francs serait affecté par an au paiement de cette dette jusqu'à liquidation.

La mission a rapporté avec elle près de 3 millions de francs argent comptant ; M. le ministre des finances peut attester avec quelle fidélité le gouvernement haïtien a rempli ses obligations jusqu'à ce moment. (Adhésion de M. le ministre.)

Mais, dira-t-on, 150 millions n'étaient que le dixième des propriétés des colons. Qu'est pour eux une indemnité de 90 millions. Hélas ! j'en conviens, je le reconnais, les colons sont bien à plaindre ; ils sont dignes de tout l'intérêt de la chambre, et de plus même que de son intérêt, si la chambre se laissait toucher. Mais que la chambre veuille bien ne pas perdre de vue les circonstances dans lesquelles se trouvait la mission. Le chef du cabinet qui l'envoyait voulait que l'on fît quelque chose d'exécutable ; il voulait que les colons et les porteurs de l'emprunt eussent enfin quelque chose ! C'était là le sens, l'esprit de ses instructions tant verbales qu'écrites. Il fallait donc ne demander à la république que ce qu'elle pouvait donner. Or, je le demande à toutes les personnes équitables et impartiales, n'est-ce pas là le seul bon, le seul véritable moyen de traiter ? En effet, je suppose qu'on arrive, par un moyen quelconque, à faire promettre à quelqu'un ce qu'il ne peut pas donner, on aura bien une promesse, mais on n'aura pas autre chose.

C'est ce qui est arrivé en 1825. Le gouvernement s'obstina alors à faire donner 150 millions à la république : c'était évidemment au-dessus de ses moyens. On eut une promesse, et on eut bien peu de chose avec ; car, des 30 millions qui furent payés, 24 ont été pris, par voie d'emprunt, dans la bourse des Français. Si, au lieu de s'opiniâtrer à demander 150 millions, le gouvernement d'alors s'était borné à demander ce qu'a obtenu la mission, une indemnité de 90 millions, j'en suis profondément convaincu, les colons à l'heure qu'il est seraient payés, sinon en totalité, du moins pour la plus grande partie.

Mais on a dit : La république fait la pauvre ; elle feint la misère, et elle est bien en état de payer, non seulement les 150 millions, mais même au-delà.

Si l'attention de la chambre n'était pas fatiguée, et si elle daignait me le permettre, je lui demanderais la permission de lui donner quelques détails sur l'état intérieur de ce pays. (Oui, oui ! Parlez, parlez !) Je demande pardon de ne pouvoir pas parler plus haut, je suis souffrant depuis longtemps, et ma voix est extrêmement faible.

La république a plusieurs sortes d'impôt ; mais le seul qui soit un revenu important et réel est la douane. En 1836 et 1837, elle a rapporté de 4 millions à 4,300,000 francs ; mais une autre année elle avait rapporté 6,500,000 francs. Tous les autres impôts pris ensemble, au nombre de douze ou quinze, rapportent au maximum 1,200,000 francs. C'est donc environ un revenu moyen de 6 à 7 millions qu'a la république; c'est avec cette somme qu'elle est dans l'obligation de pourvoir à ses charges intérieures, de payer l'indemnité et de rembourser l'emprunt de 1825.

Les charges intérieures de la république sont non seulement son budget de dépenses, mais des dettes intérieures et d'autres objets particuliers.

Par exemple, son système monétaire est dans un désordre complet; et on peut dire que depuis 1827 le gouvernement haïtien vit d'expédients.

Voici une gourde : c'est la monnaie courante à Haïti; sa valeur légale est de 3 fr., un peu plus ou un peu moins, selon le prix du café, mais on peut dire de 3 fr.

Sa valeur intrinsèque (elle a été analysée à la monnaie, j'ai ici le procès-verbal) est de 1 fr. 33 c. La masse de la monnaie courante en Haïti est estimée à 6 millions, valeur légale; mais valeur intrinsèque, 2 millions et demi. La différence 3 millions et demi est une somme que le pays se doit à lui-même, et qu'il sera dans l'obligation de se rembourser lorsqu'il lui faudra retirer sa mauvaise monnaie de la circulation, ce qui ne peut tarder.

L'énorme différence qui existe entre la valeur intrinsèque et la valeur légale de la monnaie fait que les étrangers, particulièrement les Américains des Etats-Unis, ont apporté une masse considérable de fausse monnaie : je dis fausse monnaie, bien que le titre de cette monnaie soit égal, sinon supérieur à la vraie monnaie d'Haïti; mais comme il est impossible de distinguer l'une de l'autre, il faudra que l'Etat rembourse l'une et l'autre. C'est ce qui est déjà arrivé en 1829, dans une opération de remboursement d'une monnaie dite *monnaie à serpent.*

Depuis 1826, les budgets se sont toujours clos en déficit ; et, en 1827, le gouvernement fut obligé de créer un papier-monnaie. En 1837, la masse du papier-monnaie créé était de 8 millions de francs ; et on ne compte pas ici le papier-monnaie faux, qui est estimé à une valeur de 2 millions de francs, et qu'il faudra rembourser aussi, par l'impossibilité où l'on est de le reconnaître.

On voit donc que la république est grevée d'une dette intérieure d'environ 15 à 16 millions de francs ; c'est comme si la France avait une dette d'un peu plus de 2 milliards.

Une des causes principales de l'état de détresse du pays, est la différence énorme qui existe entre le chiffre de la production et le chiffre de la consommation. Le goût excessif de la consommation est autant, et peut-être plus développé en Haïti que dans les autres pays du tropique. Bien que le chef du gouvernement donne à cet égard l'exemple d'une sage et prévoyante économie, les femmes, qui, en général, sont jolies, y font des dépenses de luxe que les femmes d'Europe, même les plus frivoles, n'oseraient pas avouer, mais qui, en Haïti, sont inaperçues parce que c'est l'usage général. Ce goût excessif de la consommation fait qu'il est peu de familles qui ne dépensent au delà de leurs revenus. La conséquence est que le pays doit au commerce étranger des sommes énormes. Cette espèce de dette est fort difficile à apprécier ; cependant les personnes qui l'évaluent au maximum, la portent à 80 ou 90 millions de francs, mais personne ne l'estime au dessous de 40 millions de francs.

Depuis 1825, la culture n'a fait aucun progrès ; les productions qui demandent en même temps *du travail et du soin* sont à peu près abandonnées : c'est la canne à sucre, par exemple. La canne à sucre ne se cultive guère que pour faire ce qu'on appelle du *tafia*. La culture qui ne demande que *du soin*, le café par exemple, est dans un état peu florissant : l'arbre à café est peu ou mal taillé ; la sève est épuisée par des parasites.

La graine est mal récoltée ; la terre et les cailloux qui s'y trouvent mêlés sont estimés quelquefois à un dixième du poids. La seule production qui ait pris de l'extension est celle qui ne demande *ni travail, ni soins,* par exemple la coupe des bois d'ébénisterie, tels que l'acajou, le gaïac et autres. Mais c'est là un mauvais genre de production pour le pays, car les bras appliqués à cette industrie sont tous enlevés à l'agriculture.

Les grands produits de l'ancienne colonie de Saint-Domingue étaient le sucre et le café ; mais alors la colonie se trouvait sous le système de la grande propriété. Depuis, par un plan politique sagement conçu, j'en conviens, car la république lui doit sa pacification, mais enfin, par suite de ce plan, la grande propriété a été partout ou détruite ou abandonnée. Ce qui lui a succédé a été le système de la très petite propriété ; mais, avec la grande propriété, la production du sucre a complètement disparu, et la production du café a considérablement diminué. Par suite de ce changement de système dans le mode de la propriété, la production générale du pays a considérablement diminué, et ses progrès moraux ont été complètement arrêtés.

Une des grandes causes de la diminution de la production dans ce pays est la difficulté d'obtenir du travail des populations de ces climats.

En effet, un jour de travail par semaine (et quand je dis un jour, c'est encore trop), huit à dix heures seulement de travail par semaine suffisent à un noir pour pourvoir à ses besoins et à ceux d'une famille ; et par la famille il ne faut pas entendre, comme en Europe, une femme et trois enfants, mais il faut doubler ce nombre. Comment peut-on venir demander du travail à ces hommes, les autres jours de la semaine pour des objets de luxe dont ils n'ont aucun besoin ? Sous les chefs noirs, Toussaint-Louverture, Christophe, le travail ne s'était guère maintenu que par la coërcition. Sous Toussaint-Louverture, par exemple, à l'époque de l'abolition de l'esclavage, le fouet avait été aboli, mais remplacé par un *long bâton tricolore,* symbole de l'abolition de l'esclavage. (Rire général.) Sous ces chefs noirs, le travail était exigé avec une plus grande rigueur et une plus grande sévérité que sous les anciens colons.

Sous le gouvernement des hommes de couleur, au contraire, par des motifs qu'il serait beaucoup trop long de développer à cette tribune, la coërcition n'est jamais entrée dans les principes politiques du gouvernement. Il y a un Code rural très sévère, très rigoureux, mais qui n'est aucunement exécuté.

L'industrie est dans un état languissant, on peut même dire qu'elle est dans l'enfance. Les seules industries qui sont d'absolue nécessité pour le maintien des sociétés existent dans le pays. On peut s'en convaincre par la lecture de la loi de 1835 sur les patentes, où se trouve la nomenclature des industries exercées.

Les routes sont dans un état de dégradation complète; elles peuvent donner passage à des piétons et à des bêtes de somme; mais il est infiniment peu de portions qui peuvent donner passage à des voitures suspendues. Il est vrai de dire que, dans ces climats, l'entretien des routes est d'une difficulté très grande ; il demanderait des ingénieurs très habiles, et la république n'en a pas.

La marine militaire est à peu près nulle ; elle se composait en 1838 d'une corvette et de deux goëlettes, le tout en très mauvais état.

La marine marchande était bien peu florissante : elle se composait de cinquante-cinq à soixante navires au dessus de 60 tonneaux. Ils n'étaient occupés qu'à faire le cabotage de l'île ; car toutes les Antilles, grandes et petites, à l'exception de Saint-Thomas, de la Providence, de Curaçao et d'une quatrième, dont je ne me rappelle pas le nom, sont interdites au pavillon haïtien.

Quant à la population, ceux qui ont eu intérêt à peindre la république comme étant dans une prospérité croissante, ont dit que la population était considérablement accrue ; ceux, au contraire, qui ont eu un intérêt opposé, ont dit que la population était considérablement diminuée. C'est un point sur lequel la mission a porté une attention toute particulière, considérant en quelque sorte la diminution ou l'accroissement de la population comme une espèce de thermomètre des progrès ou de la décroissance du pays.

En 1824, la république ordonna un recensement général; ce recensement a produit le chiffre de 960,000 habitants, pour un pays (que la chambre ne le perde pas de vue) dont la surface est le septième de la France; mais, après un examen attentif, il y a lieu de croire ce chiffre inexact.

En effet, la manière dont le recensement a été fait; la polygamie, qui est encore en usage dans l'ancienne partie française; la mortalité des enfants, qui, d'après les renseignements pris auprès des médecins du pays, est incroyable; l'état misérable de la population des villes et des campagnes; les plaintes universelles des propriétaires fonciers sur le manque de bras pour l'agriculture; plusieurs autres circonstances qu'il serait trop long de vous exposer, ont donné la conviction que le chiffre de 960,000 était très exagéré, et que la population était stationnaire, si elle ne décroissait pas.

L'art. 38 de la constitution haïtienne interdit le droit de propriété aux blancs.

La république se trouve ainsi complétement isolée du reste du monde, même de sa propre race, la race africaine. Il est bien reconnu maintenant que le contact de nation à nation est, pour chaque pays, une source de prospérité, et qu'il n'y a pas de nation en Europe qui ne rétrogradât sans ce contact salutaire. C'est ce contact qui propage l'industrie, qui régénère l'intelligence. Que l'on juge de l'état moral et intellectuel d'Haïti, quand on pense que depuis quarante ans elle en est complétement privé.

On a dit que la république avait des biens domaniaux

immenses, et l'on s'est demandé pourquoi elle ne les utilisait pas.

Les biens domaniaux de la république ont énormément diminué dans les arrondissements du sud, de l'est, de l'Artibonite et du nord. Là l'Etat les a employés à créer la petite propriété.

Il serait trop long de donner à la chambre des détails qui sont cependant pleins d'intérêt sur le mouvement de la propriété dans ce pays. Il suffira de dire que c'est cette création de la petite propriété qui a terminé la guerre civile. Les biens domaniaux sont encore très considérables dans l'ancienne partie espagnole. Là l'Etat possède un tiers environ du pays. Mais ce pays, qui est grand comme le onzième de la France, compte à peine 100,000 habitants. On voit que les terres y sont sans valeur, faute de bras. Dans l'ancienne partie française de Saint-Domingue, là où la population est comparativement plus nombreuse, le carreau de bonne terre (le carreau équivaut à 1 hectare un tiers) se vendait en 1838 au prix de 33 francs. On peut juger, par cet avilissement du prix de la terre, de l'état du pays.

On a dit aussi que la république devait avoir une réserve en numéraire immense, provenant du trésor de Christophe. Si la république a une réserve, elle ne peut pas être très considérable, ainsi que je vais avoir l'honneur de l'expliquer à la chambre. Quant au trésor de Christophe, si l'attention de la chambre n'est pas fatiguée, je lui dirai ce qui s'est passé à ce sujet. (Parlez! parlez!)

Le trésor de Christophe a été évalué à 30 millions. C'était une somme que ce tyran avait trouvé moyen de réunir dans l'espace de dix à douze ans.

Diverses circonstances sont venues concourir pour prouver que cette évaluation était exacte. Christophe, qui s'était fait roi sous le titre de Henri Ier, se tua le 8 octobre 1820, pour éviter de tomber entre les mains de ses sujets révoltés. Dès le moment de sa mort, commença le pillage de son trésor. Mais ses principaux officiers, qui avaient l'espérance de pouvoir continuer un gouvernement indépendant, voulurent conserver le trésor; ils s'en emparèrent, ils se firent chacun régulièrement leur part. D'autres généraux qui étaient restés à la tête de leurs troupes, mais qui avaient déterminé leur insurrection en leur promettant de l'argent, envoyèrent demander des sommes considérables qu'on leur donna contre des bons et des reçus.

Cependant le président Boyer, qui commandait au Port-au-Prince, voulut profiter de la circonstance que lui offrait la mort de Christophe pour marcher sur le Cap. Telle fut la rapidité de sa marche, que les généraux de Christophe, qui avaient espéré maintenir un gouvernement indépendant, se trouvèrent surpris, désespérèrent de leur fortune, et firent leur soumission. Entre le moment de cette soumission et celui où le général Boyer entra dans la place, il se passa environ quarante-huit heures. C'est pendant ces quarante-huit heures que l'on tua le général Fidèle (c'était un noir préposé à la garde du trésor), que l'on tua le général Fidèle pour qu'il ne livrât pas au président Boyer les bons et reçus des généraux de Christophe, dans la crainte que celui-ci ne fît restituer. C'est aussi pendant ces quarante-huit heures que le trésor fut pillé irrégulièrement; en sorte qu'on voit que ce trésor de Christophe fut soumis à un pillage, soit régulier, soit irrégulier pendant dix-huit jours! Les masses énormes de numéraire qui circulèrent alors dans le pays, et qui alimentèrent un jeu effréné ou de folles dépenses, prouvèrent que la plus grande partie du trésor était sortie des coffres. En effet, lorsque le chef de Port-au-Prince arriva, il n'y trouva guère que 5 millions à 5 millions et demi en or, et 4 millions en argent. Total, 9 millions environ. Sur ces 9 millions, 6 furent envoyés en Europe en 1826 : reste donc 3 millions; et en supposant qu'ils n'aient pas été absorbés par les besoins de la république depuis 1820, c'est là la seule réserve en numéraire qu'elle pourrait posséder.

Tel est le tableau extrêmement abrégé, mais, j'ose le dire, scrupuleusement fidèle, de l'état de la république en 1836.

J'en appelle maintenant à toute personne impartiale et de bonne foi : croit-on qu'il fût possible d'obtenir de ce gouvernement plus qu'on ne lui a demandé par le traité du 12 février 1838? Les procès-verbaux des conférences qui se sont tenues en Haïti existent; ils ont été remis entre les mains de la commission; qu'on y lise si les intérêts des colons n'ont pas été vivement, chaudement, opiniâtrement défendus; mais enfin est-il possible de faire donner à quelqu'un ce qu'il n'a pas?

Cette opinion sur l'état intérieur de la république n'est pas une chose de circonstance et qui soit particulière au moment ; c'est l'opinion de toutes les personnes qui ont été dans le pays, qui le connaissent, qui l'ont étudié avec impartialité, qui ont pu se rendre compte de ses ressources : c'est l'opinion de M. Maller, qui y a négocié ; de M. Guillemot, capitaine du navire *l'Alzire*, qui y a séjourné ; c'est l'opinion de M. Larréguy, qui administre maintenant d'une manière si distinguée le département de la Charente-Inférieure; c'est l'opinion du commandant Dupetit-Thouars, qui a été plusieurs fois dans ce pays. Leurs rapports existent, ils sont dans les mains de la commission, qu'on les consulte.

Mais, dira-t-on, au moins cette fois Haïti paiera-t-elle? En aura-t-on au moins quelque chose? Dans ma profonde conviction, en âme et conscience : oui, Haïti paiera. J'ai dû faire, avec une scrupuleuse fidélité le tableau de l'état intérieur d'Haïti en 1838; je dois maintenant ajouter avec la même vérité que l'avenir est loin d'être sans espérances.

Et d'abord la population de ce pays vivait sous la préoccupation continuelle d'un débarquement français; c'était une idée fixe. Lisait-on dans les journaux que la France réunissait un corps d'armée, un camp de manœuvres, à l'instant même c'était une armée expéditionnaire qui allait débarquer dans le pays. La conséquence était que dès qu'il y avait quelques capitaux réunis, à l'instant même ils étaient envoyés en Europe pour être placés, soit en Angleterre, soit en France. Cet état de choses n'existera plus; les capitaux ne seront plus continuellement déplacés, ils resteront dans le pays, ils seront employés à l'amélioration de l'agriculture.

Telle est l'heureuse constitution géographique de ce pays, qu'il est soumis à toutes les pressions atmosphériques, en sorte qu'il n'y a pas un seul produit au monde qui ne puisse venir à Haïti; telle est l'étonnante fécondité de son sol, qu'il n'y a qu'à le toucher pour en faire sortir toutes les productions. Le café d'Haïti est bon; il est aimé en Europe; sa production eut s'améliorer. On peut aussi améliorer la culture du coton, du tabac, de l'indigo; avec des soins, Haïti peut donner les meilleures qualités du monde.

Le président du conseil, qui avait envoyé la mission, avait songé à ouvrir à un certain nombre de jeunes Haïtiens nos écoles de haut enseignement; c'eût été un grand bienfait pour ce pays; c'était la manière d'y faire renaître, d'y reporter les connaissances théoriques qui y manquent complètement. Dans l'état actuel de la civilisation, on sait que les connaissances théoriques sont l'ame des sociétés.

Délivrés de la crainte d'une invasion française, les Haïtiens ne peuvent manquer, c'est trop leur propre intérêt, ils ne peuvent manquer de rapporter l'article 38 de leur constitution, qui interdit le droit de propriété aux blancs. Alors, les capitaux européens pourraient venir dans leur pays; la terre pourrait y prendre de la valeur et payer des contributions. Je ne parle pas de la réduction de l'armée; car les avantages qu'elle pourrait rapporter à l'agriculture et au trésor, par des considérations qu'il serait trop long de soumettre à la chambre, sont en réalité en grande partie produits.

Mais la république peut s'acquérir un accroissement très notable de revenus en réformant la perception des douanes. En 1838, la contrebande se faisait avec une audace et une impudeur inouïe. La chambre voudrait à peine croire ce que j'ai vu se passer presque sous mes yeux. On calcule qu'un cinquième, si ce n'est un quart des importations, se faisait par contrebande. M. Galot, qui était secrétaire de la mission, a fait à ce sujet plusieurs travaux extrêmement remarquables, et qui ont été très utiles. C'est là que le gouvernement haïtien peut opérer des réformes et augmenter les revenus de son trésor.

Un autre motif aussi qui me fait affirmer qu'Haïti paiera, c'est le caractère personnel du président Boyer.

Tel est, Messieurs, l'ensemble des faits qui portent chez moi la profonde conviction que le traité du 12 février sera exécuté. Puisse le peu d'argent qu'a obtenu la mission apporter enfin quelque soulagement aux longues infortunes des malheureux colons! (Très bien! très bien! — Marques nombreuses et réitérées d'approbation.)

FIN DES PIÈCES OFFICIELLES.

CERCUEIL DE L'EMPEREUR NAPOLÉON, A BORD DE LA BELLE-POULE.
Commandant, Prince de Joinville

VUE DU TOMBEAU DE NAPOLÉON À Sᵗᵉ HÉLÈNE.

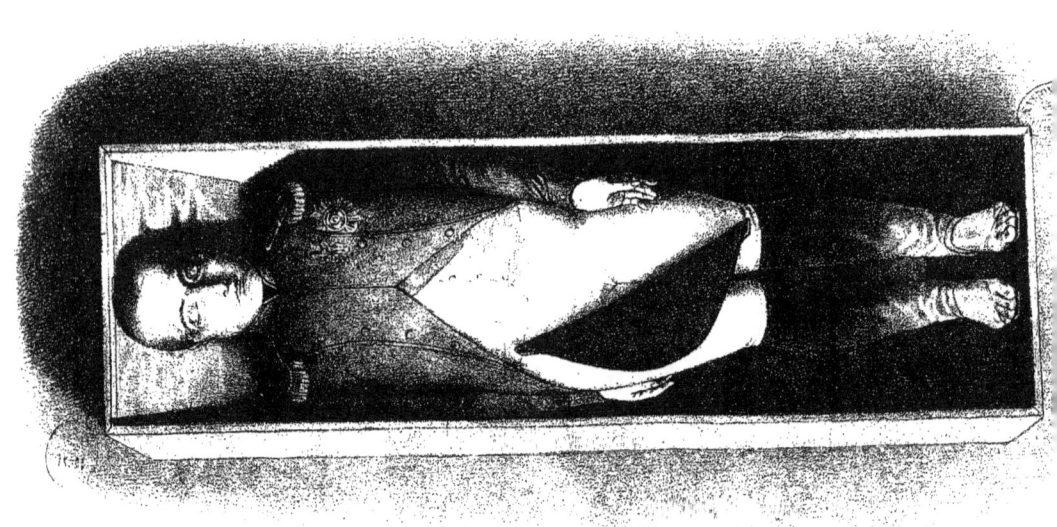

NAPOLÉON À L'OUVERTURE DU CERCUEIL.
Ste Hélène, 15 Octobre 1840.
Dessiné sous les yeux et d'après les indications de Mr le Bon Emmd de LAS-CASES Membre de la Mission de Ste Hélène, Par J.Rigo.

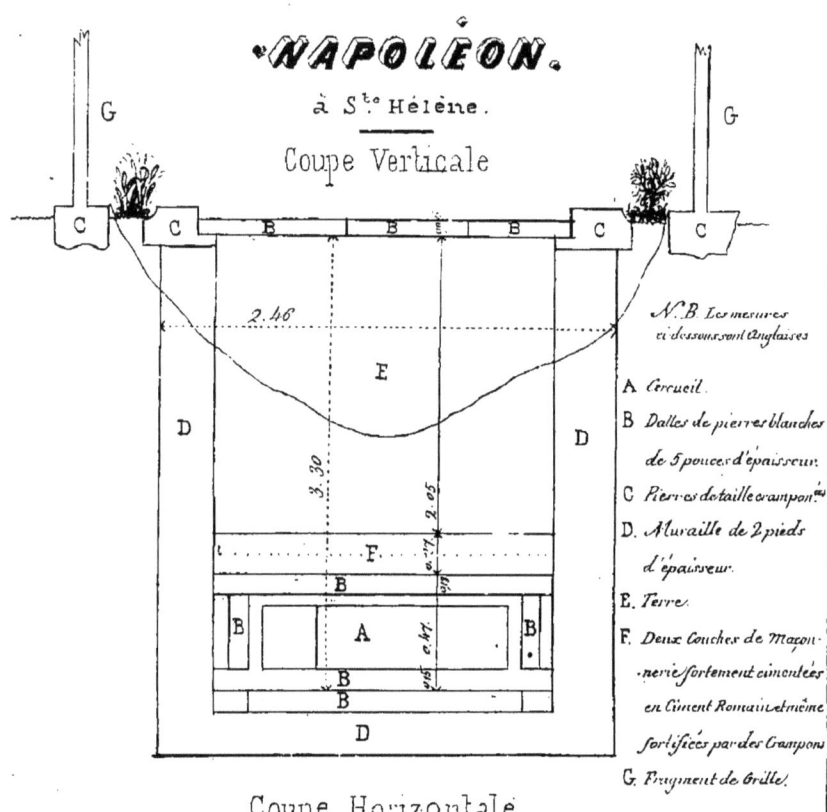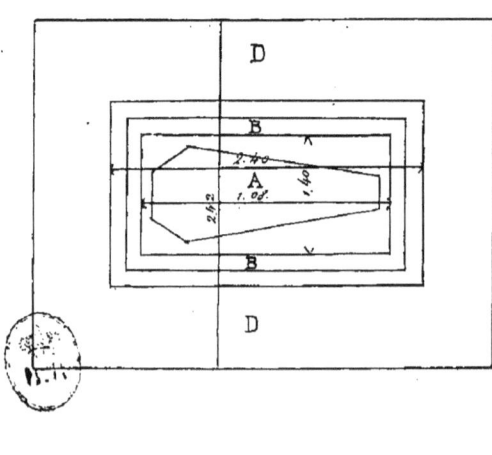

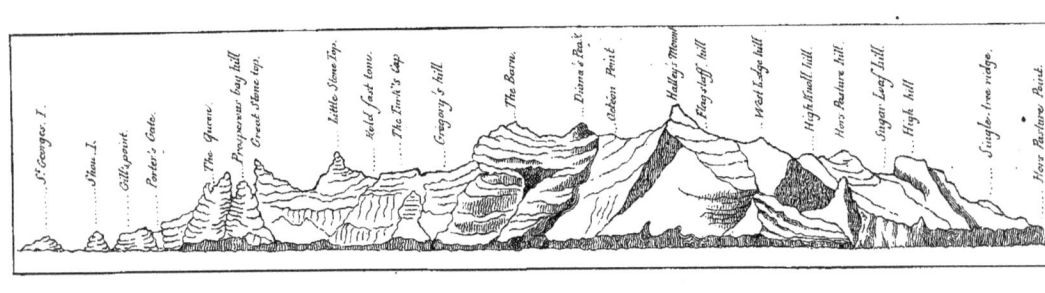

Ile de Ste Hélène. (Vue de 10 Milles S.W Q W)

Vue de Longwood.
d'Après un Dessin de M. Chédeville, Commissaire de la Belle-Poule.

www.ingramcontent.com/pod-product-compliance
Lightning Source LLC
Chambersburg PA
CBHW050748170426
43202CB00013B/2341